ROMANS DES DOUZE PAIRS
DE FRANCE.

N° XI.

Cet ouvrage est tiré à cinq cents exemplaires, papier de Hollande, et vingt-cinq papier vélin.

———————

N°

———————

Imprimerie d'E. Duverger, rue de Verneuil, n. 4.

LA
CHANSON D'ANTIOCHE

COMPOSÉE

AU COMMENCEMENT DU XIIe SIÈCLE PAR LE PELERIN RICHARD
RENOUVELÉE SOUS LE RÈGNE DE PHILIPPE AUGUSTE
PAR GRAINDOR DE DOUAY.
PUBLIÉE POUR LA PREMIÈRE FOIS

PAR PAULIN PARIS.

TOME I

PARIS
J. TECHENER, LIBRAIRE,
PLACE DU LOUVRE.
M. DCCC. XLVIII.

INTRODUCTION.

I.

On peut regarder la première croisade comme le plus grand événement des temps modernes, au moins pour la France qu'elle devoit placer en tête de la civilisation chrétienne. Nos aïeux du onzième siècle, étrangers à tous les souvenirs de l'Antiquité, ne comprenoient plus qu'une seule règle pour gouverner les hommes, la délégation féodale. Le baron, arbitre de toute justice sur un territoire déterminé, tenoit son droit d'un duc ou d'un comte qui présidoit une sorte de parlement dont le baron faisoit partie; l'autorité du comte émanoit à son tour de celle du roi qu'il aidoit et conseilloit dans les circonstances graves. C'étoit là toute la constitution.

Pour tous ceux qui étoient privés de l'avantage d'être roi, comtes ou barons, il n'y avoit aucun droit reconnu. Le baron, quand il étoit opprimé, pouvoit en appeler au comte, le comte pouvoit en appeler au roi; mais le peuple proprement dit n'avoit pas de tribunal chargé d'écouter ses plaintes, et l'intérêt bien entendu du seigneur étoit la seule garantie de la douceur du joug qu'on lui imposoit.

Il est vrai que la religion donnoit dès-lors au clergé le droit de protester contre la violence, en maintenant le respect des bonnes mœurs; mais le clergé n'échappoit pas lui-même à l'influence universelle, et la raison du plus fort finissoit toujours, comme elle avoit commencé, par être la meilleure. Ainsi tandis que la loi chrétienne réprouvoit hautement cet abus de la force dont les anciennes Républiques avoient pu s'accommoder; tandis que l'Évangile proclamoit dans toutes ses pages la fraternité, la patrie acceptoit dans la famille des maîtres et des esclaves; elle livroit aux aînés tous les droits, aux cadets toutes les misères. Ceux-ci réclamèrent, pendant l'absence des premiers Croisés, et la lutte qu'ils ont commencée ne sera terminée chez toutes les nations chrétiennes que le jour où l'égalité des droits sera partout considérée comme un bien inséparable de la qualité de citoyen.

INTRODUCTION.

Après le départ de toute la chevalerie, il n'étoit plus resté en France, pour représenter l'autorité, que des barons vieux, pauvres ou lâches. Le peuple, facilement consolé de cet abandon, comprit qu'il n'étoit pas impossible, après tout, d'exister sans recourir à la justice, au four, au moulin du seigneur. Que pouvoient les délégués du suzerain absent, trop peu nombreux et trop mal accoutumés au comportement des armes? Le droit féodal devoit s'énerver dans leurs mains. Les habitans des villes pourvurent sans trop d'obstacle aux besoins de la communauté ; ils retrouvèrent, dans quelques rares cités du midi, la tradition des anciennes formes municipales ; ils créèrent des conseils, des tribunaux ; ils proclamèrent les franchises de la condition bourgeoise. Bientôt l'émulation naquit de l'exercice de ces droits nouveaux ; on éleva des moulins, on construisit des fours, on ouvrit des halles, on institua des foires auxquelles, par la modération ou la suppression de tous droits de vente, on appela les marchands des villes, des provinces, des contrées voisines. Ainsi la richesse et la propriété pénétrant dans les classes qui n'avoient pour elles ni la naissance généreuse ni l'éducation cléricale, on vit poindre la véritable bourgeoisie, investie déjà par le fait de la faculté de choisir ses magistrats et d'être, comme le sacerdoce et la chevalerie, jugée par ses égaux, par ses pairs.

Cependant la baronnie françoise revint d'Orient, riche en glorieux souvenirs, pauvre d'argent et de ressources : elle ne reconnut pas mieux ses hommes que ceux-ci ne la reconnurent ; quelques années avoient suffi pour tout changer. Les vainqueurs d'Antioche et de Jérusalem retrouvoient dans leurs terres non plus des individus, mais des communautés avec lesquelles il falloit compter : de part et d'autre on transigea. Les *revenans* sanctionnèrent les nouveaux droits à la condition de certaines redevances pécuniaires. Mais la véritable résistance aux innovations devoit partir du clergé qui, n'ayant aucun besoin d'argent, ne vouloit pas se dessaisir de la part qui lui étoit accordée dans la propriété féodale. Pour vaincre son opposition, les communes en appelèrent au roi, et peut-être se seroient-elles mieux trouvées de régler leurs affaires en famille. Le roi s'empressa d'accourir ; il fit taire les évêques et les abbés ; au nom de son pouvoir royal, il ratifia les concessions, il garantit les franchises. Et parce qu'il avoit ainsi présidé à ce grand déplacement des droits de souveraineté, il en conclut peu à peu que toute justice émanoit de lui¹, qu'en dehors de sa permission il n'y avoit pas de franchises. Toutefois on peut dire que la fin du douzième siècle fut une grande époque pour les libertés publiques, c'est-à-dire pour le respect de tous les droits légitimes. Dans la suite des temps, ce mot de liberté a pris un sens plus abstrait, plus métaphysique : la Chevalerie françoise a rendu son épée, le Clergé s'est confiné dans ses églises, les Communes ont perdu jusqu'au droit de nommer leurs maires ; et l'on a appelé cela les bienfaits de la centralisation.

II.

Il y avoit plus d'un siècle que la France préludoit aux croisades. Les jeunes hommes alloient gagner l'éperon chevaleresque contre les Maures d'Espagne, avec l'espérance toujours trompée de bâtir dans l'Aragon ou dans la Catalogne quelque forteresse imprenable ; les vieux barons, pour expier de précédens homicides, prenoient hum-

---

(1) Aussitôt qu'à portée il vit les contestans,
    Grippeminaud, le bon apôtre,
Jetant des deux côtés la griffe en même temps,
Mit les plaideurs d'accord en croquant l'un et l'autre

a.

blement le bourdon, et se rendoient par Constantinople à la terre sainte. Mais en allant ainsi gagner le pardon du sang répandu, ils ne caressoient pas encore la pensée d'en répandre pour conquérir le tombeau de Jésus-Christ. Tout d'un coup on apprend que les Turcs ont envahi l'Asie-Mineure et pénétré dans Jérusalem; qu'au mépris de l'ancienne tolérance, ils rançonnent les pelerins et les soumettent à des avanies incessantes. Pierre l'Hermite obtient du pape Urbain II la mission de prêcher la guerre sainte; l'étincelle électrique ne produit pas un effet plus rapide. En quelques mois toute la chevalerie chrétienne est embrasée : il faut, toute affaire cessante, arracher la Palestine aux infidèles, et le pape venant lui-même en France prêcher la guerre sainte, un cri général, immense, répond à ses premières paroles : *Diex lo vot! Diex lo vot!!*

La croix une fois cousue sur le cœur ou sur l'épaule, il fallut penser aux préparatifs de voyage : pour engager plus d'hommes de guerre, les comtes et les barons firent argent de tout. Chacun voulant conduire à la moisson de gloire un plus grand nombre d'ouvriers, multiplia les dons et les promesses. Les maisons furent vendues, les terres furent engagées, aliénées. On ne voyoit que nobles seigneurs offrant au roi de France, aux abbés, aux Lombards, aux juifs, l'abandon de leurs droits féodaux, la jouissance de leurs prérogatives fiscales, en échange de sommes de deniers aussitôt employées à recruter de nouveaux compagnons de guerre. On passa des traités pour plusieurs mois, pour une ou deux années de service militaire, traités que les incidens du voyage rendirent le plus souvent illusoires. Tel partit avec le comte de Flandres qui combattit avec le duc de Normandie et revint avec le comte de Saint-Giles. La France, l'Allemagne, les Pays-Bas et l'Italie furent de cette manière échelonnés sous un nombre assez restreint de bannières. L'Espagne seule demeura, comme pour défendre à ses Maures les portes de l'Europe. On ne sera pas loin de la vérité en comptant douze corps d'armée indépendans les uns des autres. Voici le nom de leurs chefs : Hue le Maine, frère du roi de France, avec ses Hurepés et ses Champenois; Raimond de Saint-Giles, comte de Toulouse, avec les Poitevins et les Provençaux; Gaston, vicomte de Béarn, avec ses Gascons; Étienne, comte de Blois, avec les Tourangeaux, les Percherons, les Chartrains; Robert, comte de Flandres, avec les Avalois ou peuples des Pays-Bas; Robert

Courte-Heuse avec ses Normands; Alain-Fergent avec ses Bretons; les trois frères, Godefroi de Bouillon, Eustache de Boulogne et le jeune Baudouin avec les Bas-Lorrains, les Artésiens; Hugues de Saint-Pol avec les hommes du Ponthieu, les Poyers ou Picards; Cherfons et Hungier avec les Alsaciens, les Bavarois et les autres hommes des bords du Rhin; Boemond avec les Lombards du nord et les Longobards du midi de l'Italie; enfin plus tard, Tatice, ou *Estatin l'Esnasé*, avec les Grecs du Bas-Empire.

Tous ces puissans chefs se mirent en marche chacun de leur côté, sans se préoccuper du choix d'un roi des rois, d'un généralissime. Mais la nécessité de cette prépondérance ne tarda pas à se faire sentir, et quand l'armée qui déjà commençoit à n'être plus innombrable eut passé de l'autre côté de l'Hellespont, on s'accordoit à considérer comme *Duc* par excellence le sage et vaillant Godefroi, bien que la présidence dans le conseil fût peut-être en même temps dévolue au comte de Blois, renommé pour la sûreté de son jugement mais diffamé pour la timidité de son caractère. Dans le concile de Clermont, un seul guide avoit été désigné par le pape, ce fut Aimar de Monteil, évêque du Puy, honneur éternel des généreuses maisons de Grignan et de Castellane. Aimar fut le Calchas de l'héroïque voyage. Il représenta dans l'armée le chef visible de l'Église; il combattit, il concilia, il avertit, il consola : en un mot, il fut l'âme de ce corps immense. Sans le secours de sa parole toujours ferme, de sa charité toujours ardente, la bravoure la plus héroïque n'eût pas empêché l'armée chrétienne de périr victime nécessaire de l'inexpérience, de la discorde et de l'indiscipline.

III.

La prise de croix et le concile de Clermont remontoient au mois de novembre 1095. Près d'une année dut s'écouler avant que les chevaliers ne fussent en mesure de quitter les doux rivages de France. Sous leurs yeux cependant une autre armée s'étoit levée plus nombreuse et plus prompte. C'étoit le peuple, la foule dépourvue, ceux qui n'avoient rien à vendre, rien à regretter, et que nul homme d'armes n'avoit été tenté d'enrôler. Ils n'étoient retenus ni par la perspective de la disette, ni par la crainte d'ennemis accoutumés à faire la guerre, ni par l'ignorance des chemins ou celle des langues, les excès du froid et de la chaleur. La croiserie, pour eux, comme pour les princes, étoit la quête du Paradis; Jésus étoit mort pour eux comme pour les damps abbés et les sires comtes; ils avoient aussi leur âme à laquelle le saint voyage devoit ouvrir les portes du bonheur éternel. Des multitudes d'hommes et de femmes, enfans et jeunes filles, décorèrent donc joyeusement leurs guenilles d'une croix de chanvre ou de bure; d'autres, plus dévorés de la passion du saint pelerinage, passèrent un fer aigu sur leur chair nue et rendirent ainsi le signe de leur engagement ineffaçable [1]. Ces gens-là furent donc prêts les premiers, et comme ils n'avoient rien à espérer de la bienveillance des chevaliers qui se sentoient humiliés d'une telle escorte, on vit, dès le mois de janvier 1096, des nuées de ribauds, de truands et de va-nu-pieds, passer la Meuse et le Rhin aux cris formidables de : *Diex lo vot! Diex lo vot!* Quel chef eut la témérité de diriger ces hordes? Pierre l'Hermite, celui dont l'éloquence avoit éveillé les premiers vœux de croiserie, homme de petite apparence, de médiocre jugement, que l'imagination intéressée de nos temps modernes a transformé en preux chevalier.

---

[1] Voyez la *Chanson d'Antioche*, II, p. 294.

de fait et d'origine. Pierre étoit plutôt un homme de naissance obscure et d'éducation grossière ¹. Il avoit le don naturel de la parole, il n'avoit pas celui de la sagesse. Méprisé de la chevalerie, oracle de la populace, c'est en promettant des triomphes miraculeux qu'il sema la Hongrie, la Servie, puis les champs de l'Asie-Mineure, du cadavre de ses misérables compagnons.

Il échappa presque seul à l'extermination du Civetot. En reparoissant à Constantinople, il eut soin de rejeter sur les Allemands la responsabilité des désastres dont il étoit la véritable cause. Comme on s'intéressoit foiblement à la destinée de la plèbe allemande, italienne et même françoise, on lui permit de rester au milieu de la véritable armée, ou plutôt dans les rangs indisciplinés d'une seconde *échelle* de menue gent, assez bien avisée, du moins, pour n'être partie que sous la protection des barons. Ces *pions* ou fantassins formèrent deux corps distincts : l'un, docile à la rude expérience de Pierre l'Hermite,

(1) Guibert de Nogent, qui écrivoit ses *Gesta Dei par Francos* en 1108, reproche à Pierre l'Hermite d'avoir voulu sortir d'Antioche pendant le siége, parce qu'il ne pouvoit s'y nourrir d'une façon délicate : « Tendere debueras stomachum peculi « gramine vesci. Quid dapis immodicæ memores? Nil tale mo- « *nasticum* ordo, nil *tua* te *genitura* docet. » Ce passage est décisif.

se mit à la disposition des chevaliers qui pouvoient lui donner quelque participation aux fortunes de la campagne; l'autre troupe, composée de gens plus indomptables, plus féroces, ne voulut rien tenir des barons, ni s'engager dans aucuns liens de discipline. Elle marcha dans toute sa liberté; ramas impur de juifs, de cagots, de truands et de bohémiens, hideux à voir, également redoutés pour ainsi dire des chrétiens qu'ils accompagnoient et des Sarrasins qu'ils alloient combattre; armés de coutelas, de frondes, de fourches, de faux et de bâtons. Guibert de Nogent, le seul historien latin qui nous ait clairement parlé d'eux, assure qu'ils avoient accepté pour roi un ancien écuyer normand, dégradé par le désordre et la misère. Cet homme avoit fait appel à quiconque juroit de ne jamais posséder en propre une seule pièce de monnoie; et celui qui demeuroit convaincu d'avoir violé un pareil engagement étoit à l'instant même obligé de quitter la noble bande. Le bon prince avoit pris le nom de *Tafur*, sans doute après avoir entendu les Arméniens désigner ainsi dans leur langue l'empereur grec. Guibert de Nogent confond sous un même nom les sujets et le souverain; mais notre Chanson, bien plus exacte, présente les truands et les ribauds de l'armée comme les vassaux, et Tafur comme le roi. Nous en avons dû parler ici, parce qu'ils jouent dans le poëme un rôle important et extrêmement curieux.

L'armée, quand elle vint épouvanter l'empereur Alexis en s'échelonnant autour de Constantinople, pouvoit se composer d'environ cent mille hommes d'armes disciplinés, et de quelques cent autres mille individus, femmes de tous âges et de toute vertu, clercs, artisans, médecins, prolétaires et ribauds. Beaucoup de nobles dames avoient suivi leurs maris; beaucoup de concubines et de courtisanes étoient parties dans l'espoir de se faire pardonner une vie de désordres à laquelle il leur sembloit d'ailleurs impossible de renoncer. Comme on avoit quitté le pays sans trop espérer le retour, les hommes riches avoient eu soin de pourvoir aux divertissemens des jours de paix; ils emmenoient des chiens, des oiseaux de proie, des dés, des échiquiers. Les chapelains et les jongleurs, on peut en être sûr, n'avoient pas non plus fait défaut. Les premiers, exercés à l'écriture et à la grammaire, disoient les *heures* du chevalier, le confessoient, lui faisoient la *leçon* ou lecture, régloient ses engagemens, écrivoient ses lettres particulières. Les lettres parvenoient en Europe; plusieurs nous ont été conservées et sont l'ouvrage des chapelains du comte de Blois, du comte de Flandres et d'Ansel de Ribemont. On espéroit aussi des chapelains la relation des événemens de la croisade, véridique sans doute, mais bienveillante à l'égard de la tente, abri tutélaire du futur chroniqueur. Pour les jongleurs, ces comédiens ambulans du moyen âge, ils devoient charmer le loisir des camps par leurs chants, par leurs récits d'anciens combats héroïques. Et si le succès de l'expédition répondoit à la commune espérance, on comptoit sur leurs vers pour apprendre les événemens à ceux qui n'auroient pas eu le bonheur d'en partager la gloire. Nous verrons que chapelains et jongleurs répondirent à ce que l'on pouvoit attendre de leur savoir et de leur génie.

IV.

Pour parler d'abord des chapelains, on compte, avant le treizième siècle, neuf historiens latins de la première croisade. C'est Tudebode, Foucher de Chartres, Raimond d'Aguilers, Raoul de Caen, Guibert de Nogent, Robert de Saint-Remy de Reims, Baudry de Bourgueil, Albert d'Aix et Guillaume de Tyr. Six de ces auteurs n'avoient pas assisté au saint voyage et se sont contentés, comme Robert de Saint-Remy, Baudry et Guibert de Nogent, de paraphraser Tudebode, ou comme Albert d'Aix et Guillaume de Tyr, de fondre ensemble les précédens récits. Raoul de Caen a sur tous ceux qui n'ont pas vu quelque avantage : il étoit parti pour la terre sainte six années seulement après la conquête de Jérusalem, et il avoit vécu dans la familiarité de Boemond et Tancrède. Ce fut même uniquement dans l'espoir de rehausser la gloire de Tancrède qu'il entreprit son livre. Par malheur il a mis beaucoup moins de zèle à rechercher la vérité des événemens qu'à surcharger sa narration de comparaisons ambitieuses et de réflexions ampoulées.

C'est le propre d'un faux jugement et d'un esprit vulgaire de ne saisir, dans les événemens de l'histoire moderne, qu'une occasion de copier servilement les grands écrivains d'un autre âge et d'une autre civilisation. Vous avez à peindre Tancrède aux prises avec le jeune frère de Godefroi de Bouillon : attachez-vous à vos modèles et faites-nous grâce de la querelle d'Ulysse et Ajax. Gardez-vous surtout d'aller mendier, à ce propos, dans Salluste et dans les Catilinaires, l'aumône de discours et de déclamations inapplicables. La pédanterie est, comme on le voit dans la littérature françoise, une bien vieille lèpre dont le temps n'a pas encore fait justice. Raoul de Caen étoit, je le répète, un rhéteur glacial, et son livre ne mérite pas la peine qu'il faut prendre pour en pénétrer la pompeuse obscurité.

Robert de Reims, Baudry et Guibert de Nogent sont aussi des rhéteurs, mais ils sont moins ampoulés, et Guibert, tout aussi fier que Raoul de sa belle latinité et de sa rare éloquence, est d'ailleurs un homme d'esprit, animé de passions vives et personnelles qui, dominant ses habitudes scholastiques, donnent à ses récits un intérêt particulier. Il les composa vers 1108, uniquement d'après le livre de Pierre Tudebode.

Si Raoul de Caen, peut-être ancien chapelain de Tancrède, n'a vu dans la première croisade que le nom des deux princes de Sicile, Raimond d'Agiles ou plutôt d'Aguilers, chapelain du comte de Saint-Giles, a fait meilleur marché de la gloire de son seigneur et de tous ses compatriotes. On peut dire qu'il met une sorte d'affectation à nous apprendre quand Raimond s'est rendu coupable d'obstination, quand les Provençaux ont manqué de courage. Le but qu'il vise, en racontant ce qu'il a vu, est de justifier les croisés du midi, le comte de Saint-Giles et lui-même, de la part qu'ils avoient prise à la découverte de la sainte lance, quelques jours après l'entrée de l'armée dans Antioche. Son livre, abondant en médisances, abonde également en visions miraculeuses. On a trop vanté la candeur et la simplicité de cet historien ; je pencherois plutôt à le regarder comme un fourbe dangereux ou comme un maladroit fanatique. Il n'a voulu, je le répète, qu'opposer un témoignage authentique aux bruits fâcheux qui s'étoient accrédités en Europe contre la sincérité de la sainte lance [1]. Malgré cela, la relation publiée sous le nom du chapelain de Raimond nous apprend un assez grand nombre de faits nouveaux, et l'auteur, quel qu'il soit, avoit certainement assisté à la prise d'Antioche et de Jérusalem.

Foucher de Chartres est encore un chapelain parti sous la bannière du comte de Blois et qui la quitta bientôt pour s'attacher au jeune Baudouin de Boulogne, prince d'Édesse. C'est l'historien le plus sûr de la première croisade. Il aime la vérité; il n'écrit que pour la mieux faire con-

(1) Il dit dans son préambule : « Necessarium duximus vobis « et Transalpinis omnibus manifestare magnalia quæ Deus no- « biscum fecit... maximè ideo quia imbelles, et pavidi recedentes « a nobis, falsitatem astruere pro veritate nituntur. »

noître. Il a vu comme voient les hommes de sens et d'expérience, c'est-à-dire tout autrement que ne voient les sots et les fripons. Malheureusement il arriva tard devant Nicée; il ne se trouva pas au siége aventureux d'Antioche; il n'avoit pas même assisté à la prise de Tarse, célèbre par la querelle de Tancrède et de Baudouin; enfin, il ne se rendit à Jérusalem que plusieurs mois après la prise de la ville. Combien de lacunes ne doivent donc pas se trouver dans la relation d'un homme qui s'est fait d'ailleurs une règle de parler des seules choses qu'il avoit bien vues!

V.

Arrêtons-nous maintenant sur Pierre Tudebode, dont l'ouvrage a déjà trois fois été publié: par Bongars, en 1611; par Duchesne, en 1641; enfin, en 1687, par dom Mabillon. Bongars, dans les deux manuscrits qu'il consultoit, ne trouva pas le nom de l'auteur: mais, d'après le style et le caractère du récit, il crut pouvoir l'attribuer à quelque Italien de l'armée de Boemond. Besly, l'historien du Poitou, possédoit un troisième manuscrit, celui que Duchesne a suivi; l'auteur s'y nommoit *Petrus sa-*

cerdos Tudebodus Sivracensis. Or, Sivray est une petite ville du Poitou, et Besly ne manqua pas de réclamer pour sa chère province la propriété de Pierre Tudebode, curé de Sivray. Ainsi, d'après le second éditeur, Tudebode, parti d'abord avec l'armée de Hugues le Grand, se seroit séparé des *Hurepés* ou François de l'Ile-de-France, en Sicile, et il auroit continué le saint voyage sous les auspices du prince de Tarente. Cette opinion est plausible; cependant on comprend mal alors le silence de l'historien sur les commencemens du voyage de Hugues le Grand, et le peu de soin qu'il prend de nous entretenir de Hugues de Lusignan, un des héros de la croisade, son seigneur naturel. On ne se rend guère mieux compte de la prédilection marquée du clerc poitevin pour l'italo-normand Boemond. Besly suppose encore, et son opinion a obtenu l'assentiment des Bénédictins, auteurs de l'*Histoire littéraire de la France* (t. VIII, p. 633), que, dès le douzième siècle, un plagiaire avoit tenté de s'attribuer l'ouvrage de Tudebode, en radiant la mention de l'auteur et travestissant plusieurs parties de son récit. C'est pourtant, à vrai dire, une supposition gratuite : si le texte suivi par Baudry, par Guibert de Nogent et par Robert de Reims étoit anonyme, il ne falloit s'en prendre qu'à l'imperfection d'un premier manuscrit, non au tort d'un faussaire que l'on n'avoit pas droit d'accuser de plagiat, puisqu'il n'avoit pas même substitué son nom à celui du véritable auteur.

Cinquante ans après Duchesne, Mabillon trouvoit dans le monastère du mont Cassin un texte beaucoup plus ample de la même chronique. Le savant bénédictin s'empressa d'enrichir son *Musœum italicum* d'une découverte d'autant plus précieuse à ses yeux, qu'il ne se souvenoit pas alors de l'édition donnée par Duchesne. Mabillon, dans une courte préface, combattit le sentiment de Bongars : il soutint que l'anonyme étoit, non pas italien mais françois; qu'il appartenoit au corps d'armée dirigé par Étienne, comte de Blois, et qu'on devoit trouver l'indice assuré de sa véritable patrie non-seulement dans la manière dont il parle en général des François, mais encore dans les nombreux gallicismes dont il a parsemé son style. Ne craignons pas de le dire, malgré notre profond respect pour la science de l'admirable Bénédictin, le manuscrit du mont Cassin ne devoit se recommander à l'attention de Mabillon que par un préambule assez bien écrit, dans lequel on exhorte les fidèles à réciter dans les églises les gestes de la croisade ; c'est d'ailleurs une compilation assez indigeste de l'anonyme de Bongars, de Raimond d'Aguilers et de Raoul de Caen. Elle fut faite vers le milieu du XIIe siècle [1], et tous les élémens en étoient déjà connus.

Une quatrième édition de Pierre Tudebode seroit pourtant utile encore aujourd'hui, si l'on prenoit pour guide principal le manuscrit de la Bibliothèque royale, inscrit au catalogue imprimé, n° 5135 A, sous le titre : *Historia belli sacri primi*, et que j'ai reconnu pour une leçon jusqu'à présent non consultée de l'anonyme de Bongars. Il est de petit format in-4°, et provient de la bibliothèque de Michel Thevenot, le savant voyageur. Le caractère de l'écriture doit le faire attribuer à la première partie, peut-être même aux premières années du douzième siècle ; il a donc toute l'ancienneté désirable. On y voit que l'auteur écrivoit non pas sous le règne de Godefroi (comme a conjecturé Besly, d'après le manuscrit qu'il possédoit et dont il n'indique pas la date), mais sous le règne de Baudouin I, mort, comme on sait, en 1219. Dès le début, racontant les di-

---

(1) Il parle, dans le paragraphe CVI, de la mort de Boémond II, arrivée en 1131.

vers départs des croisés : « Una pars intravit in
« Ungarie regionem, scilicet Petrus eremita et
« dux Godefredus et *sapiens Christi athleta Bal-*
« *duinus frater ejus, quem Deus muniat atque*
« *custodiat.* » D'ailleurs, il est beaucoup plus
correct que les éditions de Bongars et de Duchesne. Ses nomenclatures sont moins incomplètes, et souvent des phrases entières d'un grand intérêt viennent éclairer ou contredire les passages imprimés. Nous y trouvons aussi le nom de l'auteur : ***Petrus Tudebodus***, sans l'addition du manuscrit de Besly *sacerdos Sivracensis;* mais cela ne m'empêche pas d'admettre avec Mabillon que le rédacteur de la plus grande partie de l'ouvrage devoit être François, et avec Besly, qu'il devoit être prêtre. D'ailleurs, quoique le récit semble accuser en plusieurs endroits un homme de guerre, on peut admettre que bien des prêtres, participans du saint voyage, faisoient très volontiers le coup de main contre les infidèles : le vénérable et généreux évêque du Puy ne leur en donnoit-il pas l'exemple? Il y avoit dans l'armée des clercs psalmodians, des clercs combattans, d'autres enfin qui se livroient tour à tour à ce double genre d'exercice. Des pelerins partirent prêtres et revinrent laïcs, d'autres revinrent prêtres étant par-

tis soldats. Et ce qui nous fait persister à regarder l'historien Tudebode comme prêtre, c'est, entre autres points, sa naïve et touchante façon de raconter la mort d'un chevalier qui devoit être son frère : « In illo die fuit sauciatus quidam probis- « simus miles, videlicet nomine Arvedus Tudebo- « vis [1], quem detulerunt socii ejus usque deorsum « in civitate. Ibique fuit vivus in sabbato, et in- « tra nonam et sextam horam, migravit a seculo « vivens in Christo. Corpus ejus sepelivit quidam « sacerdos frater ejus, ante occidentalem portam « beati Petri apostoli, habens maximum timo- « rem sicuti amittendi caput, et omnes alii qui « in civitate erant. Omnes legentes et audientes « deprecamur ut dent elemosinas et orationes di- « cant pro anima ejus. » Ces détails, et l'indication du moment précis de la mort d'Arvede, n'avoient d'intérêt que pour un frère, et les prières demandées à tous ceux qui liront ou entendront le récit de sa mort, font aisément reconnoître le narrateur dans celui qui avoit vu

---

[1] Notre scribe écrit trois fois ce nom et varie chaque fois dans la façon de l'écrire : *Tudebovis, Tudabovis* et *Tudebodus*. On peut induire de la seconde façon, contre l'opinion des auteurs de l'*Histoire littéraire de la France*, qu'on prononçoit vulgairement *Tuebeuf*. Les Tubeuf d'aujourd'hui peuvent accueillir le nom de l'historien de la Croisade ; ses frères étoient chevaliers.

mourir Arvede Tudebode, et qui l'avoit pieusement enseveli.

Mais ce n'est pas sans intention que j'ai remarqué dans le texte donné par Mabillon le passage du préambule où l'on recommande de lire en pleine église la relation de la glorieuse conquête [1]; car la leçon du manuscrit du roi est coupée comme le seroient de véritables sermons. L'anonyme de Bongars forme quatre livres; le Tudebode, curé de Sivray de Besly, cinq livres, subdivisés en courts chapitres; la compilation de dom Mabillon est coupée, non pas en livres, mais en cent quarante-deux chapitres, très courts, pour la plupart. Dans le manuscrit du roi nous n'avons ni livres ni chapitres, mais quatorze *thèmes;* tous, à l'exception de trois, terminés par la formule consacrée dans la chaire : *Qui vivit et regnat per sæcula sæculorum. Amen.*

La plupart de ces thèmes semblent reproduire l'impression du moment : on les croiroit dictés le jour ou le lendemain de chaque action décisive, tant ils présentent le cachet de ce que j'appellerois volontiers un bulletin de bataille. Les ré-

---

(1) « Ad gloriam nominis Dei per universum mundum debet
« (hoc triumphum) esse laudandum, etiam et in ecclesiis Dei
« semper præconandum per eum a quo peractum est qui vivit
« et regnat in sæcula sæculorum. Amen. »

flexions, toujours rares, n'y doivent rien à l'expérience des jours suivans: c'est la forme claire, vive et précise du premier sentiment qu'on vouloit communiquer aux chrétiens d'Occident, et qui sans doute leur parvint, comme les autres lettres dont nous parlions tout à l'heure. Ils ne sont pas tous écrits de la même place : le plus grand nombre fut probablement rédigé dans la tente de Boemond, tant leur auteur se montre acquis à ce prince, et sûrement informé de tout ce qui se passoit autour de lui. Puis à partir de la prise d'Antioche et du douzième thème, les sentimens de l'historien subissent une grave modification. Le point de départ n'est plus pour lui le camp des Italiens, mais celui du comte de Saint-Giles. Dès lors il se montre dévoué aux intérêts de Raimond comme il l'avoit été précédemment à ceux du prince de Tarente. Rien d'extraordinaire dans ce changement : les Croisés, prêtres, sergens d'armes ou chevaliers, se donnoient au riche homme, comme disent les Espagnols, qui les payoit, ou seulement consentoit à les retenir à ses gages. Ainsi Tudebode, parti pour le saint voyage avec le comte de Blois, peut-être sans avoir été enrôlé, aura pu trouver des chances plus favorables d'existence dans l'é-

chelle que formoit Boemond, quand Étienne de Blois traversa l'Italie. Il aura pu s'arrêter à Rome ou bien à Bari, jusqu'au moment du départ des croisés siciliens qui l'avoient favorablement accueilli. Après la dispersion de l'armée de Corbaran devant Antioche, Raimond de Saint-Giles, qui, mieux que tout autre, avoit eu le secret d'amasser et conserver beaucoup d'or, aura pu consentir à prendre Tudebode à son service, comme soldat ou comme prêtre: ou bien seulement le clerc poitevin, voyant la guerre déclarée entre Raimond et Boemond, aura-t-il cru de son devoir de choisir pour abri la tente du prince françois. Il est au moins certain qu'à partir de ces tristes débats pour la possession d'Antioche, Tudebode ne manqua plus une occasion d'excuser Raimond et de désapprouver les opérations de Boemond. Je me rapproche donc beaucoup du sentiment de Besly : seulement il me semble que Tudebode dut partir de France avec le comte de Blois et non pas avec le comte de Vermandois. De cette manière on expliqueroit naturellement ce qu'on y lit d'Étienne, « qu'ils l'avoient tous choisi pour être le chef et l'oracle de leur corps d'armée, » on ne devra plus l'entendre de l'armée entière. Je sais bien qu'un savant académicien, doué d'une extrême sagacité, dans un précieux travail récemment publié sur Tancrède, s'est rangé de l'opinion de Bongars, et que plusieurs passages lui ont fait reconnoître dans notre clerc Tudebode la main d'un soldat et d'un Italien [1]. Mais pour ce qui touche aux expressions qui sembleroient empruntées au dialecte roman de l'Italie, je persiste à penser qu'elles sentent le vieux françois pour le moins autant que le vieil italien. Ne nous arrêtons pas à la phrase : « Apostolicus romanæ sedis *ultra* montaneas « partes profectus est, » car je n'imagine pas comment un François pourroit mentionner plus clairement le passage de l'apostole d'Italie en France. L'accusation adressée aux François : « Franci tumebant superbia, » ne prouve pas non plus l'origine italienne de l'auteur. Les gens

---

(1) *Bibliothèque des Chartes*, tome IV, pages 501 et suiv. Les passages sur lesquels M. de Saulcy s'appuie avec le plus de force ne sont pas dans le manuscrit du Roi comme dans les éditions de Bongars ou de Mabillon. Ainsi point de : « Qua-« propter apprehendebamus boves... et omnia quæ inveniebā-« mus. » Au lieu de : « Episcopi *nostri* et presbiteri et clerici « ac monachi... *nobiscum* exierunt cum crucibus... orantes ut « *nos* salvos faceret... benedicendo *nos*, etc., » ce qui seroit décisif, il y a dans le manuscrit : « Episcopi nostri et presbiteri « et clerici et monachi sacris vestibus induti *cum illis* de civita-« te exeuntes, orantes Deum ut *illos* salvos faceret et *illos* cus-« todiret... benedicendo illis. *Illi* ita ordinati atque signo cru-« cis protecti sic cœperunt exire, etc. »

du midi faisoient tous le même reproche aux gens du nord, et Tudebode, qui vécut longtemps dans le camp de Boemond et de Raimond, avoit eu plus que personne l'occasion d'en sentir la justesse. Pour les mots *sommier, casal, solier, merle*, ils sont françois de race; on en trouveroit de fréquens exemples dans Roquefort et dans Du Cange. Le mot *tenda* est provençal plus qu'italien. On voit donc que les témoignages apportés par M. de Saulcy en faveur de l'origine ultramontaine de notre auteur ne sont pas invincibles; et pour justifier son origine françoise, on pourroit ajouter un plus grand nombre de mots très significatifs. Ainsi, dans le langage barbare de Tudebode, replier les tentes se dit : *expoliare tendas;* ployer ou tordre ses mains, *plaudere manibus;* très redouté, *doctissimus;* preu, *prudens;* pusillanime, *imprudens;* chevaucher, *militare,* c'est-à-dire faire le chevalier (*miles* ayant toujours cette dernière acception); profit, *proficuus;* devéer ou défendre, *develare;* mettoient, *mittebant;* jetoient, *jactabant;* communier, *communicare;* ost ou armée, *hostia;* souffrir, *sufferre,* etc. En voilà sans doute assez pour ramener M. de Saulcy, dont l'opinion sera toujours considérable, même quand elle portera sur des points qui s'éloigneroient, comme ici, de ses études de prédilection.

J'ai dit que onze des thèmes de Tudebode avoient le caractère de vrais *bulletins;* c'étoit admettre qu'on dût les envoyer l'un après l'autre en France en forme de lettres. Ces lettres, fort multipliées dans le cours de toutes les croisades, étoient ordinairement lues au prône de l'église, à la place des sermons ou homélies ; de là le nom de légendes qui leur étoit donné. Notre auteur eût-il été bon latiniste, chose fort douteuse, auroit encore, en raison de cette destination, préféré l'emploi d'un langage françois dans le fond, mais soumis dans la forme aux désinences latines ou grammaticales ; car il devoit d'abord chercher à se faire aisément comprendre du plus grand nombre, je ne dis pas des auditeurs, mais des sacristains ; il eût même écrit en pur françois, s'il n'eût été arrêté par la difficulté de choisir et pour ainsi dire inaugurer l'orthographe d'une langue abondante en syllabes comprimées et presque muettes. Comparez chacune des pages de Tudebode avec les relations épistolaires de la Terre sainte qui nous ont été conservées, vous reconnoîtrez la plus parfaite analogie entre les unes et les autres [1].

(1) Je citerai pour exemple de cette analogie la fin du *thème* de la bataille de Gorgoni ou Gurhenie, où l'on sent encore l'em-

b.

Quand notre auteur revint dans sa province de Poitou, et peut-être dans la cure de Sivray, je suppose qu'il aura voulu faire des lettres de la croisade un corps de légendes à l'usage du commun des fidèles : et c'est alors qu'il aura rédigé le premier thème, le dixième et le onzième, non plus d'après ses souvenirs, car il n'avoit été ni dans l'armée de Pierre l'Hermite, ni dans le camp de Corbaran; il n'avoit pas non plus accompagné dans sa fuite Étienne de Blois; mais il avoit bien pu, soit à Marra, soit à Jérusalem, entendre les chants composés en langue vulgaire sur les désastres de la *muete* de Pierre l'Hermite; sur les rodomontades de Corbaran et les prédictions de la vieille Calabre, sa mère; enfin, sur les regrets touchans exhalés par Guy, prince sicilien et sénéchal de l'empereur, en apprenant

---

vrement de la victoire : « Quis unquam audebit describere pru-
« dentiam (prouesse) Turcarum et militium (la chevalerie) et
« fortitudinem? Qui putabant gen'em Francorum terrere minis
« illorum sagittarum sicut terruerunt Arabes et Sarracenos et
« Græcos. Sed hoc, si Deo placet, nunquam erit visum quod
« ipsi tanti valeant! Verumtamen dicunt se esse de Francorum
« generatione et nullus homo naturaliter debet esse miles nisi
« Franci et illi. Veritatem quoque dicam post omnia (après tout),
« quam nemo audebit prohibere. Certè, si in fide Christi sem-
« per firmi fuissent, et unum in Trinitate manentem, natum de
« virgine... recta mente et fide credidissent, magis prudentio-
« res (de plus preux) aliquis invenire minime potuerit. »

la mort de Boemond. Bien que ces épisodes appartinssent au mouvement de l'épopée, qu'ils formassent un contraste visible avec la sécheresse et la précision de ses lettres franco-latines, Tudebode, ou celui qui ajouta ces trois thèmes au reste, fut séduit par le bel effet qu'ils devoient nécessairement produire sur les auditeurs. Pour ce qui regarde le récit de la croisade de Pierre, les trouvères eux-mêmes, assez mal informés, avoient confondu ou dérangé l'ordre des temps. Tudebode, encore plus mal instruit, joignit à leurs inexactitudes de nouvelles méprises : j'en citerai un seul exemple.

Il nous raconte comment l'armée des Italiens et des Allemands séparée des François prit un certain château à quatre journées par delà Nice ; devant le château se seroit trouvé un puits[1] duquel les Sarrasins s'étant emparés, l'armée chrétienne, composée de plus de cent mille hommes, auroit été dès lors livrée à toutes les horreurs de la soif.

Mais dans la Chanson d'Antioche, nous verrons que les croisés, partis de Nicomédie, ne s'avancèrent pas au delà de la montagne ou *Pui* de

---

(1) « Ante portam castri erat quidam puteus. » (Tudebode.

Civetot, quelques milles avant Nicée; et comme cette mention du *Pui de Civetot* revient très fréquemment, surtout au début des couplets [1], je ne puis m'empêcher de soupçonner qu'elle a pu devenir l'origine du malencontreux *puteus* de Tudebode. Les Provençaux et les Poitevins rendoient en effet le mot *pui*, montagne, par *podio*, et le pauvre prêtre de Sivray ou son acolyte, écrivant d'après un confus souvenir des chants qui avoient frappé leur oreille, peuvent avoir pris le change sur *pui*, montagne, et *puits* réservoir d'eau. Quoi qu'il en soit, on reconnaîtra facilement dans le poème françois la forme que l'on dut imiter dans le complément de la relation latine. Je sais bien qu'avant d'avoir fait cette comparaison, on aimera mieux attribuer l'honneur de la première rédaction au méchant latin de Tudebode; mais l'incertitude disparoîtra quand on aura vu combien les lettres envoyées par Corbaran au calife, le message de Pierre l'Hermite et d'Herluin [2], auprès de ce même Corba-

---

[1] Al *pui* de Civetot qui vers le ciel ombrie. —
Al *pui* de Civetot ens en un val plenier. —
Desous le Civetot dont li *pui* sont moult grant —
Al *pui* de Civetot furent li caple grant, etc.

[2] En parlant de ces deux chrétiens envoyés vers Corbaran qu'ils trouvèrent, comme dans notre Chanson, jouant aux échecs, Tudebode dit de l'un d'eux : «*Fertur* Orluinus utramque

ran, les entretiens de Calabre avec son fils, les discours de Guy le sénéchal, sont inattendus dans la chronique et naturellement enchâssés dans le poëme; combien ils contrastent avec la simplicité de l'une, comme ils se rapportent au style de l'autre, à la couleur, à la disposition de toutes ses parties. Certainement la première expression écrite de tous ces *on dit* fut répandue dans l'armée avant la prise de Jérusalem; mais leur première forme doit avoir été nécessairement la chanson, et la chanson de geste; ce n'est plus là un bulletin d'action, c'est un agrément, une *méditation poétique*, telle qu'on en faisoit à cette époque vénérable et reculée. Il importe beaucoup d'établir ce point; car les quatorze *thèmes* de Tudebode étoient *tous* connus en France avant l'année 1108; ce fut alors, en effet, que Guibert de Nogent écrivit dans l'espoir de les faire oublier. Guibert, Robert de Saint-Remy de Reims et Baudry de Bourgueil en Franche-Comté, tous abbés de profession, se mirent à l'œuvre, excités par un sentiment unanime d'indignation contre le mauvais latin de Tudebode; ils vouloient y substituer leur rhétorique et détourner ainsi les cu-

« scivisse linguam, et fuisse interpretem Petri Eremitæ. » Ce langage ne peut être celui d'un témoin oculaire.

rés de paroisse de faire de Tudebode la nourriture habituelle de leurs ouailles. Tout ce qui se rapprochoit de la parole vulgaire excitoit alors la bile de la gent monastique, accoutumée à se considérer, Université précoce, comme centre de tout bon et légitime enseignement. Mais ces moines, si dédaigneux de l'ignorance publique, ignoroient souvent eux-mêmes les choses le mieux connues et les plus faciles à connoître. Ainsi Guibert de Nogent, personnage de beaucoup d'esprit, familier de tant de prélats, ne va-t-il pas regretter, en commençant les *Gesta Dei per Francos*, de ne pas savoir le nom de l'évêque du Puy, Aimar de Monteil! Il est vrai qu'il donne ce populaire et grand nom quelques pages plus loin, comme une révélation que lui a faite, à l'instant même, un soldat fraîchement revenu de la croisade; mais enfin sa précédente ignorance démontre qu'il n'entretenoit aucune relation directe avec le siècle, et qu'il ne connoissoit même de la Picardie que les évêques, les abbés et les moines; nobles échos, en vérité, des grands coups d'épée de héros tels que Buiemont de Sesile, Godefroi de Lorraine, Raimbaut Creton, Clarembaut de Vendeuil, Enguerrant de Saint-Pol et Thumas de Marle!

VI.

Laissons maintenant Tudebode, Foucher de Chartres, Raimond d'Aguilers, et parlons de nos *chansons de geste*, cette forme unique de l'ancienne épopée françoise, qui ne franchit pas la limite du quatorzième siècle. En effet, aussitôt après la mort de Duguesclin, un dernier rimeur se rencontra pour chanter son histoire; il fit un poëme qu'on pourroit comparer à la chanson de Roncevaux, comme la *Henriade* à l'immortelle chanson d'Homère. Un prosateur l'ayant bientôt réduite en prose, on se contenta, dans les âges suivans, toujours plus éloignés du vrai sentiment poétique, d'imprimer cette imitation [1]. Deux siècles auparavant, au milieu des scènes sanglantes de la guerre des Albigeois, un trouvère, témoin actif de ces luttes acharnées, les avoit racontées dans une chanson de geste. Quoique déjà les temps de la véritable épopée fussent passés, son poëme offroit encore de l'intérêt; les siècles suivans n'en tinrent pas compte. Mais comme un clerc l'avoit tournée en latin, de savans compila-

[1] La *Geste* n'a été publiée que tout récemment par les soins de M. Charriere, in-4° deux volumes.

teurs modernes se sont buttés à cette insipide et froide transformation, sans honorer d'un seul regard le poëme original dont leur érudition avoit cependant découvert l'existence. Ce fut longtemps après qu'un littérateur plus délicat, M. Fauriel, réclamant contre une préférence évidemment injuste, publia la *Chanson des Albigeois* dont le rhythme, ainsi que le vieux poëte avoit pris soin de le dire, étoit réglé sur celui de la *Chanson d'Antioche* [1].

Or, si vers la fin du quatorzième siècle un serviteur de Duguesclin avoit jugé convenable de composer la *Geste* du héros ; si, dans la première partie du treizième siècle, un meilleur poëte avoit écrit en vers harmonieux le récit d'une lamentable guerre civile, ne devinerons-nous pas que, dans un temps plus reculé et par conséquent plus ouvert à toutes les impressions de la poésie guerrière, les merveilles de la première croisade auront nécessairement inspiré quelque trouvère? On aura donc chanté la prise de croix, l'arrivée à

---

[1] *Senhors esta canso es faita d'aital guia*
Com sela d'Antiochia e ayssis versifia...

C'est-à-dire qu'elle étoit composée en vers de douze syllabes et divisée en couplets monorimes qui se chantoient comme la geste d'Antioche.

Constantinople, le siége de Nicée et la défense d'Antioche. Nous savons d'ailleurs que Guillaume, comte de Poitiers, ayant été, quelques années après la conquête de Jérusalem, retenu prisonnier par les infidèles, avoit de son côté fait une chanson de geste à l'occasion de ses aventures : « Comme il étoit, » dit Orderic Vital, « d'un esprit agréable et léger, il rappela devant les rois, les princes et dans les grandes assemblées, les ennuis et les désastres de son voyage en vers rimés et agréablement modulés. — *Et miserias captivitatis suæ, ut erat jocundus et lepidus, coram regibus et magnatis atque christianis cœtibus multoties retulit, rithmicis versibus, cum facetis modulationibus.* » Nous savions aussi que Gregoire Bechade, chevalier d'Auvergne, avoit, au retour de la croisade, composé un poëme provençal sur la glorieuse conquête de Jérusalem. Les hauts barons, comme on l'a déjà remarqué, n'avoient pas seulement emmené avec eux des clercs et des chapelains ; les ménestrels et les jongleurs faisoient une partie non moins obligée de leur équipage, et présidoient à toutes les fêtes. Ils accompagnoient leur voix d'instrumens ; ils récitoient des aventures ; ils déclamoient des chants de guerre à l'exemple de Taillefer, avant la bataille d'Hastings[1]. Ils rappeloient la mort de Roland, les exploits de Guillaume Bras-de-Fer, ou ceux de Robert Guiscard, père de Boemond. D'ailleurs on rencontroit toujours assez d'esprits vifs et complaisans pour ajouter à l'ancienne provision littéraire des compositions inspirées par les événemens que parfois les dernières journées avoient vus naître et accomplir. Il ne faut pas se préoccuper ici des difficultés de l'exécution : l'oreille, encore le seul juge de la forme poétique, avoit des trésors d'indulgence, dissipés depuis. Nous voulons aujourd'hui dans les vers une savante variété de désinences, un entrelacement systématique dans les rimes; nous proscrivons toute redite, tout désordre, toute rudesse ; mais quand les yeux n'avoient rien à voir dans la facture du couplet, quand la chanson de geste étoit écoutée et non pas lue, la versification offroit à la mémoire du poëte et de l'auditeur le plus naturel et le plus commode des auxiliaires ; c'étoit le champ des répétitions et des ellipses. Le

---

(1) Raimond d'Aguilers, parlant de l'armée françoise au moment de marcher sur Corbaran : « De audacia eorum quid loquar? « cum etiam cantus militares tam festive militers agerent, ut « quasi pro ludo imminens bellum agerent! » (Ap. Bongars, p. 146.) Ailleurs il mentionne les chants satyriques composés contre Arnould, patriarche de Jérusalem, et contre le comte de Saint-Giles, afin d'empêcher qu'on ne le choisît pour roi.

trouvère avoit le droit de torturer les mots en vingt façons, à condition de ne pas porter atteinte à la clarté de la narration. Et pourvu qu'une série de phrases nettes et rapides fussent terminées par la même inflexion, les vers, les couplets se trouvoient faits, et de bons vers, et de bons couplets. L'intérêt du récit étoit la seule mesure du mérite de l'œuvre : la forme étoit à peine remarquée, tant la versification sembloit chose facile et naturelle. Les auditeurs se récrioient non sur l'agrément ou la force de chaque vers, mais sur la bonne allure de tout le récit; non sur l'agencement des mots, mais sur la disposition des faits et leur véracité. A l'entrée de toutes les civilisations, on compose ainsi des vers; on les chante avant de les lire et l'on répugne même longtemps à penser que la prose vaille la peine d'être écrite. Pour oser la produire, on commence par l'orner d' inflexions monotones, comme si l'on trouvoit beaucoup moins de difficultés à faire bon accueil à la rime qu'à prendre le parti de s'en passer tout à fait.

Quand une armée revient d'une bataille, la première pensée de chaque soldat est : Comment parlera-t-on de moi, de nous au pays? Voltaire répondit à cette inquiétude le lendemain de la bataille de Fontenoy. On sait l'ardeur avec laquelle les soldats de l'Empereur écoutoient la lecture des *Bulletins de la Grande armée.* Outre ces récits officiels, les troupiers les plus ingénieux se mettoient encore à l'œuvre, tailloient leur plume et laissoient couler quelques douzaines de couplets, qui ne manquoient pas de faire les délices du camp. On peut dire de ces couplets de régiment qu'ils offrent le dernier écho de nos anciennes Chansons de geste.

VII.

Parmi les premiers croisés se trouva le poëte ou *trouveur* auquel on doit notre Chanson d'Antioche. Étoit-il François, Allemand ou Italien ? Ce n'est pas aux chroniques monastiques que nous irons le demander, elles qui sans Tudebode n'auroient pas dit un mot de toute la première croisade, puisqu'elles n'en ont parlé que d'après cet historien et pour lui donner des leçons de beau langage. Mais celui qui rajeunit la chanson, Graindor de Douay, nous a du moins transmis son nom :

Richart le Pelerin, cil qui la Chanson fist.

Pour le reste, forcé de recourir aux conjectures,

je penche à croire qu'il marchoit sous l'oriflamme du comte de Flandres; car il témoigne une complaisance visible pour Robert le Frison et pour tous les chevaliers des Pays-Bas, de l'Artois et de la Picardie. Richard dut achever son travail peu de temps avant l'arrivée des croisés devant Jérusalem. On sait qu'ils étoient restés près de huit mois dans Antioche. Le Pelerin vouloit sans doute continuer son œuvre jusqu'à la conclusion du saint voyage, mais le temps, les forces ou la constance lui manquèrent, et c'est un autre trouvère plus crédule et moins sévère auquel il fut réservé de raconter la prise de Jérusalem. Les derniers couplets de Richard, péniblement recueillis, se rapportent à la prise d'Arches ou Archas. Là peut-être mourut-il, et peut-être est-ce dans la mosquée d'Archas qu'il faudroit espérer aujourd'hui de retrouver son tombeau.

La *Chanson d'Antioche* suivit les croisés à Jérusalem; elle y fut avidement écoutée par les chrétiens qui venoient de toutes les parties de l'Europe contempler la délivrance du divin sépulcre et de la Terre-Sainte. C'est pour ces nouveaux champions que les vers de Richard durent présenter un attrait particulier. Ils racontent la funeste échauffourée de Pierre l'Hermite; ils suivent les princes à leur arrivée à Constantinople, disent leurs démêlés avec l'empereur, signalent la loyauté d'Estatin l'Esnasé, montrent les soldats du Christ à Nicée, et pénètrent avec eux dans la ville, sans jeter le blâme, à l'imitation de Tudebode et de Foucher de Chartres, sur les dispositions de l'empereur Alexis. Et ce qui prouve assez bien que le poëme avoit été composé peu de temps après le départ d'Antioche, c'est la façon dont on y parle du comte de Blois. Étienne, fuyard d'Antioche, étoit quelque temps resté l'objet de l'exécration publique dans l'armée croisée. Richard le Pelerin l'a donc présenté comme un parfait modèle de trahison, de lâcheté, de perfidie. Et si l'on se représente la situation terrible de l'armée chrétienne quand elle apprit comment l'empereur, en marche sur Antioche, avoit rebroussé chemin à l'instigation d'Etienne de Blois, on comprendra quelle faveur dut accompagner les couplets de la chanson dans lesquels on voyoit le comte Etienne de Blois jeter à terre l'étendard qui lui est confié, et prendre la fuite au premier bruit des ennemis que d'autres attendoient de pied ferme. Mais cette juste indignation fit place à des sentimens tout contraires, quand le même prince, honteux de sa première couardise, se croisa pour la deuxième fois et revint chercher et trouver la mort sous les murs de Rame, au mois de juillet 1102. Ecoutons ici le vieux traducteur de Guillaume de Tyr : « Del conte Estienne fu il moult grant joie de « ce que il mourut si ennorablement : quar sans « faille ne s'estoit mie bien partis d'Antioche, « *dont lede parole avoit esté faite de ça mer et* « *delà*; mes bien fu semblant que nostre sires li « ot pardonné qui tant prist à gré son servise que « il soffrist que il mourust en lui servant. Por ce « le doit tenir li siecles à haut baron et à ennoré « qui puis fu si rachetez; et n'en doit estre seur « lui né seur son lignage jamès honte né reprou- « ches. » (Liv. X, ch. xx.) Guibert de Nogent semble également faire allusion à la sévérité de la chanson d'Antioche quand, à l'occasion de la fuite et du retour d'Étienne, il dit : « Finis ad executionem « hujus rei *de qua criminatur* adeo claruit, ut « de eo jam secura laus *cantari* possit. » Pour revenir à Richard le Pelerin, après avoir suivi les traces de Boemond dans le mauvais pas de Gurhénie, il s'attache à Tancrède, à Baudouin; nous lui devons de précieux détails sur la querelle de ces deux fiers chevaliers, sur les excuses auxquelles l'impatient Tancrède fut obligé de se soumettre à l'égard du frère de Godefroi. Mais la clef de voûte de tout l'édifice, c'est le siége, la prise d'Antioche et la déroute de Corbaran. Dans cette partie de la chanson, le trouvère est bien supérieur à tous les chroniqueurs latins, et je crois pouvoir placer au rang des morceaux les plus importans de l'histoire moderne le récit de la trahison de Dacien et de l'entrée des Croisés dans la ville.

Richard ne dissimule dans aucune circonstance les torts et les mauvaises passions des chefs qu'il honore le plus : Boemond tremble plus d'une fois, et plus d'une fois a besoin d'être rappelé à son devoir ; le duc de Normandie est représenté tel que nous l'ont dépeint les historiens particuliers de la province, brave mais léger, irascible, impétueux et facile à se laisser prévenir. La chanson abonde, comme je l'ai dit, en détails précieux sur les guerriers d'Artois, de Flandres et de Picardie. C'est avec une sorte d'émotion patriotique que Richard nous a peint les adieux de la comtesse Clémence, et qu'il a rappelé les prouesses de Baudouin Cauderon, de Gontier d'Aire, d'Enguerrand de Saint-Pol, et l'héroïque fait d'armes de Raimbaut Creton, le bon chevalier picard. Il nous attendrit, il sait nous élever à la hauteur de ses héros, quand il nous montre le brave Renaud Porquet énervé, chargé de chaînes, et renouvelant la douteuse action de Régulus. L'amour du pays ne lui fait pas oublier la gloire des autres corps d'armée : c'est un écuyer de Chartres qui, sur l'échelle d'Antioche, veut précéder le bon comte de Flandres; c'est à Boemond que le principal honneur de la prise de la ville sera réservé, et l'évêque du Puy planera comme un ange tutélaire au milieu des chefs, pour les ramener sans cesse à l'espérance, à la résignation.

VIII.

Parlons maintenant du rénovateur. Il se nommoit *Graindor* et il étoit originaire de la ville de Douay. Nous croyons pouvoir fixer l'époque de son travail aux premières années du règne de Philippe-Auguste, c'est-à-dire au temps où l'usage d'écrire les Chansons de geste venoit de s'introduire, où l'habitude de lire, substituée à celle d'écouter, avoit rendu les juges plus difficiles, avoit fait un art sérieux de la versification, avoit assoupli les mots et discipliné les phrases dans l'idiome vulgaire. Crestien de Troyes

INTRODUCTION.

venoit d'écrire ces poëmes délicats et gracieux qui déjà menaçoient la vogue séculaire des Chansons de geste. On aimoit encore la grande poésie monorime, mais le langage ayant accepté le nouveau joug des trouvères champenois, on reprochoit aux vieilles Gestes une façon trop rude, trop hérissée de méchantes rimes et de répétitions fastidieuses. La mission des poëtes qui vouloient conserver dans la mémoire publique les anciens récits héroïques fut donc, en les écrivant, de les purger de la rouille qui déroboit à la génération nouvelle une partie de leur éclat. Tandis que Jean Bodel soumettoit la geste de Guiteclin de Sassoigne à ce remaniement, Graindor de Douay s'arrêtoit à la grande chanson d'Antioche et lui rendoit un siècle de vogue et d'attention, en l'accommodant à la régularité de la récente versification [1].

Si la *Chanson d'Antioche* n'eût pas été renouvelée, elle seroit descendue dans la tombe des hommes d'armes qui avoient suivi Louis VII et Frédéric Barberousse; graces à Graindor, elle retentit longtemps après eux dans toutes les par-

---

(1) J'ai dit cela plus longuement dans la préface de l'*Essai d'un dictionnaire historique de la langue françoise*. Paris, Techener, 1847, in-4º.

ties de la France. J'ai déjà remarqué que l'auteur de la geste des Albigeois annonçoit, en commençant, qu'il adopteroit pour rhythme l'air de notre chanson. Un autre troubadour, voulant insulter quelque rival, l'accuse de n'en savoir pas un seul couplet. Ainsi, la geste d'Antioche étoit aussi souvent réclamée des jongleurs que peuvent l'être aujourd'hui de nos comédiens le *Cid* de Corneille ou l'*Athalie* de Racine. La faveur générale éveilla bientôt la foule des imitateurs.

IX.

Les uns forgèrent un conte de la jeunesse de Godefroi ; d'autres arrangèrent l'histoire de son père, puis de son grand-père, le célèbre Chevalier au Cigne, que les deux maisons de Clèves et de Boulogne vénéroient comme leur commun ancêtre. Les légendes du Chevalier au Cigne étoient en effet trop généralement répandues pour que les jongleurs, accoutumés à chanter la prise d'Antioche, ne fussent pas obligés d'en tenir compte. On forma donc un cycle des chansons de la croisade : le premier rayon fut l'histoire de la vieille Matabrune et du père d'Elias ; le second rassembla les aventures d'Elias, le Chevalier au Cigne; le troisième raconta la fabuleuse enfance de Godefroi de Bouillon et de ses trois frères. Pour la chanson d'Antioche, composée la première, elle fut reléguée au quatrième rang; encore l'embarrassa-t-on d'une autre chanson faite à Antioche vers 1130, sous les yeux du prince Raimond[1], et fondée sur les désastres des compagnons de Pierre l'Hermite, sur leur captivité dans le Khorassan, et leur retour, à travers mille dangers imaginaires, devant Jérusalem au moment où le dernier assaut alloit être livré. Nous n'avons pas tenu compte de cet incident fabuleux des *Chétifs*, dont le mérite littéraire n'est pourtant pas à dédaigner.

Après le récit de la prise d'Antioche, le jougleur auquel on doit d'avoir ainsi disposé le cycle de la croisade remarqua un certain nombre de couplets que Graindor n'avoit pas renouvelés et qui conservoient la forme de la chanson primitive. C'étoit encore en effet l'œuvre de Richard le Pelerin, recommandable par l'exactitude des souvenirs et même par la rudesse de la versification. Il n'est guère possible de contester

---

(1) Li bons princes Raimons qui ceste estore ama,
Fist ceste cançon faire, que rien n'y oblia.
(Ms. de l'Arsenal (E.), f° 156.)

l'antériorité de cette partie de la narration sur tout ce qui la suit ou la précède : l'assonance à laquelle Graindor dut substituer les rimes exactes suffiroit seule pour nous révéler la première partie du douzième siècle. D'ailleurs, immédiatement avant ces couplets, Graindor nous avoit prévenus qu'il ne pousseroit pas plus loin son remaniement; le dernier de ses couplets fait même double emploi avec le premier de ceux que l'arrangeur de tout le cycle a épargnés. C'est une fort heureuse redondance, car nous lui devons un moyen sûr d'apprécier la nature des changemens apportés par Graindor dans l'œuvre de Richard, et nous en concluons que le rénovateur n'a pas eu la méchante pensée de modifier le fond de l'ancien récit; il n'a fait que polir la forme, promener curieusement la lime sur chaque couplet, supprimer les répétitions, et mieux coordonner les vers.

Un autre trouvère, plus ancien et plus sérieux que l'auteur de l'épisode des *Chétifs*, s'est chargé de raconter la prise de Jérusalem et l'élection de Godefroi de Bouillon. Son récit est pourtant encore entremêlé de fictions qui ne peuvent être l'œuvre d'un témoin oculaire. Mais, en dépit de l'alliage mêlé au fin métal dont la pièce est formée, la chanson de Jérusalem est un travail digne de l'intérêt de la science moderne, et nous espérons que les judicieux éditeurs des Historiens des croisades ne dédaigneront pas de l'insérer dans leur précieuse collection.

Enfin le cycle de la première croisade se termine par trois poëmes non moins fabuleux que l'épisode des Chétifs. C'est d'abord la mort de Godefroi, victime d'un poison que lui verse le patriarche; puis vient l'histoire de Baudouin du Bourg ou de Sebourg, troisième roi de Jérusalem, puis celle du bâtard de Bouillon. Les deux dernières branches ont été composées, dans les premières années du quatorzième siècle, par un trouvère insouciant, négligé, bavard, mais cependant rempli de verve, d'imagination et de malicieuse gaieté. J'ai cru souvent retrouver sous sa plume la grâce et l'invention des meilleurs endroits de l'*Orlando furioso*.

On doit à M. Bocca de Valenciennes la publication du *Baudouin de Sebourg*, à M. le baron de Reiffenberg celle de la première branche du Chevalier au Cigne. M. de Reiffenberg a fait précéder son texte d'une introduction importante dans laquelle on aime à retrouver l'esprit, le savoir et les précieuses digressions qui recommandent la plupart des autres ouvrages du même auteur. M. de Reiffenberg n'a pas eu l'intention d'établir son texte sur la comparaison de nombreux manuscrits. La leçon de la Bibliothèque royale de Bruxelles, qu'il s'est contenté de mettre en lumière, différoit d'ailleurs absolument de celles que conserve la Bibliothèque royale de Paris. J'ignore si la suite du volume comprendra la branche dite d'Antioche, que je donne aujourd'hui; mais le célèbre antiquaire ne me contredira pas, j'en suis sûr, quand j'avancerai que, de toutes les parties du cycle de la première croisade, la seule qui soit revêtue du caractère parfaitement historique et que l'on ait en conséquence le droit d'attribuer aux souvenirs d'un témoin oculaire, c'est la *Chanson d'Antioche*.

X.

Ainsi, d'un côté, les reviseurs de la fin du douzième siècle rajeunissoient les poëmes plus anciens sans rien changer au fond des récits; de l'autre, les jongleurs qui adoptoient leurs remaniemens assembloient les diverses parties du même cycle, et les coordonnoient, non d'après la date respective de chacune de ces parties, mais uniquement en suivant la progression du récit. La légende du Chevalier au Cigne se rapportant aux ancêtres de Godefroi, ils placèrent en tête de leur volume cette légende et d'autres encore non moins fabuleuses, nées de l'intérêt accordé généralement à un premier récit sincère et parfaitement historique. En ce temps-là, la critique littéraire n'étant pas encore née, personne n'avoit une idée assez nette de la vraisemblance historique pour reconnoître dans un récit d'aussi longue haleine la tige autour de laquelle avoient grimpé tant de branches parasites.

Et comme les premières légendes de la Geste des croisades devoient d'abord frapper les yeux de ceux qui ouvroient le volume, il n'est pas surprenant que les écrivains voués à la recherche des sources historiques aient regardé jusqu'à présent la collection entière comme un énorme roman dont ils n'avoient pas à se préoccuper. M. Michaud lui-même ne l'a fait examiner qu'après avoir achevé son grand ouvrage, et s'il est signalé dans la *Bibliothèque des Croisades*, c'est avec une indifférence dont on pourra se rendre compte en apprenant que deux manuscrits qui réunissoient le même cycle sont désignés et décrits comme renfermant deux ouvrages entièrement distincts. Cependant, il y a quelques années, un littérateur distingué, M. de Mas-Latrie, avoit offert de publier la partie historique du Chevalier au Cigne pour la *Société* dite *de l'Histoire de France.* L'extrait que M. Le Roux de Lincy mit à cette occasion sous les yeux des membres de la société avoit même assez d'intérêt pour justifier une telle proposition. Mais, soit qu'on ne reconnût pas alors les moyens de distinguer la partie véridique de celle qui ne l'étoit pas, soit qu'on fût prévenu contre des ouvrages qui jusqu'alors avoient rarement attiré l'attention de la gent érudite, on ajourna la demande, toutefois contre l'avis d'un savant et judicieux académicien, M. Charles Lenormant.

On verra, je l'espère, que nul monument historique ne méritoit mieux d'être publié que la branche la plus ancienne de cette réunion de poëmes, celle dont Richard le Pelerin est auteur.

XI.

J'ai dit que Graindor avoit dû vivre sous Louis VII et dans les premières années du règne de Philippe-Auguste. Cette opinion est fondée sur la date approximative des premières branches du Chevalier au Cigne, qui n'ont jamais eu besoin d'être renouvelées et qui sont postérieures au remaniement de la chanson de Richard. La première branche, je l'ai démontré ailleurs (Manuscrits françois, t. VI, p. 185), est moins ancienne que la seconde; et la seconde, moins ancienne que l'œuvre de Graindor, fut évidemment composée vers 1192, c'est-à-dire peu de temps après le retour de Philippe-Auguste de la terre sainte. Dira-t-on que s'il est bien permis de réclamer la priorité pour le poëme de Richard, on n'a plus les mêmes droits pour la révision de Graindor? Je répondrai que, dans tous les anciens manuscrits, la révision de Graindor accompagne les premières branches dont nous avons pu constater la date. Or, pour les supposer antérieures à la révision de Graindor, il faudroit les rencontrer dans la compagnie de la geste de Richard, ou du moins isolées du travail de révision. Cela n'est pas arrivé.

INTRODUCTION.

L'observation me paroît décisive ; mais comme il est d'un intérêt secondaire, après tout, que Graindor ait vécu sur la fin du douzième siècle ou dans le commencement du treizième, on n'insistera pas davantage sur ce point.

L'usage qui s'établit, à partir de la fin du douzième siècle jusqu'à la fin du treizième, de renouveler les Chansons de geste composées pour les générations précédentes, n'est pas seulement constaté par l'œuvre de Graindor : toutes les gestes groupées autour de celle de Guillaume d'Orange ont ainsi passé de la forme des rimes assonantes et des mesures irrégulières à celle des rimes et des mesures exactes. Nous avons le *Guillaume au court nez* du douzième siècle et celui du treizième ; et l'on peut reconnoître entre les deux la même différence qu'entre les couplets de Richard non retouchés et ceux que Graindor a limés et repolis. Nous avons l'*Ogier le Danois* de Raimbert, trouvère plus ancien peut-être que Richard, et l'*Ogier* que révisa le roi Adenès, vers 1270 ; de même les deux Renaud de Montauban et les deux *Amis et Amile*. La grande geste des Loherains n'a pas été retouchée ; voilà pourquoi, sans doute, malgré les nombreux manuscrits qui nous en restent, les jongleurs du treizième siècle semblent l'avoir rarement apprise et répétée, dans les réunions publiques. C'est enfin pour la même raison que plusieurs autres chansons faites à l'occasion de la première croisade ne nous sont pas parvenues.

XII.

Chacun des points rapidement traités dans cette préface sera fortifié de nouvelles preuves dans les notes du texte. Maintenant il me reste à demander à mes lecteurs une sorte d'absolution pour la méthode que j'ai cru devoir suivre dans l'édition que je leur présente.

J'avois sous les yeux une réunion de plus de cinquante mille vers; je me suis contenté d'en publier neuf mille. Ce n'est pas que les autres branches n'offrissent encore un certain intérêt : mais j'ai voulu seulement mettre en lumière ce qui pouvoit, dans le cycle du *Chevalier au Cigne*, se rapporter à l'histoire de la première croisade; j'ai d'ailleurs essayé de prouver, ainsi que j'en ai la conviction, que dans le cycle du Chevalier au Cigne les vers purement historiques forment le noyau le plus ancien et par conséquent le plus respectable. Ayant donc trouvé les couplets de la Chanson d'Antioche embarrassés d'un fabuleux épisode, celui des *Chétifs*, je me suis permis d'en alléger mon poëme, mais je ne l'ai fait qu'après avoir acquis la certitude que cet épisode n'avoit rien de commun avec la chanson de Richard le Pelerin. A part ce retranchement, je n'ai fait, dans les six leçons que j'avois sous les yeux et qui souvent différoient entre elles, que choisir le texte le plus correct. Quand un couplet ne me sembloit rimé que pour ménager au jongleur les moyens de se répéter en attendant le silence ou l'arrivée de la foule, je ne me suis pas fait scrupule de le laisser de côté ; mais je n'ai pas introduit un seul vers, un seul mot qui ne m'eût été fourni par mes manuscrits; et si j'ai souvent choisi, j'ai toujours eu soin d'indiquer en note les variantes qui pouvoient rendre le choix difficile.

Ma seconde liberté exige peut-être une plus grande indulgence. La branche que je publie n'avoit pas de titre; je l'ai baptisée la *Chanson d'Antioche*, d'après des indications, à mes yeux suffisantes, que me fournissoient les auteurs contemporains. J'ai divisé cette chanson en neuf *chants*, bien que les manuscrits ne me donnassent pas non plus le droit d'employer cette expression imitée des Italiens et de nos François des derniers siècles. Mais ceux qui les premiers recueillirent et coordonnèrent les différentes parties de l'*Iliade*, et qui distribuèrent le divin poëme en vingt-quatre parties n'avoient pas non plus trouvé la justification de cet arrangement dans les vieilles rapsodies qu'ils mettoient en ordre. Pour moi, dirigé par des guides plus sûrs que les leurs, je n'ai pas eu à changer la distribution des anciens manuscrits ; seulement, persuadé que les différentes parties de notre Chanson formoient des récits distincts, et que la présence de grandes lettres ornées marquoit le commencement de chacun de ces récits, je n'ai pas cru pouvoir me dispenser de relever ces divisions et d'en tenir compte. J'en ai fait autant de chants ; car pour le mot de *livre*, préféré par Virgile, il ne m'a pas semblé convenir aussi bien à l'ouvrage que le poëte nomme fréquemment lui-même une *chanson*. Persistera-t-on à dire que je n'ai pu sans infidélité transporter dans la littérature du douzième siècle une expression que les manuscrits ne justifioient pas ? Je répondrai qu'en ne conservant d'autre distinction que celle des couplets, je risquois également d'être infidèle, puisque les grandes initiales dont j'ai parlé devoient avoir leur utilité dans la pensée des copistes. —Mais il falloit marquer les divisions, sans les donner comme autant de *chants?* —A la bonne heure! je m'incline. Mais véritablement, et tout mûrement considéré, ce sont bien des chants.

La publication de la *Chanson d'Antioche* m'a longtemps occupé; je laisse enfin partir cette laborieuse édition avec une conviction que j'essaierois inutilement de dissimuler et qui sera partagée par trop de monde, c'est qu'un autre pouvoit aisément beaucoup mieux faire. Le zèle ardent que j'ai mis pendant plus de trois années à comparer avec les récits de mon poëte le récit des chroniqueurs latins, à consulter les meilleurs itinéraires et les meilleures cartes de l'Asie-Mineure, à donner une explication satisfaisante de ce qui pouvoit sembler obscur, à reconnoître le véritable nom des héros qui prirent part à cette grande et miraculeuse expédition, enfin à joindre de bonnes tables au texte de mon vieux chant historique, tout cela ne m'a pas empêché de tomber dans plusieurs erreurs, et de mettre plus d'une fois à de rudes épreuves les bonnes dispositions de la critique. « Celui qui commence un livre, » a dit Antoine de La Sale, « est l'écolier de « celui qui l'achève, » et malheureusement, suivant la remarque d'un excellent littérateur, M. Ferdinand Denis, bien des éditeurs gardent le rôle d'écolier jusqu'à la dernière page. J'ai cru pouvoir me dispenser de joindre un glossaire au texte, parce que le langage de Graindor est en général intelligible pour tous ceux qui ont lu *Villehardouin*, le *Roman de la Rose* ou quelques fabliaux. Il me semble même que la Chanson d'Antioche est dans son allure plus nette et plus limpide que la plupart des poëmes du treizième siècle. Pour les difficultés réelles, je les ai éclaircies dans les notes. Je prends d'ailleurs la liberté de renvoyer à ce que j'ai dit du caractère de l'ancienne épopée françoise, et des différentes branches du Chevalier au Cigne, dans le livre intitulé : *Les Manuscrits françois de la Bibliothèque du Roi*, t. III et t. VI. Le premier volume de l'édition du *Chevalier au Cigne*, donnée par M. le baron de Reiffenberg, m'a, sous d'autres rapports, permis de passer rapidement sur des questions parfaitement éclairées par le savant antiquaire de Bruxelles, et la *Chanson d'Antioche* est d'une lecture déjà trop longue pour qu'on ne me pardonne pas d'avoir craint d'abuser de la patience des lecteurs, en reproduisant ici ce qu'après tout ils pourront trouver aisément ailleurs.

Paris, 12 février 1848.

INDICATION
DES MANUSCRITS

DONT L'ÉDITEUR S'EST SERVI.

Le texte est établi sur la comparaison de six manuscrits. Cinq appartiennent à la Bibliothèque royale, le sixième est conservé dans la bibliothèque de l'Arsenal. Je les distingue dans mes notes par les premières lettres de l'alphabet A. B. C. D. E. F., et c'est dans cet ordre que je vais les faire connoître.

A.

BIBLIOTHÈQUE ROYALE, ANC. FONDS, N° 7190.

Volume in-f° parvo, sur vélin, à doubles colonnes; orné de miniatures, de vignettes et initiales assez grossières. Écrit sur la fin du XIII° siècle; relié en maroquin rouge aux armes de France sur les plats, au chiffre de Louis XIV sur le dos.

Il contient un calendrier assez curieux, la geste

d'Alexandre le Grand, puis enfin la geste du *Chevalier du Cigne*. Le copiste paroît avoir été un jongleur assez lettré, qui, dans les deux Chansons qu'il transcrivoit, a cru devoir ajouter à la fin de la plupart des couplets quelques vers de remplissage qu'il débitoit ou passoit, suivant le nombre des auditeurs et le degré d'attention qu'ils apportoient à ses paroles. J'ai décrit amplement ce volume dans le tome VI de mes *Manuscrits françois*, pages 165-200.

B.

BIBLIOTHÈQUE ROYALE, ANC. FONDS, N° 7628.

Volume in-4°, sur vélin, à doubles colonnes, écrit vers le milieu du xiii° siècle, relié en veau marbré. Bonne leçon dont j'ai fait le plus grand profit.

C.

BIBLIOTH. ROYALE, SUPPLÉMENT FRANÇOIS, N° 540.

Volume in-f° parvo, sur vélin, de 192 feuillets à deux colonnes, orné de miniatures et de vignettes fort précieuses, écrit vers le commencement du xiii° siècle. Relié en maroquin rouge aux armes de France sur les plats, et au chiffre de Louis XV sur le dos.

Très beau et très bon manuscrit.

D.

BIBLIOTHÈQUE ROYALE, ANC. FONDS, N° 7192.

Volume in-f° parvo, sur vélin, de 253 feuillets, sur deux colonnes, orné de miniatures et d'initiales. Milieu du XIII° siècle. Relié en maroquin rouge aux armes de France sur les plats et sur le dos.

Le texte de la geste du *Chevalier au Cigne* est précédé de plusieurs fragmens en vers françois ou provençaux. Je l'ai décrit dans le tome VI des *Manuscrits françois*, pages 221-228.

E.

BIBLIOTH. DE L'ARSENAL, BELLES-LETTRES, N° 165.

Volume in-4° magno, sur vélin à doubles colonnes, orné de miniatures curieuses; daté à la fin de l'année *mil deux cent soixante-huit*. Manuscrit précieux exécuté avec soin.

F.

BIBLIOTH. ROYALE, SUPPLÉMENT FRANÇOIS, N° 105.

Volume in-4° maximo, vélin, sur deux colonnes, orné de miniatures. Écrit vers le milieu du XIII° siècle, par un copiste flamand, nommé Guy, qui s'est fait connoître dans les marges du f° 64, v°. Cette leçon est très incorrecte et fort négligée. Elle a l'avantage de poursuivre les gestes de la Croisade plus loin que les autres. Du f° 216 au f° 265 et dernier, le texte qu'il donne est unique, au moins dans nos bibliothèques de Paris.

CHANT PREMIER.

ARGUMENT.

Préambules du jongleur. — Exhortation à la croisade. — Souvenir de la légende du bon Larron. — Pierre l'Hermite. — Son voyage au Saint-Sépulcre; sa vision; son retour à Rome. — Le pape lui donne une armée à commander. — Noms de quelques barons françois qui se joignent à lui. — Leur arrivée au Puy de Civetot. — Corbaran d'Holiferne arrive à Nique. — Se réconcilie avec Soliman de Nique. — Préparatifs des Turcs — Premiers succès des Chrétiens. — Seconde bataille; Soliman tue un prêtre qui offroit le saint sacrifice. — Défaite des Chrétiens. — Ils souffrent de la faim et de la soif. — Se rendent à Corbaran. — Partage des prisonniers. — Retour de Corbaran en Perse. — Retour de Pierre l'Hermite à Rome. — Préparatifs d'une seconde croisade. — Concile de Clermont. — Noms des chefs principaux. — Départ général.

LA
CHANSON D'ANTIOCHE.

CHANT PREMIER.

I[1].

SEIGNEUR, soiés en pais, laisiés la noise ester,
Sé vous volés chançon gloriose escouter.
Jà de nule millor ne vous dira jougler ;
C'est de la sainte vile qui tant fait à loer,
Où Diex laisa son cors et plaier et navrer,
Et ferir de la lance et en la crois poser ;

(1) Les neuf premiers couplets manquent dans les leçons E. F., qui fournissent seules en revanche les quatre derniers couplets de ce Ier chant. La plupart des débuts de Chansons de geste se ressemblent, et prouvent assez bien que ces poëmes devoient être chantés sur les places publiques. Si notre prélude abonde en répétitions, c'est pour donner au jongleur le choix des couplets et la liberté de retarder le véritable récit, jusqu'au moment où la foule sera grande et le silence obtenu. Malgré ses longueurs, ce début est fort beau. Graindor en est sans doute le

LA CHANSON D'ANTIOCHE.

Jherusalem l'apele qui droit la veut nomer.
Cil novel Jougleor qui en suelent chanter,
Le vrai commencement en ont laisié ester[1];
Mais Grains d'or de Douai nel veut mie oublier[2].

seul auteur, comme à lui doit encore revenir presque tout l'honneur du premier chant. Il va parler de la croiserie de Pierre d'après les traditions du xiii° siècle, et l'on ne devra pas confondre ces préliminaires avec l'œuvre du vieux-poëte, Richard le Pelerin. Quand, de son propre mouvement ou sur la demande de quelque riche personnage, Graindor se mit à *renouveler* la *Chanson d'Antioche*, c'est-à-dire à remplacer de rudes assonances par un rhythme harmonieux et facile, il sentit qu'il importoit de commencer l'histoire du voyage d'outre-mer par le vrai commencement, dont Richard n'avoit pas connu ou du moins rappelé les circonstances. De là notre premier chant. Cette partie du poëme, entachée de quelques graves inexactitudes, offre cependant la preuve constante des intentions véridiques du trouvère. On peut y reconnoître le commencement de la *Chanson des Chétifs*, dont nous avons parlé dans la Dissertation; mais elle n'abonde pas en détails fabuleux et fantastiques comme cette dernière; et Graindor, le sage et habile arrangeur de la vieille *Chanson*, a dû modifier son témoignage suspect, d'après l'opinion la plus répandue et la mieux autorisée de son temps.

(1) Les jongleurs, contemporains de Graindor, qui récitoient la chanson de Richard le Pelerin, passoient le commencement de l'histoire sous silence; mais Graindor, qui a rajeuni tous les vers, ne les imitera pas : il comblera la lacune qu'ils ont laissée.

(2) Le Msc. C. porte seul *Dijon*, au lieu de Douai. — *Oublier*, mauvaise rime mieux placée dans le couplet suivant.

Qui vous en a les vers tous fais renoveler.
Huimais porés oïr de Jhersalem parler
Et de ceus qui alèrent le sepulcre aorer ;
Com il firent les os de par tout assambler [1].
De France, de Berrie et d'Auvergne sa per [2].
De Puille, de Calabre jusqu'à Barlet-sur-Mer.
Et deça jusqu'en Gales firent la gent mander.
Et de tant maintes terres que jo ne sai nomer :
De tel pelerinage n'oï nus hom parler.
Por Dieu lor convint tous mainte peine endurer,
Soif et caut et froidures, et veillier et juner ;
Bien lor dut Dame-Diex à tous gueredoner,
Et les ames à aus en sa gloire poser [3].

II [4].

BARON or m'escoutés, si laisiés le noisier,
Si vous dirai chançon qui moult fait à prisier,
Qui de Jherusalem veut oïr comencier.

(1) *Les os*, les armées.
(2) *Sa per*, son égale.
(3) Comparez ce premier couplet au début de l'*Enéide* et de *Jérusalem délivrée.*
(4) On va lire un deuxième préambule que le jongleur pouvoit, suivant l'occasion, préférer au premier, et qui lui permettoit même de passer aussitôt après à la croiserie de Godefroi de Bouillon.

Si se traie envers moi, por Dieu l'en veul proier.
Jo ne lui ruis del sien palefroi né destrier [1],
Peliçon vair né gris, né vaillant un denier.
S'il por Dieu nel me done, qui l'en renge loier [2]!
De la sainte cité vous vaurai anoncier,
Com li gentis barnages que Diex voult essaucier,
S'en ala outre-mer por sa honte vengier [3].
Pieres les enmena dont Diex fist messagier;
Sa primeraine muete ot moult grant destourbier,
Tous furent mors ou pris, qu'il n'i ot recourier;
N'en escapa que Pieres qui retorna arrier.
Lors assambla maint prince et maint noble guerrier [4];
Là fu Hues li maines et tout si chevalier,
Tangrés et Buiemons li vassal droiturier,

(1) Je ne lui demande du sien... *Ruir* ou *roer*, du latin *rogare*. Il n'étoit pas rare de voir les nobles auditeurs d'une Chanson de geste bien exécutée se dépouiller de leurs manteaux, ou descendre de leurs coursiers pour les offrir à l'habile jongleur. On verroit même aujourd'hui plus d'un exemple de générosités analogues, aux Italiens, au Théâtre-Français et même au Vaudeville, si l'usage étoit encore de donner aux acteurs et actrices. Mais cela ne se fait plus que le lendemain, ou du moins après la représentation.

(2) S'il ne me le donne, au nom de Dieu, duquel puisse-t-il être récompensé! — On voit qu'après tout le jongleur étoit de bonne composition.

(3) La honte de Dieu; nous dirions mieux aujourd'hui : *venger son injure*.

(4) Lors s'assemblèrent.

Et li dus Godefrois qui Dieu aime et tient chier,
Li dus de Normendie, et Normant et Poier[1];
Si fu Robers de Flandres et Flamenc li guerrier.
Quant furent assamblé par delà Montpellier,
Si com l'estoire dist, bien furent cent millier.
Nique prisent à force et le palais plenier,
Rohais et Antioche où il a maint mostier,
Puis prisent Jhersalem, le mur firent brisier.
Mais ançois lor convint moult juner et vellier,
Grans pluies et orages de nois et de grelier.
Ci comence chançon où il n'a qu'enseignier.

III.

IL Diex qui en Bethaine[2] suscita Lazaron,
Et qui por nous livra son cors à passion,
Il otroit à tous ceus vraie confession
Qui lui aiment et croient par bone entencion!
Et sor iceus envoist male confusion
Qui croient et aorent la figure Mahon!

---

(1) *Poier,* les habitans du païs de *Poix,* et de tout ce qu'on a depuis appelé *Picardie;* peut-être les *Poicars* au lieu des *Poiers.* Voilà une nouvelle étymologie. Si Orderic Vital appelle le château de Poix *castrum* de *Pice,* pourquoi de *Pica* les écoliers n'auroient-ils pas fait *Picardi?*

(2) *Bethaine,* Bethanie. *Lazaron,* Lazare. *Suscita,* ressuscita.

Seigneur, n'a point de fable en la nostre chançon [1],
Mais pure vérité et saintisme sermon.
Ci comence la geste de la meute Pieron,
Com il vint au sepulcre et i fist s'orison.
Diex s'aparu à lui dormant, en avison,
Dist li que retornast en France le roion [2],
S'emportast son séel, que mieus l'en créist-on,
Et desist à son peuple qu'il jetast de prison
Ses saintismes reliques que tienent li felon;
Et l'alassent vengier, par tel condition
Qui mort i recevroit, il ait remission;
En paradis celestre aura sa mansion.
Oï l'avés conter en une autre chançon,
Mais n'estoit pas rimée ensi com nous l'avons :
Rimée est de novel et mise en quaregnon [3].

(1) Si la noise continue, le jongleur prélude encore; sinon, il passe la fin de ce couplet et la plupart des suivans, jusqu'au Xe. Ces préludes ont pourtant le mérite de nous rendre juges de la disposition la plus ordinaire des auditeurs.

(2) *Le roion*, le royaume.

(3) *Quaregnon*. C'est la leçon de C. On lit en D. *Quareillon*, c'est-à-dire : en rime régulière et bien mesurée. *Quaregnon* étoit le nom d'une mesure de blé. Au reste, ce vers manque dans A. et B.; — C. D. ajoutent :

Mais cil qui la rima n'i vaut metre son non,
Por çou que tés l'oist qui froncist le grenon.

Si cette leçon étoit la meilleure, il en faudroit conclure que Graindor de Douay ne fut que le patron du poëte, et non le

v. 72.   CHANT PREMIER.

Et cil qui volentiers en entendra le son,
Diex li otroit qu'il ait de s'ame garison,
Que jà ne voie enfer, cele male maison!

IV.

EIGNEUR, or escoutés que li escris nous dist :
Bien vous doit remembrer de Dieu qui tous vous fist,
Et quant il vous ot fait, en tel repos vous mist,
Jamais n'eussiés paine s'Adam nel forfesist.
Son fil tramist en terre qui d'enfer vous traisist,
Après livra sa char que on en crois pendist ;
Pilates né Juis n'i ot uns nel laidist [1],
Puis nous ama-il tant que le suen nom nous mist,

poëte même qui renouvela la Chanson de Richard. Mais en ce cas-là, il semble que l'anonyme eût mentionné son patron avec plus de complaisance ; il eût dit : *Sire* ou *maistre Graindor* ; il eût ajouté : *Diex lui fasse bonté*, ou *merci*, ou *pardon*.

On verra par les derniers couplets conservés de l'ancienne *Chanson d'Antioche*, que les contemporains de Graindor n'avoient pas absolument tort de *froncir le grenon* en entendant les mélodies de Richard le Pelerin. Ainsi plus tard Marot refit le *Roman de la Rose*, et plus tard encore, c'est-à-dire au XVIIe siècle, on pensoit qu'il eût été bon de rajeunir Marot.

(1) C'est-à-dire : Il n'y eut personne de Pilate et des Juifs qui ne lui fît injure. *Laidir* répond ici fort bien au latin *lædere*. Un homme *laid* étoit donc un homme *blessé*, et dans le désordre des premiers siècles de notre ère, il devoit y avoir une multitude d'hommes *laids*.

Crestien avons nom et lui l'apelons Crist.
Quant nos ici créons que por nous mort soufrist,
Dont seroit-il bien drois qu'il nous en souvenist;
Que Crestiens por lui la sainte crois presist,
Et qu'il l'alast vengier de la gent Antecrist
Qui nel croit né nel sert né à lui n'obéist,
De quanqu'il onques peut, tous ses comans despit.
Por ce seroit bien drois que on les confondist,
Et chaçast de la terre, que nus n'i remansist,
Et Jhesus à nos ames les graces en rendist.

V.

BARON, oiés un vers qui moult fait à loer :
Cis siecles est moult fel, si nous veut enganer;
N'i a vraie justice; nus n'i peut véir cler,
Moult i convient grant garde por nos ames salver.
Diables nous est près qui nous veut encanter ;
Bien nous deverions mais de ses engiens garder.
Nostre sire nous rueve en Jhersalem aler,
La deffaée gent ocire et afoler,
Qui Dieu ne voelent croire né ses fais aorer,
Né ses comandemens volentiers escouter;
Mahomet, Tervagan deverions craventer
Et fondre les images, et à Dieu présenter,
Et moustiers et eglises et faire et restorer ;

v. 106.   CHANT PREMIER.   9

Et si del tot en tot le tréu aquiter [1],
Que il n'i ait paien qui jà l'ost demander.
Li bon baron de France ne vourent arester,
En estranges païs s'alèrent deserter,
Là devinrent sauvage por lor ames sauver.

VI.

EIGNEUR, pour amor Dieu faites pais, si m'oiés,
Quant vous del siecle irés, que en meillor soiés [2].
Trés çou que Diex fu pris, des Juis travelliés [3],
Des claus et de la lance et navrés et plaiés,
A la destre de lui fu uns leres dreciés [4],
Dimas ot-il à nom, puis qu'il fu batisiés [5].

(1) *Le tréu acquiter*, acquitter le tribut que les Turcs levoient sur les pèlerins.

(2) C'est-à-dire : Pour que vous soyez dans un meilleur monde quand vous sortirez de celui-ci.

(3) *Trés çou que*, sitôt que. — *Traveilliés. Traveil* et traveilliés avoient autrefois le sens précis de *tourmenter*, et l'on ne peut douter qu'il ne soit venu de *trabes*, poutre, espèce de *tormentum* ou machine de guerre. On trouve même dans Horace *trabales* ou *clavos trabales*, instrument de torture. Ce n'est plus certes dans cette acception que nous aimons à répéter avec Voltaire :

Le travail est mon Dieu, lui seul régit le monde.

(4) *Leres*, larron.
(5) Voilà une naïveté de Graindor; mais, dans sa pensée

Il créi bien en Dieu, il en soit graciés !
Quant il vit de Jhesu qui estoit laidoiés,
Si comence à parler com hom à mort jugiés :
« Rois, li fieus de la Virge, moult est grans ta pitiés,
« Car sauve moi et toi, quant tu venras ès ciés[1] !
« Bien deveroies faire que tu fusses vengiés
« De ces cuivers Juis dont si es laidengiés. »

VII.

QUANT l'oï nostre sire, s'est devers lui tournés :
« Amis, » dist-il, « encor n'est pas li poples nés
« Qui me venra vengier aus espiés acerés[2];
« Si me venra ocire les Paiens défaés
« Qui mes comandemens ont tos jors refusés ;
« Dont sera essaucie sainte Crestientés,
« Et ma terre conquise, mes païs aquités ;
« Dui en mil ans sera baptisiés et levés[3]
« Et s'iert li sains sepulcres requis et aorés.

être baptisé ne signifioit ici que *recevoir un nom*. Or, à ce point de vue, tous les hommes sont *baptisés*.

(1) *Moi et toi*. Sauve-moi avec toi. — *Ciés*, cieux.

(2) Avec les epieus acerés.—L'épieu étoit une petite lance, un bâton solide, au fer court, aigu, qui faisoit des plaies mortelles.

(3) Le peuple qui doit me venger sera baptisé d'ici en mille ans. Ce calcul n'étoit pas parfaitement exact. Le poëte eût mieux fait dire à N. S. dans un millier d'années environ. *Entour mil ans*.

« Ausi me serviront com s'es aie engenrés [1].
« Il ierent tot mi fil, j'iere lor avoués [2],
« En Paradis celestre sera lor iretés.
« Tu, soies, hui cest jor, avoec moi coronés. »

VIII.

'AUTRE part à senestre ot pendu un laron,
Par son nom de batesme Getas l'apeloit-on.
Compains ert à celui qui créoit en Jheson,
Qu'il véoit angoissier de la grant passion,
Des claus et de la lance et d'amère poison
Que li orent doné li traïtor felon.
Par droite mescréance a dite une raison :
« Compains, » dit-il, « tu as moult fole entencion
« Qui cuides qu'il te doie aidier à cest beson.
« Son cors ne puet sauver, com aidera le ton [3]?
« D'ui ce jor en mil ans, dist, le secours aron !
« Quant li jors ert venus dont a fait mention,
« Et tu et tot cil autre qui atendés cel don,

(1) Comme si je les avois engendrés.
(2) *Ilièrent*, forme perdue, du futur de l'auxiliaire *être* (*erunt*) Ainsi l'on avoit *iere* et *serai;* et pour l'imparfait *ere* et *estois*.
(3) « Il ne peut sauver son corps, comment donnera-t-il secours au tien ? » Le mauvais larron ne voyoit rien au delà du corps, et son raisonnement, dans ces limites, étoit fort juste.

« Tout serès confondu, jà n'arès raençon.

« Fols est qui atendra que là nous promet-on ! »

IX.

APRÈS parla li leres qui créoit vraiement :

« E ! las, que as-tu dit de Dieu omnipotent [1] !

« Jou et tu devons pendre à dolorous tourment,

« Tos jors avons emblé et erré malement;

« Non li sires del mont qui tout voit et consent.

« Qui en lui créra bien, mar doutera nient

« Que d'Enfer le puant sente l'entoscement [2]. »

« —Amis, » dist Nostre Sire, « sachiés tout vraiement

« Que de là outre mer venront novele gent,

« Qui de la mort lor père penront le vengement :

« Ne demorra Paiens des ci qu'en Orient.

« Li Franc auront la terre tote delivrement,

« Et qui pris et finés iert en cel errement

« L'ame del cors ira en nostre sauvement.

« Et la tive i voist hui, par mon comandement,

« Et de tous ceux qui croient avoec moi ensement [3]. »

(1) *E ! las,* hé ! malheureux ; nous en avons fait *hélas*.

(2) *Mar,* à tort ; *malè*. — *Entoscement,* venin ; *toxicum*.

(3) *Et de tous.* Ellipse. *Et l'âme de tous ceux,* etc. — *La tive,* la tienne.

L'idée de rattacher à la première guerre sainte la belle lé-

X.

n entendés l'estoire que promis vous avon :
Li comencemens iert de la muete Pieron.
Il fu nés en Ermine, s'i avoit sa maison [1];
Amés fu et créus de la terre environ.

gende du bon et du mauvais larron doit paroître extrêmement heureuse. Dans l'Évangile, le mauvais larron dit à Jésus que s'il veut passer pour Fils de Dieu, il faut qu'il descende de la croix. Ici c'est le bon larron qui admire la mansuétude de l'Homme-Dieu, assez grande pour retarder la punition des Juifs. A ce propos, Jésus de déclarer que l'heure de la vengeance ne sonnera que dans mille ans. Quelle préface plus belle, plus naturelle pouvoit-on trouver au récit de la guerre sainte? Aussi la pensée en appartient-elle soit aux trouvères, soit aux prédicateurs de la première croiserie. Les noms de *Dimas* et *Gestas* ont été plus tard consacrés dans les mystères de la Passion représentés aux xiv° et xv° siècles.

(1) *En Ermine.* Il faudroit, et le véritable auteur avoit certainement écrit : « En *Aminois* fu nés et s'i ot sa maison. » C'est-à-dire il naquit et demeuroit dans le diocèse d'Amiens. Mais un premier copiste aura mal lu, et tous les autres auront répété sa bévue. Pierre, dont on a plus tard voulu faire un gentilhomme, honneur d'une famille du nom de *l'Hermite*, Pierre, dis-je, étoit plus vraisemblablement un pauvre clerc du diocèse d'Amiens, menant vie d'hermite, et faisant des pèlerinages pour lui et pour les autres à Saint-Jacques de Galice, au saint sépulcre de Jérusalem. Son éloquence, sa façon de vivre, sa physionomie étrange, ses traits d'une laideur expressive, tout contribuoit à produire une impression vive sur tous les auditeurs. Mais son exaltation ne lui donnoit pas la prudence et l'expérience nécessaires pour la conduite des armées. Revenu

Puis que li saint apostle préechièrent le mont,
Ne fu uns tes hom nés pour bien dire sermon.
Il monta sur un asne, prist escherpe et bordon [1],
Droit au mostier Saint Pierc a faite s'orison [2],
La mer passe à Barlet à guise de baron [3],
Vint en Jherusalem par Dieu anoncion [4].

d'un premier désastre, il continua le saint voyage à la suite de Godefroi de Bouillon; mais il n'avoit aucun crédit auprès des chefs de l'expédition. Il vivoit avec les truands, les goujats de l'armée, comme on verra dans les chants suivans.

(1) *Sur un asne.* Les historiens disent un mulet. Plusieurs anciennes chroniques, comme celles de Foucher de Chartres et Raimond d'Agiles, ont à peine parlé de Pierre l'Hermite ; les autres, comme Tudebode, Baudry, Robert le moine et Guibert de Nogent ne mentionnent que ses prédications dans l'intérieur de la France. Il faut, pour l'épisode de son premier voyage au tombeau de J.-C., consulter Albert d'Aix qui ne s'étoit pas croisé et Guillaume de Tyr qui vivoit un siècle plus tard. Tous ceux qui parlent de lui s'accordent à signaler son extérieur grossier. « Il estoit, » dit le traducteur de Guillaume de Tyr, « petis hom de cors et comme une despite chose par sem- « blant, mais merveille estoit de grant cuer et parloit bien. »

(2) A l'église Saint-Pierre de Rome. Notre trouvère est très bref pour ces premiers événemens dont il n'a d'autres garans qu'une tradition incertaine.

(3) *Barlet. Barlette,* dans le royaume de Naples, entre Trani et Manfredonia. C'étoit le port de mer d'Italie le plus fréquenté par les pèlerins d'Occident.

(4) C'est-à-dire au temps de la fête de l'Annonciation, vers le 25 mars. Les pèlerins désiroient toujours assister dans Jérusalem à la fête de Pâques.

v. 178.   CHANT PREMIER.   15

Quant il fu au sepulcre couchiés à orison [1],
Tel chose i a véue dont au cuer ot friçon ;
Estables à chevaus et autre mesprison.
Il vint au Patriarche, si l'a mis à raison :
« Amis, qués hom es-tu? Di moi com tu as nom,
« Qui le sepulcre Dieu laises si abandon [2]. »
Respont li Patriarches : « Nos freres, qu'en povon ?
« Par moult grant tréuage en cest païs manon [3],
« Por nos ames sauver grans paines i soufron.
« Quar di aus Crestiens, sé vos secors n'avon,
« Tost ira li sepulcres à grant perdition. »
Et respont li hermites : « Volentiers lor diron [4]. »

XI.

IRE, » dist li hermites, « sé croire me volés,
« Je vos dirai qués est la nostre volentés.
« Les poignéours de France, les chevaliers membrés [5]

---

(1) *Couchiés*. Nous trouvons aujourd'hui pénible l'acte de se mettre à genoux ; autrefois, on s'étendoit presque entièrement sur le pavé des églises, comme font encore dans leurs prières les Orientaux.

(2) *Abandon*, sans direction, sans règle. Mot à mot : dépourvu de tutelle.

(3) Nous demeurons en ces contrées, sous la condition d'un tribut fort lourd.

(4) Comparez Albert d'Aix L. I, § 3-4.

(5) *Membrés*, renommés, dont on tient mémoire ; *memorati*.

« Et les dus et les contes, les princes, les casés [1],
« Feroie ça venir et les autres barnés,
« Sé cuidoie que fust à Dieu sa volentés. »
Respont li patriarches : «Amis, bien dit avés.
« Mais, sé vous plaist hui mais, un respit m'en donés;
« Le matin vous dirai quel en est mes pensés. »
Li hermites respont : «Si com vous comandés. »

Dans Pieres s'en retourne, au sepulcre est alés ;
Quant ot fait s'orison, dormant s'est acclinés,
Dont s'aparu à lui de Dieu la majestés [2].
Doucement l'apela : «Dous fils en carités,
« De vostre bon servise vous rens mercis et grés.

et non pas les chevaliers aux membres vigoureux. — *Poignéours*, guerriers; *pugnatores*.

(1) Les *casés*. Ceux qu'on appelleroit aujourd'hui les seigneurs, les propriétaires, les électeurs; autrefois ceux qui avoient un fief ou casement. Variante : *chasés*. De *cas* ou *chast*, maison seigneuriale (*castrum*), vint le diminutif : *castel* ou *chastel*. Avec le temps, *chastel* est devenu *maison somptueuse*, et la *case* un diminutif de *maison*. — L'éditeur du *Cartulaire de Saint-Pierre de Chartres* s'est donc gravement trompé quand il a soutenu, § 25, contre l'opinion de Brussel, que le *chasement* étoit un *arrière-fief*. L'arrière-fief étoit un *arrière-chasement*. Il y a mille exemples de villes et de provinces données par le roi en *chasement*. *Casés*, *fievés*, deux mots synonymes.

(2) Cette belle expression : *de Dieu la majesté*, se retrouve dans Albert d'Aix. L. I, § 5.

« Alés au Patriarche, mon séel li rouvés[1],
« En France dont venistes biaus amis, retournés[2],
« Si dirés à mon pople que li tans est entrés
« Que me viegne secorre sainte Crestientés[3].
« Volentiers los verroie, moult les ai desirés.
« Des mains à l'anemi voel que soient sauvés,
« Qui por eus engignier à tous ses las jetés.
« Paradis est ouvert où seront coronés. »
Adont s'esvilla Pieres et Diex s'est esconsés.
Au Patriarche en vint quant il fu apensés[4],
Dist li qu'il a songié : « Sire, or le m'espelés[5]. »
Il li respont en bien: « Tout de fi le sarés. »
Li afaires de lui fu trestost créantés.
Le séel Dame Dieu a Pieres demandés ;
Il li fu volentiers, sans contredit, livrés.
Puis a ses compaignons et lui tous salués.

(1) *Mon séel,* demandez-lui le sceau du saint sépulcre.
(2) *Dont venistes.* On voit clairement par là que le nom de *nés en Ermine* étoit une faute du copiste.
(3) Que la sainte chrétienté me vienne secourir.
(4) Quand il eut réfléchi. De là les agais *apensés* dont nous avons fait *guet-apens.* — *Esconsé,* caché.
(5) Sire, répond le patriarche, expliquez-moi votre songe. Ou peut-être, en ponctuant autrement : « Pierre vint au patriarche, qui, après avoir réfléchi, lui dit qu'il avoit dû songer : « Apprenez-moi le sens de votre rêve. » Pierre lui respond : « Volentiers, vous allez le savoir parfaitement, etc. »

XII.

ANS Pieres s'en torna, au sepulcre s'est mis :
Quant ot fait s'orison, si a son congié pris.
Ce fu à moult grant peine qu'il issi du païs ;
La mer passa dans Pieres, s'arriva à Brandis [1],
A Rome est repairiés coureçous et maris.
Là trova l'apostole ; demanda qu'il a quis [2] ?
Pieres li dist l'afaires qu'il avoit entrepris,
Et qu'il vit au sepulcre où Diex fu sevelis,
Estables à chevaus, à muls et à roncins.
Dolans fu l'apostoles quant a ces mos oïs.
« Por Dieu, Sire, » fait Pieres, « secourés aus chaitis
« Que li Sarrasin ont de Jhersalem ravis ;
« Delivrés le sepulcre qu'il ont frait et malmis [3]. »
Respont li apostoiles. « Biaus frère, dous amis,
« De vostre voloir faire sui moult entalentis [4],

---

(1) *Brandis*, Brindes, l'ancienne *Brundusium*, dans la terre d'Otrante. Albert d'Aix dit : *Barum*.

(2) Tout ce récit est d'une extrême concision. Le pape lui demanda ce qu'il avoit pu faire. C'est le verbe latin *quer*, comme dans Horace : « Liber sum, dic, age ; non *quis ?* »

(3) *Frait et malmis*, brisé et bouleversé.

(4) *Entalentis*, désireux. *Talent* n'avoit autrefois d'autre sens que *désir*, et chacun avoit droit de parler de ses *talens*.

« Jà ne vous en faurai pour tant que soie vis.
« Dites que volés faire, tous soit icil honis
« Qui Dieu et les siens sains ont tos jors si laidis! »
Dist Pieres li hermites : « Envoyés à Paris,
« Et si mandés de France les princes, les marchis,
« Que Dieu viegnent vengier ; et il lor a promis
« Que qui mors i sera devers lui sera mis.
« Dementres me chargiés vos chevaliers de pris [1],
« Ce qu'avoir en porés, à lor elmes brunis [2],
« Et j'irai Dieu vengier volentiers, non envis [3]. »
L'apostoles l'otroie, de joie s'en est ris.

Lors assemble ses homes de par tout son païs,
Soissante mile furent, si com dist li escris [4].
Pieron les commanda, qu'il en fust poestis,

---

(1) Et cependant donnez-moi la charge de vos nobles chevaliers, etc.

(2) L'expression : *elme bruni*, répondoit assez bien à celle de heaume ou casque bronzé ; car ce dernier mot paroît avoir été formé de *brunz* ou *bruns*.

(3) *Non envis*, non malgré moi ; lat., *invitus*.

(4) Graindor va cesser de concorder avec Albert d'Aix, pour suivre la *Chanson des Chétifs*, dont les héros étoient Harpin de Bourges, et les quatre autres barons nommés après lui. Il est certain que Harpin, comte ou vicomte de Bourges, vendit au roi sa terre pour avoir les moyens de passer en Terre-Sainte avec ses chevaliers. Mais suivit-il Pierre l'Hermite ou ne se mit-il en route qu'en 1103 ou 1107, comme semblent

Et sor eus sire et maistre, avoués et baillis.
Seigneur, en cele muete fu Harpins li hardis,
Cuens estoit de Boorges et sire poestis;
Mais au roi ot rendu sa terre et son païs,
Quant de sa feme n'ot enfans, fille né fils :
Et Richars de Caumont, et dans Jehans d'Alis,
Bauduins de Biauvais qui tant ot fier le vis,
Si fu Ernous ses freres qui tant fu mal baillis,
Que li serpens manja ens el mont de Tigris;
Bauduins le venja el brant d'acier forbis.
Si ot prestres et clers et moines benéis ;

le faire croire les historiens qui ont parlé de lui? C'est une question difficile à trancher. Suivant la romanesque *Chanson des Chétifs*, il auroit été fait prisonnier avec ses quatre compagnons, à la suite du désastre de Civetot; puis après les aventures les plus merveilleuses, ils auroient rejoint l'armée de Godefroi, au moment de la prise de Jérusalem. Remarquons ici que Pierre l'Hermite étant peut-être le seul personnage important échappé à la déroute de Civetot, les récits qu'il en fit, ou qu'on en fit à défaut de témoignages authentiques, ne méritent pas une entière confiance. Ici notre Graindor va se tromper grandement en plaçant le départ de Pierre et de son armée avant le concile de Clermont. Et le désir d'intercaler cet épisode de la *Chanson des Chétifs* lui fera répéter plus tard le voyage de Pierre à Rome, et placer l'époque de ses prédications en France après son retour de Nicée. Mais Pierre une fois parti à la tête d'une armée ne revint plus en France ; ce fut à Constantinople ou dans l'Asie-Mineure qu'il rejoignit Godefroi.

Pou i ot de barons, mais gens aconcuellis¹.
L'apostoles les a seigniés et benéis² :
« Seigneur, je vous commant, chascuns soit obéis
« A dant Pieron l'ermite qui vous est baus et guis³,
« Tous vous menra ensamble a la gent Antecris,
« Et jo envoierai en France mes escris ;
« De par Dieu semonrai le roi de Saint Denis
« Qu'il envoit ça vengier Dieu de ses anemis. »
Li baron l'otroièrent, chascuns a congié pris.

Quant sont appareillié, à la voie sont mis,
Et Pieres les conduist qui bien sot le païs.
E ! las Pieres l'ermites, et por coi le fesis !
Ce fu moult grans folie que François n'atendis.
Car morte i fu ta gens et tes poples mal mis,
Confondus et menés au regne des Lutis⁴.

(1) *Aconcuellis*, rassemblés en masse et sans choix.
(2) *Les a seigniés*, a fait sur eux le signe de la croix.
(3) *Baus et guis*, baile ou chef ordonné ; ce que nous appelons lieutenant-général. *Guis*, guide.
(4) *Lutis* ou *Lutins*. C'étoit un ancien peuple slave qui avoit marqué dans les invasions du IIIᵉ, du IVᵉ et du Vᵉ siècle. Plus tard, on donnoit ce nom à tous les Sarrasins.

XIII.

On s'aroute dans Pieres il et sa compaignie ;
Il a moult grant fiance el fils Sainte Marie.
Passent Puille, Calabre, terre de Romenie.
Tresqu'en Costantinoble n'i ot regne guencie [1] ;
Passent le bras Saint Jorge à petite navie [2],
Le pui de Civetot qui vers le ciel ombrie [3].
Qui defors Nique siet plus de liue et demie.

(1) Il n'y eut pas de rênes détournées du chemin direct.
(2) *Le bras Saint Jorge*, c'est l'Hellespont.
(3) *Civetot*, qui projette une grande ombre. Var. *Civeto*, — *Cievetout*. D'après notre texte, la montagne de Civetot étoit bien plus rapprochée de Nicée que ne le supposent les critiques modernes et les géographes. Dans la carte de M. Jacobs, destinée au *Recueil des historiens des Croisades*, le *Civetot* est au delà du lac Ascanius, à plus de quinze lieues de Nicée. Mais Jacobs suit ici de confiance la carte de la *Correspondance d'Orient* de Michaud ; car dans sa *Notice sur la carte*, il ne dit rien de ce lac, et les savans éditeurs de Guillaume de Tyr ont contredit cette attribution en citant de Villehardouin : « Li Civetot « siet ausinc sor le goffre de Nichonmie, de l'autre part devers « Nique. » (§ 169 de mon édition.) C'est donc sur le golfe de Nicomédie, vers *Jenikoi*, qu'il faut placer le château de Civetot. En effet, Tudebode dit : « Civitoth, *supra* Nicaenam civitatem. » Baudri : « Civetot prope *Nicenam*. » Albert d'Aix : « Ingressi sunt « Nichomediam... et post hæc, ad portum qui vocatur *Civitot* « castrametati sunt. » Guibert de Nogent : « Civitum, civitatem « quamdam quæ Niceæ urbi, secundum positionem loci, præ- « minere dicitur. » C'est ainsi précisément que notre trouvère indique le *Civetot*, ou plutôt la montagne du Civetot, qu'on doit

Tant vont par lor journées qu'il ont Nique coisie¹.
Tost la cuidierent prendre, mais n'i entrèrent mie.
Ains lor convint soufrir dolerouse hascie².

François se sont logié à une praérie³.
Las! por coi s'i areste nostre gens seignorie!
Jamais n'en tornera, si sera malbaillie;
Car Corbarans venoit del regne de Surie.
A tot cent mile Turc de la gent paienie.
Soldans l'avoir tramis del regne de Persie.
A Soliman de Nique, que il s'avouerie
Li envoiast de l'an, quinze muls de surie,
Tous chargiés de besans et d'or d'Esclavonie,
Et vint somiers cargiés de pailes d'Aumarie⁴;
Por çou qu'il n'ert venus à sa cort esbaudie⁵.

reconnoître encore dans cet autre passage de Villehardouin, § 175 de mon édition : « Quant li empereur ot passé le bras « Saint-George; si... vint à Nichomedie; et quant la gent Thodre « li ascres le sot, si se trairent arr... et *passèrent la monta- « gne* devers Nique. » Dans une note sur le chap. 169 de Villehardouin, j'avois déjà conjecturé la position exacte de Civetot

(1) *Nique*, Nicée. *Coisie*, aperçue.
(2) *Hascie*, angoisse.
(3) Ayant devant eux la montagne ou *pui* de Civetot.
(4) *Pailes d'Aumarie*, draps et tissus que les Orientaux et même les Français tiroient de l'Espagne mauresque et du marché d'*Almerie*, port de mer de la province de Grenade.
(5) C'est-à-dire, parce que Soliman avoit négligé de se ren

Corbarans descendi en Nique la garnie,
De la gent qu'il amaine la cités enformie ¹,

dre à sa cour solennelle, et d'acquitter sa redevance ordinaire, *s'avouerie*. Nos auteurs du moyen-âge ne supposent jamais qu'il y eût dans le monde un autre ordre politique que le système féodal. Ils le voyoient chez les anciens, ils le devinoient chez les Sarrasins. Il est certain, dans tous les cas, que le sultan de Nicée, Kilidg-Arslan (c'est-à-dire l'Épée du Lion), nommé par les Occidentaux *Soliman*, comme son père, relevoit du soudan de Perse, et que plusieurs fois il avoit essayé de se rendre indépendant. C'est pour le contenir ou pour résister à ses prétentions que le soudan auroit envoyé une armée dans l'Asie-Mineure, sous la conduite de *Kerbogast* ou Corbaran, sultan d'Alep. L'invasion chrétienne devoit rendre l'accord facile entre les deux sultans, et dans les détails donnés ici par Graindor, il n'y a rien qui choque la vraisemblance. Ce qui ajoute encore du poids à notre récit, c'est que Fulcon, l'auteur du poëme latin publié par Duchesne, dit :

> Tunc gemini proceres fuerant hæc regna tenentes,
> Incertum nobis an fratres sive nepotes ;
> Uni Sultannus, alii nomen Solimannus,
> Dives uterque satis et opimo milite cinctus.
> (Lib. 2.)

Cependant Guillaume de Tyr se contente de dire que Soliman, longtemps avant l'approche de Pierre l'Hermite, avoit fait un voyage en Perse et ramené une armée nombreuse qui devoit l'aider à soutenir l'effort menaçant des chrétiens. Cette opinion, il faut l'avouer, est moins vraisemblable. Quand Soliman reçut le premier avis du danger dont les Musulmans étoient menacés, Pierre l'Hermite et son armée devoient être déjà à Constantinople, et ce n'étoit pas le moment pour le sultan de Nicée de se rendre en Perse.

(1) *Enformie*, fourmille. L'ancienne expression est plus pittoresque.

Es ostels et es sales heberja sa maisnie;
Corbarans descendi à l'ostel Murgalie **1**.

XIV.

A l'ostel Murgali descendi Corbarans
Rices presens li fist ceste nuit Solimans.
El demain parson l'aube, quant jors fu aparans **2**,
Corbarans d'Oliferne dist à ses amirans **3**
Qu'il montent es chevaus, si s'en issent aus chans.
Es-vous les Sarrasins tous ensamble montans;
Dont oïssiés buisines et cors d'arain sonans.
Corbarans s'en issi par la porte aus Dormans **4**
El val de Civetot se sont mis arestans **5**;

(1) *Murgalie*. Il ne faut pas avoir grande confiance dans tous les noms donnés dans ce premier chant et même dans les suivans aux individus sarrasins. Les Croisés ne s'en rendoient pas un compte bien exact, et le désir de mieux frapper l'attention décidoit facilement les guerriers qui avoient tué quelque chef turc à lui imposer un nom retentissant. Il se peut qu'il y eut à Nique un édifice connu sous un nom analogue à celui de maison *Murgalie*.

(2) *Parson l'aube*. Ancien gallicisme; à la fin, à la pointe de l'aube. *Per summum*.

(3) *Amirans*, émirs.

(4) Sans doute la porte du nord.

(5) Ils se sont arrêtés du côté de la montagne le plus rapproché de Nique. Les Croisés étoient de l'autre côté, vers la mer, entre la ville de Civetot et le Pui.

Des armes aus Paiens ert li vaus reluisans.
Et Solimans de Nique o ses Turs malfaisans
S'en issi après eux; li empires fu grans[1],
Cent milliers et cinquante i ot des mescréans.
Ici croist à nos gens uns damages pesans.

XV.

Li jors fu biaus et clers et la caure est levée[2].
Corbarans d'Oliferne fu enmi la valée[3];
Iluec vint Solimans, sor la mule afeutrée,
Par devant Corbarans, si li fist enclinée :
« Sire rois d'Oliferne, dites-moi vo pensée;
« De lonc m'avés requis ici en ma contrée[4];
« Dites pour coi ce est, ne m'en faites celée. »
Corbarans li respont sans nule demorée :
« Li soudans t'a par moi sa parole mandée.
« Vers vous s'est coureciés, por sa feste honorée
« Que n'alastes à lui quant on l'ot celebrée.

---

(1) *Li empires*, la force, réunion des gens auxquels on commande.

(2) *Caure*, chaleur; lat. *calor*.

(3) *Oliferne*. La Mésopotamie est ordinairement ainsi nommée dans nos Chansons de geste. Corbarans, sultan d'Alep et de Mossoul, étoit donc par conséquent roi d'*Oliferne*. Ce nom pourroit même répondre à celui d'*Aleph* ou *Alep*.

(4) *Requis*, recherché.

« Or vous mande d'or fin une enesche comblée[1],
« Sé ne li envoiés, sa teste en a jurée
« Que il vous fera pendre par la guele baée[2].
« Mais, plus raisnablement ert la cose atornée.
« Car moult avés été de grande renomée.
« Si m'avés bien servi, sans mauvaise posnée[3].
« Or vous en sera jà l'onors gueredonée[4]. »
Quant Solimans l'entent, si li fist enclinée.

XVI.

Au pui de Civetot, ens en un val plenier,
(De Nique i traisist-on à un bon arc manier)[5]
Là estoit Corbarans descendus por plaidier
En contre Soliman qu'il a à justicier.
Sous l'amiral soudan avoit tout le dangier[6].
Li Turc qu'il amena furent bien cent millier.

(1) *Enesche*, ânesse. *Comblée*, chargé à comble, à ras.
(2) Par les dents, par la bouche ouverte, béante.
(3) *Posnée*, débat, contestation, du latin *pugna*. De la ram-
posnée, riposte injurieuse.
(4) Je crois qu'il faut entendre ce vers : Or l'honneur (ou le
fief) de Nique vous sera reconnu, confirmé.
(5) On y eût atteint avec la flèche d'un bon arc de main.
(6) Il avoit tout pouvoir après le seigneur Soudan. Il étoit le
second de l'empire. *Dangier* (dominium) avoit autrefois le
sens de pouvoir, souveraineté.

Et Solimans de Nique fist les siens raloier;
Bien sont cinquante mile, ains n'i ot péonier[1].
Ni a cel qui n'ait armes et bon corant destrier.
A Corbarant avoit droit fait, por apaisier;
Por le tréus de l'an li dona un somier
Tot chargiés de besans, de pieres et d'ormier.
Et une boite plaine de basme de basmier[2].

A tant es-vous un Turc qui comence à hucier:
« Ahi! Soliman, sire, com mortel encombrier!
« Laisiés cest plait ester, trop i poés targier;
« Crestiien ont vo terre mise à grant destorbier.
« Cele part où il tornent font les chastiaus plaisier[3];
« Devant Nique seront ains le soleil couchier. »
Corbarans s'escria: « Armés-vous, chevalier!
« Par Mahomet mon Dieu, jà n'en iront entier,
« Tous les verrés anqui[4] ocire et detrencier. »

(1) Il n'y eut pas d'homme à pied.
(2) L'*ormier*, c'est l'or pur, en lingots; le *basme* du *basmier*, c'est le baume rare et délicieux produit par l'*amyris*, aussi nommé arbre de Judée, — arbre d'Abyssinie, — arbre qui produit la myrrhe, etc. C'est l'*opobalsamum* des anciens, et ce fut une boite de baume de basmier qu'offrit à N. S. un des trois rois. Comme on connoissoit une grande variété de baumes, il a fallu marquer qu'il s'agissoit ici du plus précieux, celui que fournissoit le *baumier*.
(3) *Plaisier*, ployer, tomber.
(4) *Anqui*, ici même.

XVII.

ORBARANS d'Oliferne a fait ses cors soner,
Isnelement et tost fait ses Turs adouber,
Et Solimans de Nique a fait sa gent armer;
Encontre l'ost Pieron en font vint mil aler[1].
Quant Harpins de Boorges les vit esperoner,
Il broche le destrier, tost le fait randoner[2];
Et Richars de Caumont laisa le sien aler,
Bauduins de Biauvais broche por mieus jouster,
Et dans Jehans d'Alis et Fouques qui fu ber,
Et Ernols de Biauvais qui moult fist à loer,
Et li autres barnages que Jhesus puist sauver!
Tant com chevaus peut tendre vont ès Turs assambler.
Et Paien lors guencirent, n'ont soing de demorer[3]
Desci qu'au Civetot n'i vaurent arester,
Et François les enchaucent qui nes puent amer[4].
He, Diex! com pesme jor lor convint endurer!
Ains de tel meschéance n'oï nus hom parler.

---

(1) C'est-à-dire que ces vingt mille Turcs franchirent la montagne de Civetot, et allèrent au devant des Croisés dans la plaine contiguë.

(2) *Randoner*, courir. — *Brocher*, piquer de l'éperon.

(3) *Lors guencirent*, tournèrent et revinrent vers le mont Civetot.

(4) Et François qui ne peuvent les aimer, les poursuivent.

XVIII.

Or s'en fuient li Turc, Franc les vont enchauçant,
De ça Nique en un val les vont aconsivant [1],
Desous le Civetot dont li pui sont moult grant.
Là lor vint par derrière l'eschiele Solimant,
Corbarans d'Oliferne lor revint de devant [2].
Tant i avoit de Turs, sans mençoigne disant,
Que tot en sont couvert li pui et li pendant [3].
Là comence l'estor dolereus et pesant
Dont puis plora de dol la mère son enfant.

Bauduins de Biauvais lait corre l'auferant [4],
Va ferir Clarion sor son escu devant,
Parmi le gros du cœur li mist l'espiel trenchant,
Mort l'abat du cheval de lès un desrubant [5].
Et Richars de Caumont jeta mort Roboant,
Et dans Jehans d'Alis r'a ocis Estorgant,

(1) Dans la plaine en deçà de Nique, au delà du Civetot.

(2) La stratégie de Corbaran est ici excellente. S'il n'avoit pas d'abord attiré les Croisés dans les gorges du Civetot, ils auroient regagné la ville et de là se seroient rembarqués. Il n'y a pas d'historien latin des croisades qui ait aussi nettement raconté les circonstances de la déroute.

(3) *Li pendant*, les versans opposés de la montagne.

(4) *L'auferant*, le cheval gris de fer.

(5) *Un desrubant*, la descente d'une roche.

Et Ernols de Biauvais et Fouques de Melant
Ocisent moult de Turs et le roi Escorfant.
Chascuns de nos barons va le sien craventant.
Et Turc aus ars de cor les vont bien destruisant [1].
Plus espesse n'est pluove des nues descendant,
Que il a de saietes de seur nos gent chéant.
Es-vos Pieron l'ermite et sa gent acourant,
A coutels et à haces vont sor les Turs ferant.
Come François les voient si en sont moult joiant;
Et Paien sont guenchi, si s'en tornent fuiant,
Des ci qu'au Civetot ne se vont arestant,
Quant vinrent ens el Pui, si furent à garant ;
Çou ont fait par boisdie li cuivert mescréant [2].
Li jors est trespassés, la nuis vient aproismant [3],
El val de Civetot se vont no gent lojant.

XIX.

LA nuit fu bele et clere et la lune serie [4].
El val de Civetot se fu no gent logie,
Entresci qu'al demain que l'aube est esclairie.

(1) Je crois que les *arcs de cor* ou *arcs turcois*, comme on lit en variante, sont les arcs en cuir bouilli.
(2) *Boisdie,* stratagème, astuce.
(3) *Aproismant,* approchant.
(4) *Serie,* sereine.

Que Corbarans se r'arme et sa chevalerie,
Et Solimans de Nique et sa grant compaignie.
Jà seront nostre gent par matin assaillie.
Trop ert assegurée, çou estoit grans folie.

Butors et Clarifaus (que li cors Dieu maldie!)
Apelent Solimant par moult grant aramie [1] :
« Esgardés en ce val com grant hebergerie!
« Sé cist peuvent, no terre ert gastée, escillie. »
Et respont Solimans : « Jà sera envaïe. »
— « Voire, » dist Corbarans, « par ma barbe florie,
« Prisons les enmenrai el regne de Persie [2].
« Nostre terre deserte en sera raemplie. »
Tant atendent li Turc et la gent paienie
Qu'en l'ost nostre Seigneur fu messe commencie.
Ce fu une dimence que l'os fu estormie [3],
Dont oïssiés mil grailes soner à la bondie [4];
Crestiien et Paien chascuns s'enseigne escrie.
Sarrasin ont la force, plus ont de baronie ;
Nos crestiiens ocient sor qui ont grant envie.

(1) *Aramie*, réclamation, querelle, bruit.

(2) *Prisons*, prisonniers.

(3) *Estormie*, alarmée. Ce dimanche étoit le 29 septembre :
« In die dedicationis S. Michaelis. » (Tudebode.)

(4) *A la bondie*, à la fois, et comme *d'un seul bond*.

Li prestres estoit jà en la messe serie,
Bien entendi les Turs qui Dieu ne croient mie;
Par derrière son dos vit nos gent departie;
N'ot à l'autel que lui et Dieu qu'il sacrefie.
Es mains tint le calisse et l'oublée a saisie [1],
Si a offert Jhesu le fil Sainte Marie:
« Dame Diex, » dist-il, « Sire, qui tout as en baillie,
« Vrais glorieus celestres, trinités benéie,
« Parfaites hui pour moi vostre saint sacrefie;
« Jo ne le puis parfaire, ma mort vois aprocie. »
Atant es-vous poignant Solimant de Nubie,
La teste li coupa à l'espée forbie.

XX.

A la messe chanter fu li prestres ocis.
Or oiés la merveille que là fist Jhesus-Cris:
Aincois fut li services nostre sire fenis.
Quant li cors chéi jus de là où fu ocis.
Salahedins le voit, à po n'enrage vis [2]:
— « Sire, par Mahomet mon Dieu, mar le feris [3]!

---

(1) *L'oublée*, l'hostie offerte, *oblata*; de là nos *oublies* et *plaisirs*.

(2) Peu s'en faut qu'il n'enrage. Salaheddin est un des émirs de Soliman qui reparoîtra dans les chants suivans.

(3) *Mar*, mal. Tu le frappas pour ton malheur!

« Car ce estoit un prestres Dieu serjans, revestis;
« Quant en terre de France ert si fais plais oïs [1],
« Dont s'esmovra la gent, li bernages hardis,
« Par qui perdrés vos terres, vos castels et vos cis.
« Par Mahom, vous méismes en esterés ocis. »
Quant l'entent Solimans, s'en a jeté un ris [2];
Mais puis fu-il tel jors qu'il en fu malbaillis.

XXI.

Au pui de Civetot furent li caple grant [3],
Li prestres à la messe fu ocis à un brant [4].
Si li trencha la teste de Nique Solimant,
De çou pesa Jhesu le pere raemant [5].
Quant no baron le sorent, si furent moult dolant;
De ferir sor les Turs se vont esvertuant,
Chacun de no barons se vont haut escriant :

(1) Quand un coup ainsi fait sera appris en France.
(2) Il se mit à rire. L'ancienne locution est charmante. — Tudebode dit seulement : « Necnon et presbyteros missas ce-
« lebrantes super altaria martyrisaverunt. » Mais il est certain que la mort de ce prêtre au moment du sacrifice produisit une grande émotion dans toute la chrétienté et contribua à faire prendre la croix à plusieurs de ceux qui jusque là hésitoient encore.
(3) *Caple,* la lutte, les coups.
(4) *A un brant,* d'une épée.
(5) *Raemant,* rachetant.

« Saint Sépulcre, aïe ! Chevalier ore avant ! »
Entre Paiens se fièrent, moult en vont ociant.
De sanc et de cervele va li ruissos courant.
Mais trop fu grans la force de la gent mescréant,
Aus ars de cor turcois vont nos François bersant [1].

XXII.

Au pui de Civetot ot grant ocision,
Tant dura la bataille que soleus fust escons [2].
Solimans sone un timbre qui estoit de laiton.
Arrière se sont trait Persant et Esclavon.
Corbarans d'Oliferne les a mis à raison :
« Baron, franc Sarrasin, amer devons Mahon
« Quant ci avons trovée la maisnie Jheson.
« Demain seront tot pris et mené en prison,
« Chacun en donrai cinc ou sis en livraison. »
Et cil ont respondu : « Ce nos samble raison. »
François sont acosté au val desous le mont,
Hautement les apele dans Richars de Caumont :
« Seigneur, mi compaignon, n'en ferai celaison
« Trop avons de Paiens ci trové grant foison.
« Jo sai bien à fiance jà n'en escaperon.

(1) *Bersant,* tirant, visant, ajustant.
(2) *Escons,* caché.

« Mais ançois que morons, chierement nous rendon. »
Li vesques de Forois lor a fait un sermon[1] :
« Seigneur, franc crestien, soions tout compaignon,
« Qui ci morra por Dieu s'ame avera pardon;
« Dame Diex li donra ens el ciel garison.
« Chascuns se couche à terre, si face s'orison. »
Et il si fisent tot, sont mis à genellon,
Dame Dieu reclamèrent par grant devotion.
Li vesques de Forois lor fist benéiçon,
Quant il se redrescièrent plus sont fier de lion ;
Ne redoutent la mort vailissant un bouton.

La nuit jurent el val li nobile baron,
El demain quant del jor choisirent le bandon[2],
Les r'assalent Paien par grant aatison[3];
Aus ars Turcois les bersent et font grant huison[4].
Et François se défendent à guise de baron :
Qu'il ataignent à coup n'en voelent raençon,

---

(1) « Episcopi autem et presbyteri qui illic aderant commo-
« nebant eos, dicentes : *Estote fortes dilectissimi, noli timere*
« *eos qui occidunt corpus, animum autem non possunt occi-*
« *dere.* » (Tudebode.)

(2) *Choisirent*, aperçurent *le bandon*, l'étendard de la lumière, le soleil. Cette expression nous semble fort belle.

(3) *Aatison*, impatience, irritation.

(4) Ils les tirent aux arcs de cuir, en faisant grandes
huées.

Si lor trencent les testes par desous le menton,
De sanc et de cervele font covrir le sablon.

XXIII.

Moult fu grans la bataille, jusqu'à none dura [1],
Des mors et des navrés la terre senglenta [2].
Solimans prist un cor, la retraite sona,
Enson le Civetot les Paiens assambla [3].
Corbarans d'Oliferne Solimant apela :
« Vées tos ces chaitis, nus n'en escapera ;
« Bien a deus jours passés que nus d'eus ne manja.
« Or mangon devant eus, Amis nous gardera [4] ;
« Quant nous verront mangier lor gent affamera. »
— « Sire, » dist Solimans, « si iert com vous plaira. »

Al chief de Civetot Corbarans se disna
Et Solimans de Nique et la gens que il a.
A trente mile Turs Amidelis gaita [5].
Franc voient le mangier, chascuns le desira.

(1) *None* répond, comme on sait, à trois heures après midi.
(2) *Senglenta*, devint sanglante. Belle expression.
(3) *Enson*, sur le faîte, ou, comme on lit quelque vers plus bas : *Al chief*.
(4) *Amis*, nommé plus souvent *Amidelis*. C'est un chef musulman qui avoit longtemps vécu parmi les chrétiens et dont on rappellera souvent les sages conseils.
(5) *Gaita*, fit la garde, la *gaite*. De là notre *Guet*.

De l'angoisse et del fain assés s'en i pasma :
Li vesques de Forois par pitié d'aus plora.
Quant tant orent mangié, chascuns d'eus remonta [1].
Del pui de Civetot Corbarans devala,
Soissante mile Turs avecques lui mena.
Al primerain assaut no gent vaincre cuida,
Mais ançois qu'il se rendent moult chier le comparra [2].
Dans Richars de Caumont un petit s'avança,
Vers Corbarans laist corre, un grant coup li dona [3],
L'elme li a trencié, le clavain li faussa [4],

(1) *Remonta à cheval.* — On a vu que les Turcs s'étoient divisés en deux troupes; une partie, venant directement de Nique, avoit abordé les chrétiens en face; l'autre avoit tourné la montagne de Civetot, avoit refoulé les chrétiens sur un des versans de la montagne à droite ou à gauche. C'est de là qu'épuisés de fatigue et de faim, ils purent voir de loin le repas de leurs ennemis rassemblés.

(2) *Le comparra*, il le paiera bien cher. *Comparer*, c'est-à-dire donner une compensation, un équivalent. Les Italiens ont gardé *comprar*.

(3) *Laist corre*, laisse courir son cheval.

(4) Il lui a tranché le heaume et démaillé la coiffe. C'est ainsi du moins que j'entends le *clavain,* soit pour toute la cotte maillée, soit seulement pour la coiffe maillée sur laquelle on posait le heaume ou casque. Il s'agit de toute la cotte dans ce passage du roman de L'Escoufle, cité par M. Fr. Michel (Glossaire de Benoît de Sainte-Maure) :

   Cil se vestent et cil se chaussent,
   Et cil endossent lor *clavains.*

L'habillement militaire étoit tel : d'abord un justaucorps de

El chief devers senestre durement le navra [1].
Tout l'éust porfendu, mais l'espée ens torna,
Et Corbarans cancele, por poi qu'il ne versa [2];
Dans Richars de Caumont à no gent retorna.
Chascuns de nos barons lès le pui s'acosta,
Fierement se deffendent, mais riens ne lor vaura.

Corbarans fu navrés, Solimans l'enporta :
Enson le Civetot un mire li bailla [3],
Cil prist un oignement, moult tost l'en respassa [4].
Corbarans d'Oliferne hautement s'escria :
« Par Mahomet mon Dieu, qui or se faindera,
« Tost iert desiretés et m'amisté perdra. »
Quant Sarrasin l'entendent, chascuns se rehaita [5],
Tant sonèrent buisines, tos li vaus en trembla,

cuir bouilli, puis le *clavain*, qui emboîtoit la tête et descendoit jusqu'à la naissance des cuisses; puis sur le clavain, le haubert pour le corps et l'*elme* pour la tête. Quand le pieu, le glaive ou le brant avoient coupé l'elme, il y avoit encore à dérompre le *clavain*.

(1) *El chief*, sur la tête, du côté gauche.

(2) *Por poi*, pour un peu, peu s'en fallut que.

(3) *Un mire*, un médecin; un *maître*, en arabe. Ce mot prouve assez bien que les premiers médecins françois furent des Arabes, venus de Salerne ou de Cordoue.

(4) *L'en respassa*, l'en fit revenir, le ramena des portes du tombeau, comme on diroit aujourd'hui.

(5) *Se rehaita*, se ranima, reprit de l'ardeur, de la résolution, se *resvigora*.

Ço ne fu pas merveille sé no gent s'esmaia.
Li vesques del Forois tous les reconforta :
« Baron, or del bien faire ! car cil qui ci morra,
« Dame Diex en sa gloire son chief coronera. »
Quant no baron l'entendent, hardemens lor monta,
Dont comence li chaples et deçà et delà [1],
Des mors et des navrés tos li vaus enjonça [2].
Moult fu grans la bataille, dusqu'au vespre dura,
Mais no crestientés durement mescava [3].
De soissante milliers la moitiés n'eschapa.
La nuis est parvenue et li jors trespassa ;
No gent muerent de fain ; Diex ! quel meschief i a [4] !

(1) *Li chaples*, ou l'action d'abattre. Dans les plus anciens textes, *chable*, *chaple* ou *caple* se prend pour un abatis de grands arbres. De là vient certainement notre mot *accabler*.

(2) *Enjonça*, devint jonché. *Joncher* une salle, c'étoit en couvrir le dallage de joncs et petites feuilles. *Joncher de morts toute une vallée* est donc une grande et belle figure.

(3) *Mescava*, tomba mal, eut du meschief, de la mauvaise fortune. De *meschavoir*, ou *mescheoir*, est venu notre *meschéant* ou *méchant*, qui n'avoit autrefois d'autre sens que celui de *malheureux*.

(4) Sur la faim et la soif que souffrirent alors les croisés, *voyez* Tudebode, livre I. « Flebotomare faciebant suos equos « et asinos, quorum sanguinem bibebant... Alii mingebant in « pugillo alterius et sic bibebant, etc. »

XXIV.

LA nuis est revenue et li jors trespassés.
Desous le Civetot fut li vaus grans et lés;
Là ot de nostre gent trente mil decolés :
Ainc n'en iot un seul n'en fust li chiés coupés.
Bauduins a les autres lès le pui assamblés.
Li vesques del Forois les en a apelés :
« Baron, por amor Dieu, un petit m'entendés.
« S'il vous vient en corage, le matin vous rendés [1],
« Et sé vos ne le faites, tout detrenchié serés.
« Chascuns puet en tel liu estre pris et menés,
« Sé Diex li veut aidier, qu'encore ert delivrés.
« Et Pieres se garisse, car bien set les regnés [2];
« S'il pooit estre en France arière retornés,
« Si contast ces noveles rois, princes et casés [3]. »
Li baron respondirent : « Si soit com dit avés! »
Or oiés de l'ermite com à o eus parlé :
« Baron, por amor Dieu, un petit m'entendés :
« Ne vous puis plus mener, tant sui-jou plus irés.

---

(1) Si vous êtes de cet avis. Courage étoit autrefois synonyme de cœur. On étoit de bon ou de mauvais courage.

(2) *Les regnés*, le pays. Pour l'avoir déjà plusieurs fois parcouru.

(3) *Si contast*, il conteroit ces nouvelles aux rois, aux princes et aux flevés ou tenanciers.

« A Dame Dieu de gloire soiés-vos comandés! »
— « Ha! Pieres, dous amis, por Dieu de nous pensés! »
Après le mienuit s'en est Pieres tornés.

Dalès le Civetot s'en est Pieres alés [1],
Parmi l'ost des Paiens s'en est outre passés ;
Bien sambloit Sarrasin del visage et del nés,
Car il estoit d'une herbe noircis et mascurés [2].
Et del Sarrasinois estoit enlatimés.

Ci le lairons de lui, bien est acheminés.
Si dirai de no gent et des chaitivetés,
Onques Diex ne fist home qui de mere fust nés,
S'il oïst lor dolors, ne l'en presist pités.
La nuis est trespassée, et li jors est levés,
Sarrasin et paien ont lor grailles sonés.
Corbarans d'Oliferne est del pui avalés,
A tot cent mile Turs sor les chevaus armés.
El val del Civetot es-les vous arestés.

(1) *Dalés*, par un côté.
(2) *Mascuré*, taché, souillé. Je le crois formé de *maculatus*. Nous disons aujourd'hui *machuré* dans le même sens. — *Enlatinés* ou *enlatimés*, savant de langage. De là *latinier*, avec le sens général d'interprète, truchement. De là le nom d'une famille angloise, *Latimer*.

XXV.

L val de Civetot sont paien assamblé :
Corbarans lor a tos ensamble comandé,
Que nus ne se remueve, s'ait aus François parlé[1].
Lors broche le cheval, si l'a esperoné ;
Roi Solimant de Nique en a o soi mené.
Bauduins et Richars si sont encontre alé,
Et Harpins de Boorges qui fu de grant fierté.
Quant Corbarans les voit s'apele Amidelé :
« Va, demande aus chaitis que il ont empensé ;
« Viegnent à moi parler trestot à salveté. »
Amedelis s'en torne, s'a Richart apelé :
« François, aurai-jo garde, sui-jou asséuré ? »
— « Oïl, » a dit Richars, « mar en auras douté. »
— « Seigneur, » ce dist Amis, « jà ne vous iert celé :
« Corbarans d'Oliferne vous a par moi mandé,
« Sé vos vous volés rendre et tout faire à son gré,
« El regne de Persie serés o lui mené.
« Sé Mahon volés croire, bien vous iert encontré.
« Chascuns ara roiame et moult grant roiauté ;
« Et sé vos ne le faites, tot estes affolé[2]. »
Dist Richars de Caumont : « Jà n'iert par nous graé[3] :

---

(1) Avant qu'il n'ait parlé aux François.
(2) *Affolé,* foulés, exterminés.
(3) *Graé,* pris en gré, accordé.

« Chascuns vouroit le cief avoir moult mius copé,
« Que par nous fust guerpie sainte Crestienté.
« Mais à lui nous rendomes tot à sa volenté,
« Par si que n'i soiemes ocis né afolé [1]. »

Amesdelis s'en torne, si li a reconté.
Quant Corbarans l'entent s'en a un ris jeté,
Et dist à Solimant : « L'estor avons finé [2] :
« Li Franc sont desconfit, de fain sont afamé. »
Corbarans d'Oliferne a haut son ban crié :
« Mar i ara François mais toucié, n'adesé [3] ! »
Dont furent nostre gent des armes desnué,
Après ont à mangier et à boire à plenté.
Puis furent doi et doi ensamble enchaéné,
Les puins detriers les dos lor ont estroit noé [4].
Et cil reclaiment Dieu de sainte majesté :
« Sire pere ! » font-il, « aiés de nous pité ! »

(1) *Par si*, à condition.
(2) Nous avons terminé la lutte, la bataille.
(3) Malheur si quelque François est touché ou attaqué.
(4) *Detriers*. Ce mot est formé de la préposition *de*, et de *retrò*. Nous prononçons, comme déjà peut-être autrefois, *derrier* ou *derrière*.

XXVI.

L pui de Civetot fu no gens desconfie,
Plus de trente millier i perdirent la vie.
Corbarans fist loier toute l'autre partie,
Si les a envoiés par toute paienie [1].
Cinc cens en envoia l'amiral de Persie,
Et le roi Ahrahan trois cens, en establie ;
Et le roi Corbadas n' i oblia-il mie,
Cens chaitis li envoie, chascuns d'eus brait et crie.
Corbarans en retint trois cens en sa mesnie,

(1) « Les Turcs, » dit Tudebode, « divisant ceux qu'ils prenoient en vie, envoyèrent les uns en Carosan (Khorasan), les autres en Antioche, les autres en Aleph. Tout cela arriva au mois d'octobre (1196). » Suivant cet historien, Pierre ne se trouvoit pas à l'armée quand elle se rendit à discrétion ; il étoit retourné à Constantinople, fatigué de ne pouvoir retenir l'indiscipline de ses gens. Foucher de Chartres raconte en deux lignes toute cette expédition. « Pierre, » dit-il, « avec beaucoup de pietons et peu de chevaliers, se dirigea vers la Hongrie ; puis ils choisirent un autre chef, Gautier Sans-Avoir, chevalier de grande prouesse, qui fut tué avec un grand nombre de ses compagnons entre les deux villes de Nicomédie et Nicée. » Le poëte latin Fulcon dit que Pierre se sauva après la déroute, et attendit dans les environs de Constantinople l'arrivée de l'armée de Godefroi (lib. II). C'est en effet le récit le plus vraisemblable. Pierre ne dut pas songer à retourner en Europe où l'exemple de ses malheurs auroit découragé ceux qui partoient.

Avoec cels fu Richars à la chiere hardie,
Bauduins de Biauvais que Jhésus benéie,
Et Harpins de Boorges fu en lor compaignie,
Et dans Jehans d'Alis qui n'a pas couardie,
Et Fouchiers de Melans et Richars de Pavie :
Li vesques del Forois qu'est de grant seigneurie,
Et l'abes de Fescans et li autre clergie.
Ha, Diex ! là véissiés dolante compaignie.

XXVII.

L pui de Civetot sont no gent departi.
Qui voit mener son frère, son oncle ou son ami,
Quant on nel mene avoec moult a le cuer mari.
De quinze mile pars s'escrient à haut cri :
« Ahi ! Corbarans sire, aiés de nous merci !
« Laisiés-nous là aler et ceux retenés ci.
« Se cange l'un por l'autre, por ton Dieu fai le si ! »
Corbarans lor otroie quant la parole oï.
Chascuns i fu menés o cels qu'il i coisi [1].
Ohi, Diex ! com grant paine chascuns d'eus i soufri,
Com grant chaitivetés, plus d'un an acompli !

---

(1) *Coisi*, désigna, choisit, dans le même sens qu'aujourd'hui.

XXVIII.

ORBARANS prist congié, s'ala en sa contrée.
Avoec lui enmena no gent encaenée [1],
Et passerent les tertres, les puis et la valée.
Tant chevauche li rois, et soir et matinée,
Qu'à Oliferne vint après mainte ajornée.
Calabre vint encontre sa mère, la senée;
De la loi Paienie fu moult sage letrée.
Contre le roi ala, lie, brace levée [2].
« Biaus fiex, » ce dist la vielle, « or oiez ma pensée :
« Tu m'amaines tel gent, c'est verités provée,
« Qui t'aront grant mestier, ains que soie finée [3].
« Mais ne sai quant çou iert né à quel terminée. »
Corbarans ot sa mère, s'a la chière enclinée [4],
Isnielement descent de la mule afeutrée [5].

(1) *Encaenée*, enchaînée. Var. : *engaenée, encaînée*. Engaenée venoit de gaîne, *gehenna*, dont nous avons changé le sens en celui d'étui, enveloppe.
(2) *Lie*, joyeuse; *brace levée*, les bras tendus.
(3) Avant que ma fin ne soit arrivée.
(4) Il entend sa mère, et incline la tête, le visage.
(5) *Isnielement*, rapidement. — *Mule afeutrée*, garnie de sa couverture de guerre.

XXIX.

CORBARANS descendi del mulet arabis,
En sa chartre comande à metre les chaitis;
Fors Richart de Caumont et dant Jehan d'Alis,
Et Harpin de Boorges qui fu preus et hardis;
Bauduins de Biauvais est avoec eus eslis
Et Fouchiers de Melans, uns chevaliers de pris;
Ceus retint Corbarans en son palais voutis.
Chascuns est en aniaus et en buies là mis [1],
Chascun jor portent piere aus murs d'araine bis [2].
Et traient aus carues tote jor com roncis [3].
Ensi furent un an entier et quinze dis,
Tant com il plot à Dieu, le roi de paradis,
Que Richars de Caumont ot les deus Turs ocis.
Par çou furent delivre, si com dist li escris.

Ci le lairomes d'eus, Diex lor soit bons aidis!
Si dirons de Pieron qui est tornés fuitis.

(1) *Buies*, chaînes, liens. *Buiae* est déjà dans Festus et dans Isidore avec cette acception.

(2) *Aus murs d'araine bis*, aux murs de ciment noir, ou de bitume, comme étoient les édifices babyloniens. *Arenatum* s'est pris souvent pour *ciment*. Var. : « Aus murs de marbre « bis. » E.

(3) Et tirent aux charrues, tout le jour, comme des chevaux de peine.

v. 660.   CHANT PREMIER.   49

Tant a alé les tertres, les puis et les larris[1],
Qu'il vint au brac S. Jorge, à nef s'est outre mis.

XXX.

PIERES s'en va fuiant tous seus, sans compaignons :
Desci que dedens Rome n'oublia esperons,
Et conta l'apostole de lor destrutions.
Desconfi sont si home : « trestout perdu avons;
« Nos trovasmes Persans et Sarrasins felons,
« Qui nos homes ont mors et jetés en prisons.
« Et menés en Surie en grans chaitivesons.
« Sire, pour amor Dieu, merci vous en querons. »
Et dist li apostoles : « Jà ne vous en faurons,
« Sé Dieu plaist et ses sains, nostre gent raverons.
« Vos en irés en France et nos ci demorrons[2],

---

(1) *Larris,* terres laissées sans culture.
(2) Au lieu de ce vers et du suivant, on lit dans A. B. C. D.

    Le matin parson l'aube en France envoierons,
    Aus vesques, aus segneurs de par Dieu manderons...

Il n'est plus parlé, à partir de là, dans ces quatre leçons, de la deuxième mission de Pierre l'Hermite. Le pape charge les gens de sa maison de porter les lettres en France et de préparer le concile. Le chant finit ainsi :

    Ses lettres a escrites et burliés de plons,
    Par ses més les envoie en toutes regions.
    Or s'en vont li message cui Diex face pardon !
    Ne cessent né ne finent de ci que à Clermons.
    Iluec fu de l'ost Dieu tenu le grant sermon,
    Là trovèrent de France les nobiles barons.

« Vos porterés mes lettres que tout soient semons,
« Et rois et duc et conte, chascuns par lor drois nons,
« François et Poitevins, Flamenc et Borghignons,
« Et tout cil qui Dieu croient et ses saintismes nons.
« Semonés un concile et nos vous siverons,
« Que tout viegnent vengier Jhesum des Esclavons,
« Qui lui ont laidengié et tienent nos prisons[1]. »
Ses lettres a escrites et burliés de plons[2].
Par Pieron les envoie, en maintes regions.

> Et les dus et les contes, Alemans et Frisons
> A cels fu li afaires contés et les raisons.
> Volentiers le créantent et laissent lor maisons,
> Puis si vont Dieu servir par grant devocion.

Mais il est certain qu'un des agens les plus utiles du pape, avant l'assemblée de Clermont, fut Pierre l'Hermite. La fin du premier chant, tel qu'on va le lire, a donc aussi son importance historique. Cette prédication de Pierre précederoit même le récit de la déroute de Civetot, si Graindor n'avoit voulu conserver à ses auditeurs l'épisode fabuleux des *Chaitifs*. Certainement, il eût mieux fait de suivre la Chanson de Richard le Pèlerin, en se contentant de remarquer que Pierre, au retour du saint sépulcre, étoit passé à Rome, avoit reçu du pape la mission de prêcher la croisade en France, et s'en étoit heureusement acquitté. Mais, tout ce que nous lirons, jusqu'au départ de Godefroi, c'est *le commencement*, que les jongleurs qui chantoient d'Antioche passoient sous silence, et que *Graindor ne voulut mie oublier*.

(1) Qui l'ont insulté et qui retiennent nos prisonniers.

2) *Et burliés de plons*, et scellées d'une bulle de plomb. On trouve dans les exemples de Ducange *burla* pour *bulla*.

Bien li a comandé qu'il faice les sermons
Et qu'il doinse les crois et faice les pardons¹.

XXXI.

DANS Pierres li hermites est de Rome tournés;
Un grant asne chevauce qui bien est afeutrés.
Cinquante compaignons en a o lui menés,
Très parmi Lombardie s'en est acheminés.
Le séel l'apostole en a o lui portés,
Tout partout le païs a les gens sermonés.
Quant oent la nouvelle des Paiens defaés,
Qu'à la messe serie fu li prestres tués,
Chascuns en a grant doeul, si en est aïrés,
Et les gens qui l'oïent en pleurent de pités.
En huit jours en a bien cent mille crois donés;
Puis se departi d'aus, si les a salués.
Lombardie trespasse, si a les mons montés²;

(1) *Qu'il doinse*, qu'il donne. C'est un subjonctif que nous avons perdu.

(2) Guillaume de Tyr parle de même, L. I, § 13 : « Si passa «Lombardie et les mons; si comença à cerchier et querre tous « les barons. Ce meismes disoit-il au menu peuple, car il les « assembloit et lor contoit si bien le douloureus estre de la « terre d'outremer, que maintes lermes en faisoit plorer. » L'anonyme, auteur de l'*Historia de via Jerusalem*, dit aussi que Pierre « asini tantum vehiculo... utebatur. » (Mabillon *Musæum Italic.*, t. I, p 131.)

En Berui, en Auvergne est un poi sejornés,
Iluec a fait croisier les gens de ces regnés,
A Dame Dieu de gloire les a tous comandés.

Tant a alé dans Pieres par les chemins ferrés,
Que il vint à Paris qui est riche cités ;
Iluec estoit de France li flours et li barnés.
Dans Pieres li hermites est moult haut escriés :
« Ha! rice rois de France, or vous prenge pités [1]
« Del vrai sepulcre Dieu où ses cors fu posés,
« Qu'ist si vilainement des Sarrasins menés.
« Estables en ont fait, c'est moult grande viltés. »
Li quens Hues l'entent, moult en est abosmés [2],
Et li bons rois Phelipes en est en piés levés,
Dist à Pieron l'ermite : « Est-ce dont verités
« Que Paien ont nos gens desconfis et matés ?
« Jà i avoit-il tant de chevaliers membrés! »
— « Sire, » ce respont Pieres, « par Dieu de majestés,
« N' i a baron né prince, mon ensciant, remés,
« Que Paien n'aient tous ocis né afolés ;
« Et bien trente milliers en ont pris et menés.
« Or mande l'apostoles que vous les secourés,

---

(1) *Or vous prenge pitié*, que maintenant il vous prenne compassion.

(2) *Abosmés*, indigné, révolté.

« Et le saint vrai sepulcre de Paiens delivrés.
« Et qui morra pour Dieu il sera couronés ;
« El ciel avoec les anges sera ses lis parés. »
— « Ha Diex ! » ce dist li rois, « t'en soies aorés ! »
Dist al conte Huon : « Biaus frères, vos irés. »

XXXII.

Après parla au roi Pieres de l'ermitage :
« Sire, bons rois de France, entendés mon langage ;
« Je sui Pieres l'ermite qui a fait cest voiage
« Pour Dame Dieu vengier du dolereus hontage
« Que cil ont fait vers lui de la terre sauvage.
« Jherusalem la cit tienent en hiretage,
« Je lor voùs calengier, s'en eus moult grant damage¹.
« Les uns i vi morir devant moi en l'erbage,
« Et les autres mener par force en chaitivage ;
« Tos seus m'en afui par chans et par boscage.
« Tant que je vins à Rome plains de doeul et de rage.
« L'apostole contai mon doeul et mon damage :
« Lettres envoie à vous et à vostre barnage.
« Si vous pri et comande, sous vo crestienage²,

(1) Je voulus leur réclamer, leur en contester la possession. *Calengier*, en latin *calumniari*.

(2) Au nom de votre nom de chrétien

« Que vous mandés tous ceus qui vous ont fais homage
« Et tous ceus qui de vous tienent lor iretage,
« Contes et dus et princes et ceus de vo parage.
« Quant ierent assamblés, chascuns o son barnage,
« L'apostoles méismes tiendra le signorage,
« Et parlera premiers et dira son corage,
« Et pardonra tous ceus qui feront ce voiage
« Les pechiés qu'il ont fais, dès lor petit éage. »

Li rois respont de France : « Le conseil tieng à sage ;
« Ensi le lo-je bien et si voeul qu'on le faice.¹ »

XXXIII.

Li rois mande ses homes par briés et par séaus².
Princes et dus et contes et prevos de castiaus,
Ses amis, ses parens, et ses privés consaus³ ;
Garde que nes retiegne né ensoines né maus⁴,
Que il ne soient tous o ses gens principaus.
Li jours fu mis prochains à un de ses casaus⁵ :

---

(1) Cette mauvaise rime semble avoir été conservée de l'ancien poëme en assonances.

(2) *Par briés*, par lettres, ou *brefs*.

(3) *Ses privés consaus*, ses conseillers privés.

(4) *Ensoines*, excuses. On trouve plus souvent dans les manuscrits, *essoines*.

(5) *Casaus*, domaines, maisons.

C'est Clermons en Auvergne qui est plentius et baus¹.
L'apostoles de Rome s'aparilla isniaus²,
S'issi de la cité à douze cardonnaus ;
De cité en cité fet prendre ses ostaus.
Ne fine né ne cesse par mons né par casaus,
S'a passé Lombardie, les grans chemins roiaus³.
Tant qu'il entra en France ; dont fu et liés et baus.

Devers Clermont s'adresse et par mons et par vaus⁴.
Tant qu'il vit le castel ; dist à ses senescaus
Que voisent en la vile és plus maitres casaus⁵
Et gardent que moult soit riches ses aparaus⁶.
La vile vint encontre et tous cil des viliaus⁷.
Aus degrés de la salle descendent des chevaus ;
Encontremont en vont aus estres principaus⁸.
Li rois de France i vint et ses effors roiaus.

(1) *Plentius*, plantureux, pays d'abondance. *Baus*, c'est-à-dire joyeux, d'un aspect riant.
(2) *Isniaus*, prompt, rapide.
(3) *Les grans chemins roiaus*, sans doute les voies romaines tracées dans les Alpes. Voilà une belle ancienneté pour les *routes royales*.
(4) *S'adresse*, se dirige.
(5) *Que voisent*, qu'ils aillent.
(6) *Ses aparaus*, son appareil, son train.
(7) *Viliaus*, petites villes, villages.
(8) Ils se dirigent vers les plus beaux appartemens du château.

Et vesque et arcevesque et moines communaus,
N'en est remés en France viellars né juvenciaus.
Hues i fu li maines, li preus et li loiaus,
Robers li quens de Flandres et Robers li Mansiaus,
Et Raimons de Saint Gille et Estievnes de Blaus,
Godefrois de Buillon, Ustasses li dansiaus [1]
Et Bauduins ses freres qui encor est tousiaus [2];
Li carpentiers Guillaumes, cil i fu avoec aus,
Et li vesques del Pui uns des plus principaus.
Des autres ne fu nombres qui estoient entraus [3].
Assés orent mandé de vitaille aus chevaus.
Toute cele nuit fu la joie communaus.

L'apostole se lève à tous ses cardonnaus,
Et li rois et li conte, chascuns à lor ostaus.
Puis s'en vont au moustier, li services fu haus,
L'apostoles méismes canta la messe entraus.
Quant il fu desviestus, s'issirent des postaus [4],
Car tant i et de gens, de petis et de haus,
Qu'il oïr ne péussent les dis ne les consaus [5].

(1) *Li dansiaus*, le damoiseau.

(2) *Tousiaus*, jeune homme. On appeloit une jeune fille une touse.

(3) *Entraus*, entre eux.

(4) *Des postaus*, des barrières.

(5) C'est là précisément l'observation de Robert le Moine :
« Exivit dominus papa in quadam spatiosæ latitudinis platea:

Del chastel sont issu li preus et li isniaus,
L'apostoles s'en ist premerains devant aus,
Et tout li autre après, viellars et jouvenciaus.

XXXIV [1].

EIGNEUR or faites pais! que Diex vos bénéie!
Ce fu un jour de Mai que chascuns oisiaus crie [2].
Que li rosignaus chante et la merle et la pie,
Et l'aloe s'en voise en l'air à vois série,
Que li bos est ramés et vers la praérie;
A Clermont en Auvergne fu la chevalerie
De France, d'Engletere, de toute Normendie,
Et prince et duc et conte, chascuns o sa mesnie.

« quia non poterat illos capere cujuslibet æditicii clausura. »
Cette *platea* ne peut guère être la grande place de Clermont,
comme l'a pensé M. Michaud : elle auroit encore été beaucoup
trop étroite.

(1) Ce couplet et les cinq suivans, qui sont encore ajoutés
par Graindor à la chanson de Richard, se retrouvent dans une
troisième leçon, celle du Msc. A. L'arrangeur en prose ne les
a pas admis plus que les copistes de B. C. D.

(2) *Mai.* Var. : de Pasques (A). — Le concile de Clermont est
du mois de novembre 1095. Graindor, souvent fidèle écho des
événemens, ne semble pas avoir eu la moindre connoissance
des chroniques latines de la première croisade qui toutes s'accordent
sur la date de la prédication d'Urbain II. Quoi qu'il
en soit, il n'y a pas de vers plus heureusement imitatif que
ce quatrième : *Et l'aloe s'en voise*, etc.

L'apostoles de Rome quant la messe ot fenie.
Issi fors del castel enmi la praérie.
Tout se furent assis sor l'erbe qui verdie;
L'apostoles se dresce en piès, si les chastie [1] :
« Seigneur, » dist-il, « pour Dieu, soufrés que jo vous die
« Que je suis quis [2] en France et de quoi je vous prie.
« Mil ans a et nonante et cinq que la Marie
« Engenra Jhesu-Crist, sans carnel compagnie;
« Puis enfanta la dame, sans poine et sans hascie.
« Après fu Jhesus-Crist en ceste mortel vie,
« Plus de trente deus ans avoec sa compagnie.
« Tant qu'en Jhersalem vint, jor de Pasques florie.
« Au vespres le traï [3] Judas, par felonie,
« Aus Juis deputaires que li cors-Dieu maudie !
« Cil le batirent tant de puins et de corgie,
« Puis le crucefièrent el mont de Calvairie [4] ;
« En un sepulcre fu la cars de lui couchie,
« Hueques jut-il mors et puis i prist-il vie,
« Quant il monta el ciel, voiant sa compagnie.
« Son sepulcre et sa crois nous avoit-il laissie [5];

(1) *Chastie,* sermonne, exhorte, instruit. C'est dans ce sens oublié que le proverbe dit : « Qui aime bien, châtie bien. »
(2) *Que je suis quis,* ce que je suis cherchant. *Je suis* pour *j'ai*.
(3) *Traï,* livra (*tradidit*).
(4) *Calvairie,* ou *Cauvarie,* Calvaire.
(5) L'argument de cette courte et belle exhortation repose sur

« Jherusalem ont pris la pute gent haïe.
« El moustier n'a autel né croute bénéie
« Que lor palefroi n'aient ordée et cuncéie¹;
« Estables en ont fait cele gent maléie.
« Le sepulcre et la crois tienent en lor baillie,
« Qu'ele n'est ounourée, servie né haucie.
« Seigneur pour Dieu vous proi et pour sainte Marie.
« Que vous prenge pitiés de la terre périe.
« Prendés trestout les crois! que la virge Marie
« Vous soit en l'autre siecle et secours et aïe,
« Et en cestui vous doint honour et manandie²!

ce point: Jésus-Christ mourant pour nous et ressuscitant en corps et en âme ne pouvoit nous laisser d'autre reliques que la croix qui l'avoit suspendu et le sépulcre qui l'avoit reçu. Eh bien! ces deux divins objets sont tombés aux mains des Turcs, il faut aller les reprendre.

(1) *Cuncéie* ou *conchiée*, salie. « Ad aures nostras pervenit « quod gens regni Persarum maledicta, gens prorsùs à Deo « aliena, terras Christianorum invaserit; ecclesias Dei aut fun- « ditus everterit, aut suorum ritui sacrorum mancipaverit. « Altaria suis fœditatibus inquinata subvertunt... » (Sermon du pape Urbain II, dans Robert le Moine.)

(2) « Arripite igitur viam hanc, in remissionem peccatorum « vestrorum, securi de immarcescibili gloriâ regni cælorum » Fin du sermon d'Urbain II, d'après Robert le Moine.)

XXXV.

« EIGNEUR » dit l'apostole, « entendés mon sermon :
« Je sui vos pere en Dieu, si com nous le créon ;
« Je ne vous dois pas dire nule rien sé bien non [1].
« Perdue avons la terre de repromission [2]
« Que Diex donna à ceus qui èrent en prison
« En la terre d'Egipte par desous Faraon.
« Il les en delivra de la chaitivoison,
« Par la main Moysi et son frère Aaron ;
« Jhersalem lor livra et la terre environ ;
« Puis l'ont toustans tenue à force et à bandon.
« Diex i soufri por nous mortel damnation,
« Quant Judas ses disciples i fist la traïson.
« Eu la crois le pendirent li encriesmé felon ;
« Tout ce soufri nos pères pour nos salvation,
« Pour delivrer nos ames de l'infernal maison
« Où nous estiemes tout jugiés sans raençon.
« Cele terre est perdue, si l'a la gens Mahon.

(1) *Sé bien non*, aucune chose sinon bonne. Aujourd'hui nous avons changé la disposition de cette phrase, et nous disons toujours *sinon* d'un seul mot.

(2) Les Croisés appeloient volontiers la Palestine la terre de *repromission*, sans doute parce qu'ils la regardoient comme le gage d'une *seconde promesse* pour eux.

« Espars sont par la terre Persant et Esclavon;
« Jamais ne sera nostre sé nous ne leur tolon.
« Seigneur, or vous souviengne de cele passion
« Que Dame Diex soufri pour no redemption [1];
« Prenge chascuns la crois, l'esquerpe et le bourdon!
« S'alés vengier Jhesu de ceste mesprison,
« Que ont faite en sa terre Persant et Esclavon.
« Or vous levés un poi, soiés à genellon,
« Et si rendés vos coupes, par grant afflition [2],
« Des peciés qu'avés fais, par vo grant mesprison,
« Et je vous en donrai de Jhesu le pardon. »

Trestout s'agenellièrent sans noise et sans tenson.

Coupable se rendirent par boine entencion.

Et puis si atendirent lor absolution.

L'apostoles fu drois, tous seus, sans compagnon.

Haut comence à parler, si dist ceste orison :

« Biaus sire Diex de glore, qui soufris passion,

« Et qui resuscitas de mort saint Lazaron,

« Sire, si com c'est voirs, et que bien le créon,

« Si gardés, Diex, vrais pères, de male entencion

---

(1) *Dame Diex, Dominus Deus*. Souvent écrit d'un seul mot. « Hanc redemptor humani generis suo illustravit adventu, sa« cravit passione. » (Sermon du pape Urbain.)

(2) *Rendez vos coupes*, ancien gallicisme pour : accusez-vous, exprimez le *meâ culpâ*. *Battre sa coupe* ou *sa courpe*, c'était frapper sa poitrine en disant : *C'est ma coupe, c'est ma coupe*

« Ceus qui gisent ici pour toi querre pardon ;
« Destournés les peciés dont vers vous mesfait sont,
« Pardonés lor, biaus sire ! jes asos de ton non [1].
« De lor maus soient quite et li mal et li bon [2] !

XXXVI.

Tous premiers est levés li rois de France en piés [3].
Et dist à l'apostole : « Sire, pour Dieu, oiés :
« Jou sui hom anciens, penés et travilliés.

---

(1) *Jes asos,* je les absous. *Ego eos* est mieux rendu par *jes* que par *je les.*

(2) « Peroraverat pontifex ; et omnes qui se ituros voverant, « beati Petri potestate absolvit : eadem ipsa apostolica aucto- « ritate firmavit. » (Guiberti abbatis, *Historia Hierosol.*, l. II.) Cette forme d'absolution est plus expressive et plus vraie dans notre poëme que dans la narration de M. Michaud, en partie fondée sur celle de Robert le Moine. (Voy. *Hist. des Croisades,* I, p. 109.)

(3) Le poëte paroît inexact ici. Philippe Ier n'assista pas au concile de Clermont que le pape ouvrit même en renouvelant l'excommunication dont ce prince avoit été frappé, plusieurs années auparavant. Mais il présida l'assemblée des barons de France convoquée à Paris, peu de temps après le concile de Clermont. *Hugues le Maine,* son frère, se croisa dans cette as- semblée. Remarquons, à ce propos, que l'on exagère ordi- nairement les conséquences des interdictions ecclésiastiques. D'après M. Michaud lui-même, il semble qu'Urbain II, en mettant le pied sur les domaines de Philippe Ier, ait fait, en 1095, un grand acte de témérité, et que le Roi, de son côté, ait été d'une

v. 873. CHANT PREMIER. 63

« Ne poroie mais estre en nul endroit croisiés [1],
« Mes frères ira, Hues, qu'est chevalier proisiés :
« Tous mes avoirs li soit donnés et otroiés.
« Si face cest voiage joians, por mes péchiés. »
Quant Hues l'entendi, s'en fu joians et liés.
Pour le haut don li baise les genous et les piés.

extrême clémence en ne le faisant pas arrêter. De cette façon le pape et le prince auroient mis le comble, l'un à son insolence en renouvelant ses sentences, l'autre à sa magnanimité en ne l'en faisant pas repentir. Il n'y a rien d'approfondi dans ces jugemens. Mettons-nous plutôt dans l'esprit qu'au XIe siècle et au XIIe, rien ne pouvoit être plus évident que le crime du Roi retenant près de lui la femme du comte d'Anjou, au détriment de la véritable épouse et reine; et que rien n'étoit moins sujet à contestation que le droit du pape, représentant de la justice divine sur la terre, quand il condamnoit une telle offense faite à la religion, à la morale, à la société. Philippe lui-même, et nous n'en doutons pas, dut reconnoître, le premier, l'équité de la sentence apostolique ; et le pape, qui d'ailleurs traitoit Philippe avec respect, avec bienveillance, ne pouvoit paroître excuser le délit, tant qu'il n'étoit pas réparé. Ainsi donc Philippe, excommunié comme il l'étoit, auroit pu assister au sermon d'Urbain II ; et s'il avoit pris la croix, sa séparation de Bertrade étant la conséquence de l'engagement, l'excommunication eût été levée à l'instant même. Il préféra garder sa Bertrade et son excommunication. Toutefois il put charger son frère de le remplacer, en lui donnant la conduite de tous les vassaux directs de la couronne, et si nos chroniques latines ne le disent pas, nous devons le supposer avec le poëte françois.

(1) *En nul endroit*, d'aucune façon convenable. Philippe n'avoit pourtant alors guère plus de quarante-trois ans.

Sa crois prent, et cent autre et devant et deriés,
Et prince et duc et conte. Ilueques fu moult liés
Qui premiers ot sa crois, et la presse fu griés [1] :
Espessement i cueurent ; tant i ot de croisiés,
Bien près de deux cent mil qui tout jurent lor chiés [2]
Que sé Jhesus lor laisse outre la mer nagier [3].
Chascuns se penera de Mahon laidengier.

XXXVII.

Ues li quens apele le roi, si le mercie
Du don et de l'onour et de la courtoisie
Qu'il li a fait ce jour ; et dist sans vilonnie
Al sepulcre en ira où Diex ot mort et vie.
« S'on le me defendoit, nel lairoie-jou mie.
« Gardés, tant me cargiés de vo chevalerie
« Que de la vostre part soit l'os Dieu efforcie. »
Li rois li créanta volentiers, et afie.
A Diex ! adont i ot tant mainte crois baillie,
En capes, en mantiaus fermée et atacie !
De la Françoise gent se croise grant partie.
Cil qui iluec ne furent ont la novele oïe :

(1) Et la presse fut grande.
(2) Var. « De ccc. mil. » F.
(3) *Nagier*, naviguer.

De croisier après aus ne s'atargerent mie.
Li quens Robers de Flandres part de la baronie¹.
A Arras est venus à Climence sa mie,
Souavet li conseille doucement en l'oïe :
« Dame, jou ai la crois, ne vous en poise mie !
« De vous voel le congié; s'en irai en Surie
« Delivrer le sepulcre de la gent paienie. »
Quant l'entent la contesse, s'a la coulor noircie :
« Sire », ce dist la dame, « pour moi, n'irés-vous mie² ;
« Vos avés dui biaus fis que Jhesus benéie !
« Grant mestier ont de vous et de la vostre aïe. »
Quant li quens l'entendi, si l'a estroit baisie :
« Dame », ce dist li quens, « tenés, je vous afie³,
« Si tost com au sepulcre iert m'ofrande coucie⁴,
« Et je l'aurai baisié et m'orison fenie,
« Dedens les quinze jors vos afi, sans boisdie⁵,
« Me metrai el retour, sé Diex me donne vie. »

---

(1) *Part*, se sépare de l'assemblée de Clermont.

(2) « En ma considération, vous n'irez pas. » Voilà comme aujourd'hui nous parlerions. J'aime mieux la rapidité ancienne, et tout le monde sentira le mérite et la grâce de ce petit dialogue.

(3) *Tenés, je vous afie*, c'est-à-dire : « Tenez ma main dans « la vôtre : je prends ainsi l'engagement de me mettre au re- « tour, sitôt, etc. » Combien de choses en peu de mots !

(4) *Coucie*, couchée, déposée, étendue sur l'autel.

(5) *Boisdie*, tromperie.

La dame tent sa main et li quens li afie ;
N'i a cel de plorer n'ait la face moillie.
Godefrois de Buillon a la crois atacie,
Bauduins et Vitasses et l'autre baronie.
Or se croisent à force, Diex lor soit en aïe !

XXXVIII.

A Clermont en Auvergne fu grans l'asamblisons ;
He Diex ! là ot mains dus, mains princes, mains barons
Li apostres Urbins lor conte ses sermons.
Il dist : « Franc Crestien, pour Dieu et pour ses nons,
« Secorés le sepulcre qu'est en chaitivoisons.
« A ceus qui i morront ert vaillans li pardons,
« Car devant Dieu de glore sera lor gueredons. »
Li quens Hues se dresce, de Saint Gile Raimons,
Godefrois de Buillon, et Robers li Frisons,
Et li vesques du Pui ; cil monstra la raisons.
« Segneur, il est bien drois que cest ost afions [1],
« Que l'uns ne face à l'autre né tors né traïsons ;
« Et, sé il le faisoit, que par ses compaignons
« Li soit fait amendise, sans mauvaise ocoisons [2].

(1) *Afions*, organisions, ordonnions, soumettions à des règles convenues.
(2) *Ocoisons*, disputes, contestations.

« Et por nule mesaise, ne nous entrefaurons. »
Li peules s'escria : « Tout ensi le ferons!
« Li uns doit aidier l'autre, çou est drois et raisons. »
Or, iront Dieu vengier par grans devotions.

XXXIX.

A Clermont en Auvergne, fors enmi la campaigne,
Fu li bons rois Phelipes à toute sa compaigne [1].
Englois, Flamenc, Normant et ceus de Alemaigne.
Qui tout se sont croisié, Diex les maint et ramaigne!
L'apostoles de Rome les benéist et saigne [2].
Si lor dist et comande que li uns l'autre ataigne,
Et que voisent ensemble, et privé et estraigne [3].
A l'evesque del Pui comandé qu'il les maigne,
Et que il soit lor sire, et qu'il porte l'enseigne.
A chascun face droit, sé il est qui se plaigne ;
Pour Dieu de l'esploitier gart chascun ne se faigne [4].
Mais facent grans journées et par mons et par plaigne.
Passent isnelement et France et Alemaigne,
Et Lombardie et Rome et toute sa campaigne.

---

(1) Avec toute sa compagnie.
(2) *Et saigne*, et signe, les marque du signe de la croix.
(3) *Voisent*, ancien subjonctif du verbe *aller* ; latin, *vadant*.
(4) Qu'il veille bien à ce que personne ne se dispense du voyage.

Et Jhesus lor doinst vaincre icele gent grifaigne [1].
Aïmers li respont, sans iror et sans graigne [2] :
« Puis que le comandés, sire, coment qu'il preigne,
« Les guierai-je bien et porterai l'enseigne. »

(1) *Grifaigne*. Ce mot, féminin de *griffon*, avoit précisément le sens de *grecque*. Mais il étoit devenu un lieu commun injurieux, synonyme de démon ou porte-griffe.

(2) *Graigne*, grimace, mauvaise mine.

FIN DU CHANT PREMIER.

CHANT DEUXIÉME.

ARGUMENT.

Effet de la prise des croix. — Départ. — Constantinople. — Arrivée de Buiemont et Tangré. — Estatin l'esnasé. — Querelles avec l'empereur. — Visite des barons et discours de Godefroi. — Hommage à l'empereur. — Départ de Constantinople. — Nique. — Dénombrement des chefs. — Plan de bataille de Soliman. — Son message surpris par les Croisés. — Préparatifs de combat. — Sermon d'Aïmer. — Exploits de Bauduin Cauderon, Gui de Porcesse, Enguerrant et Huon de Saint Pol, Anseau de Ribemont, Raimont de Saint Giles, Tangré, Lambert de Montaigu, Roger Lempereur, Gautier et Bernard de Domeart, Eustache de Boulogne, Bauduin, Godefroi de Bouillon. — Estievnes de Blois manque de courage. — Bauduin de Gand, Drux de Noele, Olivier de Jesiu soutiennent l'effort des Sarrasins. — L'armée est secourue. — Tumas de La Fère, Raimbaut Creton, Robert de Flandres, Robert de Normandie; le roi des Tafurs, Pierre l'Ermite. — Fuite des Sarrasins. — Victoire complète. — Estatin l'esnasé persuade aux assiégés de se rendre. — Entrée des Francs dans Nique.

CHANT DEUXIÈME.

I¹.

Clermont en Auvergne fu moult grans l'assamblee :
Là est li os Jhesu establie et jurée
Par la terre de France et par mainte contrée.
Aus dames, aus pucieles fu grans la renomée;
Chascune so clama lasse, maléurée,
Et dist li une à l'autre : « Com male destinée !
« Mar fu faite à nos oes des barons l'aünée ² !
« Demain n'i ara cambre ne soit descourtinée ³.
« N'i ara canchon dite, né joie démenée ⁴,
« Trestoute la plus riche remanra esgarée. »
N'i à cele ne die : « Lasse come mar fui née ! »

---

(1) Les six Mss. donnent les couplets suivans.
(2) L'*assamblée* des barons fut faite *mal* à notre *gré*. *Oes* est l'ancienne traduction du latin *vota*. De là, *souhait*, *subvota*.
(3) *Descourtinée*, détendue, dégarnie. Var. : *desgordinée*. De là : *gourdin*, verge pour tendre les tapisseries, les rideaux.
(4) Var. : N' i ara fable dite ne mençonge contee. (B. C. D.)

II.

Es dames, les pucieles sont forment desmentées.
Lor seigneurs en apelent à cui sont espousées :
« Seigneur, à la foi-Dieu somes-nous mariées,
« Loiautés vous avons plevies et jurées [1];
« Por Dieu ! quant vous arés les terres conquestées,
« Et vous verrés la vile où Diex soufri colées,
« Souviegne-vous de nous, n'i soions oubliées ! »
Ha Diex ! Adont i ot maintes larmes plorées,
Des dames i ot maintes qui ont les crois portées;
Et les frances pucieles que Diex a moult amées
O lor pères s'en vont qui les ont engenrées.

Li baron et li prince ont lor os asamblées;
De vitaille et de vivres ont les mules toursées [2];
Moult orent bien les os lor armes aprestées.
Les eschieles s'en vont, es-les vous aroutées [3];

---

(1) *Plevies,* engagées, promises. Foulcher de Chartres dit de même : « O quantus erat dolor ! quanta suspiria ! quot plo-« ratus..... cum maritus derelinquit uxorem suam sibi tam « delectam !... Tunc conjux conjugi ponebat terminum rever-« tendi ; quod si vixerit, infra tres annos, ad eam repatriabit. (*repairera*).

(2) *Toursées,* var. *trossées* ou troussées, c'est-à-dire garnies, chargées. De là une *trousse* de médecin, un *trousseau* de mariée, etc.

(3) Les *compagnies* s'ébranlent; *les voilà* en route. — Après

Al bon duc de Buillon ont les os comandées,
Et il les conduit bien, par mons et par valées.
Jus qu'en Constantinoble n'i ot regnes tirées,
Et il i sont venu à unes matinées [1].

III [2].

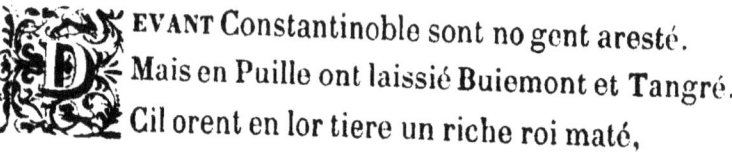

EVANT Constantinoble sont no gent aresté.
Mais en Puille ont laissié Buiemont et Tangré.
Cil orent en lor tiere un riche roi maté,

ce vers le manuscrit A donne trois couplets qui servent à rejoindre les branches du *Chevalier au Cigne* et des *Enfances de Godefroi de Bouillon* à celle de la *Chanson d'Antioche*. Ida, comtesse de Boulogne, intervient pour faire ses adieux à ses enfans et pour leur rappeler les traditions merveilleuses de leur bisaïeul, le chevalier au Cigne. Tout cela a été évidemment interpolé: les mss. B. C., E. et F. n'en reproduisent pas un mot; et, quant à D., s'il donne les deux leçons, c'est en transposant celle de A, comme pour mieux prouver son introduction arbitraire dans le corps de l'ouvrage.

(1) « Dux Godefridus prior omnium Francorum principum « Constantinopolim venit... duobus diebus ante natalem Domini, et hospitari voluit extra urbem. » (Rob. monach., l. II.)

(2) Ce couplet n'est fourni que par A., E., F., les autres mss en donnent la substance en trois vers, qui appartiennent au couplet précédent:

Là abondent Romains et gens d'autres contrées,
Et il i sont venus un joidi à vesprées,
Bien sont soissante mile tot Romain, a espées.

Romain, c'est-à-dire Italiens. — Le couplet III pourroit bien être une addition postérieure faite d'après le récit de Tudebode.

Et dedens un castiel aségié et fremé.
Quant la nouvele oïrent del riche parenté,
Le poissant roi de France Phelipon le sené [1],
Que tout erent croisié et outre mer alé,
Et que cinc cent millier sont en lor poesté :
Puis oent les nouveles come en grande vilté
Li Paien deputaire tienent Crestienté,
Et coment il ont pris Jhersalem la cité,
As cuers en ont éu et dolour et pité [2].
« Seigneur, » dist Buiemons, « or oiés mon pensé :
« Alons sauver nos armes o la crestienté [3].
« Qui ore faura Dieu, jamais n'ait-il santé !
« Prendons trestout les crois, s'en alons outre mer.
« Jà avons-nous ici armes et vin et blé. »
Et cil respondent tout : « A vostre volenté ! »
Errant prendent les crois ; n'i ont plus demoré [4].

(1) C'est-à-dire : Quand ils apprirent par leur riche parent, le puissant roi de France. — Ils étoient alors au siége d'Amalfi.

(2) *Éu,* cette prononciation s'est conservée en France dans la bonne compagnie jusqu'à la fin du XVIIe siècle. Tallemant des Réaux dit, après Racan, « que Malherbe reprenoit celui-ci « de rimer *qu'ils ont eu* avec *vertu* ou *battu,* parce qu'on pro- « nonçoit à Paris les mots *eu* en deux syllabes. »

(3) *Armes* pour âmes. — *O* pour avec.

(4) *Errant,* sur-le-champ, de suite. C'est ainsi que les An- glois disent : *Of course.* — « Boamundus qui erat in obsi- « dione Malphi, audiens venisse innumerabilem gentem Fran- « corum, quatinus viam sancti sepulchri de manu eriperet

Quant tout furent croisié, si se sont anombré ;
Plus de cinquante mil en i a-on trové.
L'en demain au cler jour se sont acheminé ;
Ne finent né ne cessent, si sont en mer entré.
Il ont drecié lor voiles et Diex lor a doné
Tel vent qui droit les maine ; tant qu'il sont aancré
Desous Constantinoble cele bonne cité.
Quant no François les voient, forment sont effréé,
Bien cuident que ce soient Sarrazin et Escler [1] ;
Chascuns s'en est issus as chans fors de son tré.
Mais l'ensegne conurent de la Crestienté ;
Droit au rivage corent, et si ont demandé
Qui cil sont qui là vienent ? Et on lor a conté
Que Buiemons i est et avoec lui Tangré,
Et maint duc et maint conte, et maint autre casé.
Li barnages l'entent, s'en a Dieu mercié.

« Paganorum... mox Sancto Spiritu commotus... honestavit
« sese ad incipiendum sancti sepulchri iter. » (Tudebode, ap.
Duchesne, p. 779.) M. Michaud, pour se rapprocher des idées
modernes, a cru devoir attribuer à Boemond des arrières-pensées tout à fait dégagées de l'enthousiasme religieux. Rien
dans les récits contemporains de l'Occident ne justifie cette
appréciation historique. On peut seulement penser que le fils
de Robert Guichart, depuis longtemps en guerre avec les Sarrasins de Sicile, dut profiter avec ardeur de l'occasion qui se
présentoit de les poursuivre jusqu'en Orient.

(1) *Escler,* Slaves. Comme les Patzinaces avec lesquels ils
avoient lutté en route.

Au port vienent encontre, si sont entr'acolé,
Et li un et li autre ont de pitié ploré [1].
De la vitaille misent l'ost en moult grant plenté,
Quar moult petit avoient et pain et vin et blé.
Trestout communalment en ont Dieu aoré.

IV [2].

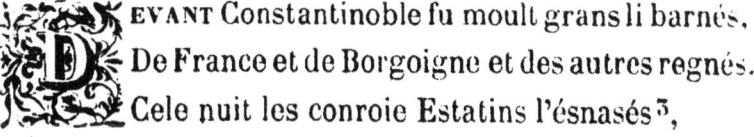evant Constantinoble fu moult grans li barnés,
De France et de Borgoigne et des autres regnés.
Cele nuit les conroie Estatins l'ésnasés [3],

[1] « Boamundus dum adventaret civitati, Francorum exercitus pars maxima venit ei obviam, et unanimiter recepe-
runt eum; sicut mater unicum filium. » (Robert. monach.,
p. 37.)

(2) Les treize couplets suivans, qui racontent la réception
faite par les Grecs aux Croisés, sont omis dans les deux mss.
E. F.

(3) *Estatins*, celui que les historiens grecs nomment *Ta-
tixos*, ou *Tatice*, et les chroniqueurs latins *Tatinus*. Ceux-ci ne
l'introduisent que pendant le siége de Nicée et pour avertir
qu'il commandoit les Grecs auxiliaires. Tatice étoit d'origine
sarrasine, suivant Anne Comnène. Son père, qui avoit été fait
prisonnier par Jean Comnène, étoit mort captif à Constantinople. Élevé près de lui, Tatice étoit parvenu aux faveurs les
plus hautes et les plus méritées, depuis le règne d'Alexis. Les
historiens grecs ne disent pas qu'il fût entré dans la famille
de l'empereur, mais qu'il remplissoit l'importante fonction de
Chef des officiers du palais. A ce titre, on l'avoit vu, en 1093,
refuser la porte des appartemens impériaux au conspirateur

v. 73.   CHANT DEUXIÈME.   77

Drus fu l'emperéor et de sa seror nés [1].
Tant i a des barons venus et asamblés
Qu'il hebregier ne porent dedens les fremetés [2],
Ains ont defors tendu et pavillons et trés [3].
Estatins lor envoie et char et vin et blés,
Et le fuere et l'avaine et les pains buletés [4].

Ses oncles le manda et il i est alés.
Quant il fu devant lui, si fu araisonés :

Nicéphore Diogène. Il avoit longtemps arrêté Robert Guichart devant Dyrrachium, il avoit vaincu les *Patzinaces* dans l'ancienne Maesie. Remarquons aussi le surnom d'*Esnasé*, que rappellent également Albert d'Aix et Guillaume de Tyr. « Ta-« tinus quidam *truncati nasi,* » dit le premier, « familiaris « imperatoris et ejus secretorum conscius, ductor christiani « exercitus, et quod loca regionis sibi essent nota, urbem (Ni-« ceam) in decreta sibi parte premebat. » Guillaume de Tyr : « Adjunxerat se etiam nostrorum castris quidam Graecus, « Tatinus nomine, imperatoris familiaris admodum, vir ne-« quam et perfidus, *nares habens mutilas,* in signum mentis « perversae. » Guillaume de Tyr est ici déclamateur, et, quoi qu'il dise, tout ce que l'on sait des rapports d'Estatin avec les croisés fait honneur à la prudence, à la sagesse et au patriotisme de ce personnage.

(1) *Drus,* ami de confiance. Nous avons perdu ce bon mot.

(2) *Dedans les fremetés,* c'est-à-dire dans l'enceinte fortifiée de la ville. L'empereur, qui étoit alors fort embarrassé, avoit dû craindre l'entrée des Croisés dans la ville.

(3) *Trés* ou *trefs,* tentes. C'est le latin *trabs.*

(4) *Fuerre,* le fourrage pour leurs chevaux. *Pain buleté,* pain de farine bien choisie, bien *blutée,* comme nous écrivons aujourd'hui. Menage dérive ingénieusement ce mot de *volutare*

« Biaus niés, por amour Dieu envers moi entendés :
« Cele grans baronie que vous là fors véés,
« Jo la destruirai toute sé vous le me loés. »
De cel dit fu dolans Estatins l'ésnasés,
Tel doel ot et tel ire à poi n'est forsenés ;
Il escria ses homes : « Seigneur, vous qui m'amés,
« Venés-en tout o moi, d'une part vous tenés[1]. »
Et cil ont respondu : « Vés-nous ci aprestés. »
Cinquante mile furent ; quant il les a serrés,
Estatins l'ésnasés est moult haut escriés,
L'empereor apele : « Or, dites que pensés,
« Des bons barons de France que destruire volés ?
« Jou les ai aconduis, vers vous les ai tensés[2] ;
« Sé vous mal lor faisiés, ce sambleroit viltés,
« Quant nes avés encor de nient escriés[3].
« Sé vous lor faites mal, à moi le partirés[4].
« Mais gardés, empereres, que chose ne pensés
» De coi vous aiés honte né je soie blasmés ;
« Quar ne seroit souffert pour quanque vous avés,
« Sé vous en deviés estre trestout desiretés. »

(1) *D'une part vous tenés*, venez tous de mon côté.

(2) Je les ai amenés. C'est l'opposé du mot conservé : *éconduire*. — *Tensés*, disposés.

(3) *De nient escriés*, avertis, prévenus de rien. Quand vous ne les avez pas défiés.

(4) Vous m'en ferez également, je prétends le partager.

CHANT DEUXIÈME.

« Baron, » dist l'empereres, « or tost dont le prendés!»
Estatins s'escria: «M'espée m'aportés.»
Tantost li fu li brans ens el poing délivrés;
Estatins le traist fors, com s'il fust forsenés;
Adont fu li estors sus el palais levés [1] :
Jà en éust de mors, d'ocis et d'afolés,
Quant Guis li senescaus en monta les degrés [2],
Dist à l'emperéor : « Mauvais conseil créés,
« Par folie vous estes en cest palais mellés. »
Et Estatins a dit: «Biaus sire, bien savés :
« L'empereres manda les barons ounorés
« Que venissent à lui en droites séurtés,
« Et or les veut mordrir, tant est maléurés. »
Ce dist li senescaus : « Jà mar le penserés!
« Sé vous ores le faites, jamais honor n'arés. »
Estatin et les siens a tous rasséurés.
Quant l'entent l'empereres, tous en fu trespensés.
Et dist que il fera toutes ses volentés,

(1) *Estors,* la lutte, l'émeute.
(2) *Guis li senescaus.* Ce personnage reparoîtra encore plus tard, et n'est indiqué que par Richard le Pèlerin. C'étoit le plus jeune frère de Boemond, attaché par un mariage brillant et par d'importans emplois à la fortune d'Alexis, depuis l'année 1084. Anne Comnène nous apprend cela dans son sixième livre, et les détails qu'on trouvera dans notre poëme prouveront que Lebeau n'auroit pas dû mettre en doute le récit d'Anne Comnène. (*Hist. du Bas-Empire,* liv. LXXXI. § 57.)

Par droite traïson les a reconfortés.

Or oiés del cuivert coment s'est apensés :
Guielin apela qui estoit ses privés,
« Amis, » dist l'empereres, « savés que vous ferés ?
« Par toute la cité anuit sor nuit m'alés [1],
« Dites à mes borjois que pains n'i soit monstrés,
« Né que vendue i soit né avaines né blés :
« S'il en vendent vaillant deux deniers monéés,
« Jà n'aront raençon, chascuns iert desmembrés. »
Or penst Diex de nos gent, par les soies bontés !
Quar sé Jhesus nel fait, à mort seront livrés.
Au matin parson l'aube est li peules levés,
Demandent le mangier, mais il n'i est trovés ;
Quant ne trueve que vendre chascuns est effréés [2],

---

(1) *Anuit sor nuit*, aujourd'hui, de nuit. *Anuit* est encore d'usage, en ce sens, en Touraine.

(2) « Imperator... hordeum et pisces ad vendendum sub-
« straxit, deinde panis alimentum. » (Albert d'Aix, lib. II, § 11.)
Guillaume de Tyr dit que l'empereur fit cette défense parce
que Godefroi avoit refusé de se rendre dans son palais. « Ecce
« imperatoris adsunt nuntii, monentes ut ad dominum impe-
« ratorem cum paucis dux introire festinet. Dux vero, habito
« consilio, illuc ire distulit. Unde indignationem plurimam
« concipiens imperator, forum rerum venalium legionibus quæ
« cum duce advenerant interdixit. » (Lib. II, ch. 6.) La conduite d'Alexis n'étoit pas aussi coupable que le pensoient alors
les Croisés. En voyant une armée innombrable se présenter
pour conquérir les anciens domaines de ses prédécesseurs, ne

v. 133.   CHANT DEUXIÈME.   81

Estatins l'ésnasés en prist moult grant pités,
Par cui fu tous li peules en bien reconfortés¹.

V.

ntour Constantinoble fu nostre gens irie¹.
Estatins l'ésnasés a la novele oïe,
Venus est à son oncle, moult doucement li prie :
« Mal avés esploitié, emperere, en vo vie.

devoit-il pas chercher à obtenir des chefs la réserve des droits incontestables de l'empire? Et ces chefs, en se montrant jusque dans les faubourgs de Constantinople, pouvoient-ils espérer aide et protection du souverain, si d'abord ils ne consentoient à reconnoître l'empereur pour suzerain des terres impériales qu'ils alloient reconquérir dans l'Asie-Mineure? Alexis d'ailleurs, d'après ce qu'il avoit vu de Pierre l'Hermite, devoit se faire illusion sur la valeur et le rang des compagnons de Godefroi. Dans ces circonstances, un malentendu devenoit inévitable. D'un côté, les Croisés ne comprenoient pas qu'un chrétien leur demandât un hommage anticipé des terres qu'ils alloient prendre aux Sarrasins dans l'Asie-Mineure ; de l'autre, l'empereur ne vouloit pas, et sérieusement ne pouvoit guère se désister de ses prétentions. Pour concilier les deux partis, pour apaiser les ressentimens toujours nouveaux des Grecs et des Latins, il fallut certainement un habile intermédiaire, et ce personnage paroît avoir été Estatin, comme le dit seul l'auteur de la *Chanson d'Antioche*.

(1) *Irie*, irritée.

4.

« Quant avés deffendu à vostre baronnie[1],
« Que la viande soit pour les François mucie.
« Ains Diex ne fist en terre si grant chevalerie
« Qui se tiegne vers aus à l'espée forbie.
« Car il i est de France la riche baronnie[2]
« Qui plus desirent guerre que damoisiaus sa mie.
« Sé vous les véissiés à lor hebergerie,
« Coment il s'aparellent por faire une envaïe !
« Et jurent Dame Dieu le fil sainte Marie
« Que sé il n'ont vitaille, la cités iert brisie ;
« Sé par force vous prendent et par lor envaïe,
« De vous feront justise, ne vous mentirai mie. »
Et dist li empereres : « Li miens cuers te deffie[3]. »
Quant Estatins l'oï, à poi qu'il n'enrabie ;
De la grant desounor a la coulor noircie,
Si hautement parla, bien fu sa vois oïe :
« Par ma foi, empereres, ne vous mentirai mie,
« Dehait ait traïsons et icil qui l'otrie !
« Vous mandastes François, por bien et por aïe,
« Que venissent à vous en vo cité garnie,
« Parmi le brac S. Jorge les menriés à navie,

---

(1) Quand vous avez fait une défense, aux termes de laquelle les vivres furent cachés pour les François.

(2) *Il i est,* au lieu de : *Là est.*

(3) *Te deffie,* te répudie, te retire toute confiance

« Et il i sont venu; or lor tolés la vie !
« Moult en est aïrés Robers de Normandie,
« Buiemons et Tangrés à la chière hardie,
« Godefrois de Buillon qui ains n'ama envie,
« Et Robers li Frisons qui tant a baronnie;
« Tous jurent Dame Dieu que on aore et prie
« Que il à fu grejois ardront vo manandie.
« Vous perdrés vo cité, vo palais de porfie [1].
« Sé li vostre home i muerent, ce sera grant folie. »
Lors s'en isst Estatins de la ciambre voutie.

VI.

UANT Estatins oï que il fin n'i metra,
De son oncle est partis que il gaires n'ama.
Et issi de la vile; aus François en ala :
Angoissos et destrois Estatins les trova.
Plus tost que onques pot Buiemons l'apela :
« Coment avés erré ? que avés trové la ? »
— « Malement, sire, voire, mes oncles trai m'a.
« Li cuivers empereres qui sa foi menti a.
« Dame Diex le maudie qui le mont estora !
« Et de Dieu soit honis cil qui ne l'assaura [2].

(1) *Porfie*, porfire.
(2) *L'assaura*, l'assaillera.

« Et qui dolent nel fait de quanque il pora !
« Benéois soit de Dieu qui le commencera ! »
Et ce fu Estatins qui premiers s'adouba,
Et puis s'armèrent cil que Diex pas n'oblia[1].
Partout sonent cil cor et deçà et delà,
Si que li empereres de sa tour oï l'a.

VII.

UANT oï l'empereres que la noise ert si grans,
Il en a apelé ses Grifons mescréans[2] :
« Oïr poés là fors grant tumulte de Frans. »

(1) *Que Diex pas n'oblia*, que Dieu a récompensés. Cette phrase désigne toujours ceux qui avoient pris la croix.

(2) *Grifons*, Grecs. En France, on traduisoit le latin *Graii* et *Græci*, (suivant les provinces ou suivant le caprice) par *Grieu*, *Griu*, *Grex* et *Griex*; au féminin, *Grive*, *Griesche* et *Gregue*. Delà les diminutifs *Grigou*, *Grégeois*, *Grifons*, *Grifaigne*; delà les oiseaux nommés *Grive* et *Pie-griesche*; de là le noble jeu de l'Oie, nommé *la Griesche* dans Rutebeuf; delà les *gregues*, anciens haut-de-chausses; de là enfin l'enseigne générale des merciers de Paris : *A l'Y*, qui, par un jeu de mots assez plaisant, représentoit : *A lie gregues*.

Puisque nous en sommes aux origines, un mot sur *garnimens*, qu'on va lire dans les vers suivans, avec le sens ancien d'habillement, harnois militaire. La langue parlée a bien étendu cette acception première. D'un homme méchant et indomptable, on dit : *C'est un garnement, c'est un vrai garnement.* Il vaudroit mieux dire : « C'est un *mauvais*, c'est un « *méchant* garnement. »

Et dist li senescaus : « Moult est fiers lor semblans ;
« Regardés, empereres, là fors, devers ces chans,
« Voiés quex garnimens à or reflambians ! »
L'empereres les voit, grains en fu et dolans [1],
Et voit lor paveillons de mains divers semblans.
De fors garda, si vit vestir les jaserans [2],
Et voit ès plains monter mains chevaliers vaillans [3] ;
Et furent bien cent mil aus vers elmes luisans.
Ne vous esmerveillés sé or en fu doutans :
Il en a apelé un de ses drogemans :
« Alés-moi tost, là fors, si me dites aus Frans.
« Et au duc Godefroi que tous soit afians
« Que ne lor faudra pain de cest jour en cinc ans. »
Quant l'ot li senescaus, n'en fu mie dolans.

(1) *Grains*, triste.

(2) *De fors*, c'est le latin *foras*. Nous avons changé l'*f* en *h*, et je ne sais pourquoi ; *de hors* étant plus dur que *de fors*. Pour l'adapter à la moderne versification, nous en avons fait ensuite un seul mot : *dehors*, et puis nous avons eu *du*, et *des dehors*, des *dehors trompeurs*. Voilà comme les langues dérivent.

Jaserans, arme défensive, comme certains *écus*, certains *haubers*, et certains *heaumes*. Ce mot a donné lieu à de grandes incertitudes, parce que, suivant le texte où on l'a trouvé, on l'a interprété écu, casque ou cuirasse. Je crois qu'il répond mieux à *acerin*, qui est fait d'acier, et qu'il a l'origine méridionale de *Jacerino*. Voyez le *Lexique Roman* de M. Renouard.

(3) *Es plains*, monter à cheval de plein pied.

VIII.

UANT li senescaus ot ses sire est apaiés [1],
Et que son drogeman velt envoier aus trés,
Dist à l'emperéor : « Biaus sires, non ferés,
« Mais prenés dis haus homes des meillors que avés,
« A l'ost aus Frans, là fors, et si les trametés ;
« Et dient aus barons Buiemont et Tangrés
« Viegnent parler à vous et treve lor donrés :
« Sé il font vos talens et ce que vous vaurés,
« Vous lor donrés vitaille et avoir, à plentés. »
— « Alés, » dist l'empereres, « et si lor afiés. »
Respont li senescaus : « Si com vous commandés. »
A iceste parole avala les degrés [2]
Et encontra François plus de vint mil armés.
El premier front chevauche Godefrois li senés ;
Li senescaus l'apele : « Sire dus, ça venés ! »
Et li bers li respont : « Dites que vous volés. »
— « L'empereres vous mande que vous à lui alés,
« Et li dus Buiemons et li autres barnés ;
« Jou serai eu ostage, tant que vous revenrés. »

(1) Quand le sénéchal entend que son seigneur est apaisé
(2) *Avala*, descendit.

IX.

BUIEMONS de Sesile, li preus et li vaillans,
S'est tornés d'une part et Tangrés li Puillans ¹.
Et li baron de l'ost, dont fu li consaus grans ².
« Seigneur, alons laiens, » dist Guigiers l'Allemans³,
« L'empereres est moult fel et cuivers souduians⁴,
« Sé Dame Diex n'en pense, li peres raémens ⁵.
« Nos i morrons anqui, jà n'en arons garans. »
Primerains respondi de Saint-Pol Engerans ⁶ :

---

(1) *D'une part.* Nous disons aujourd'hui, *à part*, se sont mis, réunis à part.

(2) *Dont fu li consaus grans*, dont la délibération fut grave.

(3) *Guigiers l'Allemans*. C'est le duc de Bavière que les chroniques latines écrivent *Wilfo*, ou *Guelfo*, ou *Guelfarius*.

(4) *Cuivers souduians*, poltron, astucieux, insinuant. *Souduians* est la traduction de *subducere* ou *seducere*, séduire. Pour *cuivert*, c'est une expression injurieuse qui répond peut-être exactement à *terga vertens*. On trouve souvent, en effet, *culvert*, et le participe *aculverti*, tourné en fuite, *dos*-tourne. Je l'ai tiré ailleurs (*Garin le Loherain*, t. II.) de *colibertus*, affranchi, ancien esclave ; mais cette origine ne rend pas aussi bien raison du verbe *aculvertir*.

(5) *Raémens*, rachetant : *redimens*, le Rédempteur.

(6) Enguerant de Saint-Pol, fils aîné de Hue, comte de Saint-Pol ; il sera parlé souvent de ses exploits et de sa mort. Il avoit un frère puîné du même nom que son père, le comte *Hue*. Ce frère, également croisé, hérita de la terre de Saint-Pol, fut le bisaïeul d'Élisabeth, qui porta son riche patrimoine

« Nos avonmes vestus les aubers jaserans,
« Si tenons sous les capes les espées trençans [1],
« Sé nule cose pense l'empereres tirans [2],
« Ains qu'il nos face riens qui nous soit anoians,
« En morront dis milliers des Grifons mescréans. »
— « Iceste desotroie, » dist Robers li Normans [3].
Trop est li empereres de mal faire artillans,
Jà nus croire ne doit ses dis né ses semblans,
« Jhesus, li rois de gloire, ne li soit jor aidans [4] ! »

dans la maison de Châtillon sur Marne, au commencement du XIIIe siècle.

(1) Les *capes*, ou *chappes*, manteau que l'on jetoit souvent sur le *garniment*.

(2) *Cose*, ou *cause*, dans le sens de querelle, discussion.

(3) *Je désapprouve cela.* Robert, duc de Normandie, aussi nommé Robert *Courte-heuse*, étoit le fils aîné de Guillaume le Bâtard, conquérant de l'Angleterre. Dans ce royaume, il semble que les faits aient établi l'usurpation en principe régulier. Ainsi le vaillant Robert n'avoit pas succédé à son père, et après son frère puîné, Guillaume le Roux, mort sans postérité, la couronne, qui devoit du moins alors lui revenir, fut paisiblement laissée par les barons anglois aux mains du plus jeune de ses frères, Henri Ier.

(4) Cette leçon n'est donnée que par B., le meilleur texte ou l'un des meilleurs, il est vrai. Les autres, c'est-à-dire A., C., D., portent :

« Qui ceste desotroie, » dist Robers li Normans,
« Jà Diex, li rois de gloire, ne lui soit jor aidans. »

mais l'autre sens est plus naturel et se lie mieux au couplet suivant.

X.

AVOEC le senescal avoit un latinier,
Drus fu l'emperéor, et si l'avoit moult chier [1].
Les barons apela, ses prist à araisnier [2] :
« Ne vous esmaiés mie, nobile chevalier :
« Vesci le senescal, à celer ne vous quier [3],
« Que il i a tramis pour vos cors ostagier [4].
« Alés parler à lui, ens el palais plenier [5];
« Vous n'i perderés jà valissant un denier. »
Et dient li baron : « Bien fait à otroier. »

XI.

PAR le conseil Guion sont François desarmé :
Hé! Diex! com il parfurent gentilment acesmé [6]!
Nostre baron s'en vont, par la vile ordené ;

(1) Ce vers se rapporteroit beaucoup mieux au sénéchal Gui, ou Guion, qui étoit réellement l'homme de confiance de l'empereur.

(2) *Ses,* si les. — Et il se prit à les raisonner.

(3) Je ne veux pas le cacher. Les Croisés, d'après le peu de mots échangés, ignoroient jusqu'alors la qualité de l'envoyé impérial.

(4) Qu'il vous a transmis pour vous servir d'ôtage. Var.. « *Por vous à repleyier.* B.

(5) *A lui,* à l'empereur.

(6) *Parfurent,* parurent. Le mot *parestre,* se conjuguoit au-

Geldin le drogemant en ont o aus mené,
Vint à l'emperéor, primes l'a salué :
« Diex te saut! empereres, qui tous nous a créé.
« Car regardés, biaus sire, parmi votre cité,
« Iluec porés véir de France li barnés.
« Or vienent à vo mant li chevalier membré [1]. »
Quant l'entent l'empereres, Dieu en a aoré.
Moult tost sont li cendal et li paile aporté,
Li riche siglaton et li samit ouvré [2].
Çou fist li empereres pour plus grant honesté,

trefois comme le verbe *être*, et signifioit mieux, en conséquence : *être entièrement, parfaitement*. Nous établissons aujourd'hui une sorte d'opposition morale entre *être* et *paroître*. On n'auroit pas compris cela au moyen âge, car *paroître* vient bien de *par-esse*, et non de *parere*, que l'on rendoit par *paroir*; au présent : *paire*.

(1) *Vo mant*, votre commandement.

(2) *Et li paile*, les draps ou manteaux bleus. — *Cendal*, taffetas coloré d'ordinaire en rouge, et dont on se servoit beaucoup pour les étendards et drapeaux de lance. Guillaume le Breton, voulant décrire l'oriflamme en un seul vers :

Vexillum simplex cendato simplice textum.

Le riche siglaton, sorte de brocard. — Le *samit ouvré*, tissu mêlé ou rayé d'or et de soie. J'ai suivi A. Les trois autres leçons portent :

Moult sont tost li cendal et li paile aporté,
Et li vert bogeran et li samit roé. B.
— Moult tost sont li bliaut et li paile aporté.
Et li vair siglaton, et li samit roé. C. D.

v 261.   CHANT DEUXIÈME.

Dont li nostre François fussent plus honoré.
Atant entrent li conte dedens la fermeté¹.
Sor un faudestuef d'or à boutons noelé²
Se sist li emperères el palais painturé ;
Et quant voit nos barons, si a le chief levé,
De la joie qu'il ot chascun a salué³.

XII.

ODEFROIS parla primes, li preus et li sachans :
« Cil Dame Diex de glore qui sor tous est poissans.
« Sauve l'empereór et ses barnages grans,
« De par les chevaliers de la terre des Frans⁴ ! »

(1) *La fermeté*, le château, ou palais de l'empereur.

(2) *Faudestuef*, d'où notre *fauteuil*. On ne sauroit, d'après les exemples d'ailleurs fort nombreux de ce mot, décider nettement si le *faudestueil* étoit un siége *pliant*, ou un siége *fermé*, c'est-à-dire *à bras* et *à dos*; ou bien un siége garni de *coussin* ou de draperie ou tout simplement un *siége d'honneur*, dont la forme pouvoit varier. *A boutons noelé*, garni de boutons émaillés.

(3) Les leçons C. D. portent :

De la joie qu'il ot *parfont a souspiré.*

Cela pouvoit être pris ironiquement.

(4) Il y a loin de cette forme de salutation à celle de nos jours :
« Nous avons bien l'honneur de vous saluer. — Nous vous sa-
« luons *avec respect. — Avec la plus haute considération. —
« Avec la plus parfaite estime*, etc., etc. Il est vrai que la lan-
« gue françoise est arrivée *à son dernier point de perfection.*

L'empereres respont : « Jhesus vous soit aidans ! »
Dist li dus de Buillon : « Voiant vous tous, me vans
« Qu'ains mais n'entra çaiens barnages si vaillans¹.
« Çaiens somes venus, sire, par tes commans.
« Si volomes savoir qu'estes vers nous pensans.
« Sé mal nous volés faire, bien soiés afians
« Que mius volons morir as espées trenchans
« Que n'aions la vitaille de coi estes tenans;
« Mais sé vous bien nous faites, bien en soiés sachans,
« Nous devenrons tes homes ; tu nous soies aidans²,
« Sel porront comparer li cuivert mescréans. »
Respont li empereres : « Et jou mius ne demans,
« Jamais ne vous faurai tant com soie vivans. »

XIII.

E dist li empereres : « Envers moi entendés :
« Bien voi qu'en Paienisme sor Sarrasins irés :
« Mon nevou Estatin avoec vous enmenrés.
« Il demenent tel bruit com chiens encaénés³;

---

(1) Godefroi savoit que l'empereur jugeoit de leur importance d'après celle des compagnons de Pierre l'Hermite. Ses premiers mots ont pour but de le detromper.

(2) Nous vous ferons hommage ; et pourvu que tu nous aides, nous pourrons bien faire payer cher aux payens l'hommage que nous te promettons. *Sel* pour *si* ou *ainsi le*.

(3) *Encaénés*, enchaînés

« Solement de lor noise serés espoentés. »
Dist li dus Godefrois : « Vostre plaisir dirés¹ :
« Mal souferrons les cos des bons brans acerés,
« Sé ne poons souffrir la noise des Esclés². »
Quant oï l'empereres, un poi s'est porpensés,
Son drogemant apele : « Amis, à moi parlés :
« Qu'est icest qui parole, et tant est bel formés ?
« Ainc ne vi nul si fier, puis l'ore que fui nés. »
Li latiniers respont : « Or endroit le sarés³ :
« C'est li dus de Buillon qui tant est renommés.
« Cist conquerra les terres, les païs, les cités. »
Quant l'ot li empereres, tos est resvigorés⁴.
Puis a les haus barons uns et uns apelés,
Si li ont fait homage, tout à ses volentés⁵;
Et il les a trestous de bien faire afiés⁶.

(1) Nous écririons aujourd'hui : « Cela vous plaît à dire. »
(2) *Esclés* ou *Esclers*. Les chroniques latines et françoises désignent fréquemment les Sarrasins en général sous ce nom, qui devroit seulement répondre à celui de *Slaves* ou *Esclavons*. C'est que les races *slaves* avoient inquiété les flots de Croisés avant leur arrivée à Constantinople, et que le *paganisme* de ces peuples présentoit quelque analogie avec la condition des Turcs, des Persans et des Maures. — Le bon Godefroi, en répondant ainsi, entre ses dents, *gaboit* légèrement Alexis.
(3) *Or endroit*, droit à l'heure, ou tout à l'heure.
(4) Il n'a plus autant de peur pour son neveu Estatin.
(5) Var. : « Tout par lor volentés. C. D.
(6) Il a de son côté pris l'engagement de les aider, de bien

Assés lor venist miex que adont fust tués,
Et pris Costantinoble et ses tresors gastés!
 D'ilueques se partirent Buiemons et Tangrés,
Nus d'aus ne voult ainc estre ses drus né ses privés.
L'emperéor s'en est moult forment aïrés.
« Dites-moi que cist sont, Estatins l'esnasés? »
Estatins respondi : « C'est des Frans li bontés [1],
« Li uns est Buiemons par son nom apelés,
« Fiex fu Robert Guichart qui de Normans fu nés,
« Qui vos peres vainqui et fist de honte assés :
« Li autres est de Puille, Tangrés est apelés.
« Sé mal te vuelent faire, moult es mal ostelés. »
Quant l'ot li empereres, s'en a froncié le nés [2].

agir envers eux. Les deux vers suivans sont l'expression de l'opinion commune de l'armée.

(1) *Li bontés,* la fleur, la bonne part.

(2) Tels furent les démêlés de l'empereur Alexis avec les Croisés. Notre poëte les raconte d'une manière très concise, mais son récit est pourtant plus net que celui des chroniqueurs latins. Ainsi, les premiers Croisés arrivés devant Constantinople furent les François; l'empereur les avoit assez bien accueillis, mais bientôt, sans doute à la nouvelle de l'arrivée de Boemond, il avoit conçu de l'inquiétude et exigé que les guerriers de l'Occident lui fissent tous hommage de leurs futures conquêtes. Cette condition déplut beaucoup à l'armée; et si les chefs croisés et l'empereur se faisoient mutuellement illusion, les uns sur la puissance des Grecs, l'autre sur la foiblesse des Croisés, les Siciliens, qui tenoient depuis vingt-cinq ans toutes

Et nos barons retornent as loges et as trés.

les forces de l'empire en échec, devoient être mieux connus et mieux renseignés. Nous avons donc plus de foi dans le récit de notre Richard que dans les historiens latins qui placent le prince de Tarente au nombre des plus ardens partisans de l'hommage. Ce qui a trompé les arrangeurs modernes, c'est qu'ils se sont réglés sur le méchant texte de Tudebode, donné d'abord par Bongars, puis réimprimé par Duchesne; sans le conférer à celui que Dom Mabillon avoit découvert dans la bibliothèque du Mont-Cassin. C'est dans cette leçon qu'il faut étudier la première croisade et non dans les récits rassemblés par Bongars, et qui n'en sont, le plus souvent, que la paraphrase négligée. On y voit que les deux derniers chefs qui se décidèrent à l'hommage furent Raimond de Saint-Giles et Boemond. On y voit que Boemond ne consentit à le prêter que sur le don fait par l'empereur de seize journées en long et de huit en large sur le territoire d'Antioche. Si l'on se reporte aux querelles dont la possession d'Antioche fut l'occasion entre Raimond et Boemond, on peut deviner que le comte de Saint-Giles regrettoit dès lors que l'empereur ne lui eût pas proposé l'hommage aux mêmes conditions. Quoi qu'il en soit, tandis que dans le Tudebode de Duchesne, le comte de Saint-Giles est exhorté, contraint par Boemond autant que par Godefroi à se soumettre à l'hommage : « *Boemundus dixit quod si aliquod injus-*
« *tum contra imperatorem faceret et fiduciam ei facere no-*
« *luisset, ipse foret ex imperatoris parte;* » dans le texte de Mabillon, c'est Boemond qui encourage Raimond dans sa résistance, et lui-même cède le dernier de tous. Voici le texte .
« Comes meditabatur qualiter vindictam de imperatoris exer-
« citu habere potuisset. Sed dux Gottifredus et Flandrensis
« comes et alii principes dixerunt injustum esse contra Chris-
« tianos pugnare. Et dominus Boemundus dixit *quod si ali-*
« *quod injustum comes ab imperatore passus esset, ei facere*

Huit jors i demora li nobiles barnés [1].
De pain, de vin, de char i fu grans li plantés,
Et au neuvisme jor est vuidié la cités.
Parmi le bras Saint Jore Statins les a menés,
Et trovent les chalans garnis et conréés,
Iluec fu lor avoirs et lor harnas entrés.
Or les conduise Diex qui en crois fu penés!

XIV.

R chevauchent ensanble nos chevalier barons,
Des escus font escherpes et des lances bordon.
Ne cessent né ne finent, né ne prisent maison,

« *emendare ex imperatoris parte*. Igitur comes... Alexio vi-
« tam et honorem juravit... Fortissimo autem viro Boemundo
« dixit imperator *quem valde timebat in corde*, quod *si li-*
« *benter ei jurasset*, quindecim dies terræ in longitudine ab
« Antiochia retro daret et octo in latitudine, eique tali modo
« juravit ut si ille fideliter observaret illud sacramentum,
« iste suum nunquam præteriret... Tancredus vero honora-
« bilis miles et Richardus de Principatu latenter transmea-
« verunt brachium, et omnis gens Boemundi, ne facerent
« jusjurandum imperatori. » On voit qu'il est très facile de
concilier cela avec notre Chanson. Boemond sortit d'abord du
palais; puis, rappelé par les offres de l'empereur, il fit son
hommage, mais le dernier de tous.

(1) **Huit jors.** Variante : *Vint jors*. B. — Ces derniers vers
du couplet XIII et les cinq premiers vers du XIVe sont dans les
six manuscrits.

Tant que virent de Nique les tours et le donjon,
Et les Mahomeries où croient li felon [1].
Voient le Civetot qui est agus en son [2].

(1) Les dix vers suivans ne sont que dans le Mss. A. Sur les montagnes qui séparent la plaine de Nicomédie de celle de Nique, les Croisés pouvoient sans doute apercevoir les mosquées de cette dernière ville, nommée autrefois Nicée, aujourd'hui *Is-Nik*. Godefroi et Tancrede avoient les premiers abordé de Constantinople à Nicomédie et de là s'étoient avancés pour reconnoître la route et fixer la marche de l'armée jusqu'à Nique. C'est alors que Pierre l'Hermite dut indiquer les lieux qui avoient été les témoins de la défaite de ses compagnons. « O quot capita cæsa, » dit Foucher de Chartres, « et ossa occisorum ultra Nichomediam in campis jacentium tunc invenimus, quos ipso anno Turci peremerant! » Pierre l'Hermite avoit, depuis Constantinople, accompagné l'armée de Godefroi: notre poëte, en lui faisant raconter ici les désastres précédens, semble plus exact que Baudouin d'Avesnes et les chroniqueurs latins, qui font arriver des forêts et des marais de la Bythinie quelques fuyards du Civetot échappés pendant plusieurs mois à la fureur des Turcs et aux ravages de la faim. Il est vrai que Guillaume de Tyr met Pierre au nombre de ces misérables fugitifs; mais cet historien avoit dit auparavant que le chef de la première invasion avoit pu revenir à Constantinople, où l'empereur lui avoit fait un accueil bienveillant. Et comment en effet ces malheureux n'auroient-ils pas trouvé moyen de gagner les terres de l'empire! Notre poëte est donc seul ici parfaitement exact.

(2) Aigus au sommet, comme les nombreuses éminences appelées *Mont-aigus*. C'est aux voyageurs à justifier ou contester cet aspect du Civetot. MM. Michaud et Poujoulat ne sont pas allés dans l'Asie-Mineure.

Estes-vous sor son asne l'ermite dant Pieron,
Nos barons apela, ses a mis à raison :
« Seigneur en cel grant val que voyez environ
« Fumes-nos desconfit, si m'aïst saint Simon[1] !
« Là fu ocis li prestres par desous cel perron :
« Je cuis, ocis i furent trente mile par non,
« Et autant en menerent Turc en chaitiveson.
« Or pensés del vengier, franc chevalier baron! »
Et François respondirent : « Jà ne vous en faurons! »
Quant Sarrasine gent en entendent le ton[2],
A Soliman de Nique en content la raison :
« Sire, chi vient un ost, si grande ne vit-on,
« Jà seront devant Nique sans nule arestison. »
Quant l'entent Solimans, au cuer en a friçon.
Sa gent fait asambler par devant son donjon.

Et Crestien chevauchent par fière contenchon,
Quant il sont devant Nique s'ont levé la tenchon[3].

---

(1) *Si m'aïst...* Ainsi m'aide saint Simon, comme il est vrai que nous fûmes déconfis précisément en cet endroit.

(2) Les dix vers suivans ne sont que dans le Mss. B. Puis les six leçons marchent ensemble.

(3) *S'ont levé la tenchon* ou *la tenson*, ils ont commencé la lutte, la querelle, le bruit. Jusques-là ils n'avoient pas eu affaire aux Turcs. Le siége de Nique commença le 15 mai 1097, lendemain de l'Ascension.

Les barbacanes copent entour et environ[1],
Dusqu'al maistre fossé n' i ot arestison.
Crestien asallirent par grant aatison,
Mais à icel assaut n'ont pris tour né maison.
Environ Nique logent li prince et li baron.
Des millors qui là sont vous sai dire le nom.

Primerains se loja Godefrois de Buillon,
Et après lui Tangrés de jouste Buiemon,
Estatins l'esnasés qui cuer ot de lion;
Li carpentiers Guiliaumes là sist en premier front,
Rogonès l'Empereres frema son gonfanon[2];
Clarenbaus de Venduel, Anseau de Ribemont;
Et Tumas de la Fere et de Monci Droon,
Li quens Garniers de Griés, Oliviers de Mouson,
Et dans Guis de Porcesse, Bauduins Cauderon,
Et Bauduins de Gant qui moult fu gentis hon,
Estievnes d'Aubemarle li fius au conte Odon,
Bauduins et Wistasses, frere au duc de Buillon,
Li dus de Normandie o Robert le Frison :
Et Huon de Saint Pol por Dieu n'i oblion,

(1) *Les barbacanes*, les palissades ou lignes de pieus placées en avant des fossés.

(2) C'est-à-dire : Rogon ou Rogones l'Empereur porta, dressa et fixa sa bannière. Ce chevalier étoit donc au service de Guillaume, vicomte de Melun.

Ne Engherran son fil cui Diex face pardon!
Li quens Hues-li-maines frere au roi Phelipon,
Et Rainaus de Biauvais, et Gale de Caumont [1],
Et Gerars de Gournai, de Créel Nevelon,
Gautiers de Donmeart, Bernars, li frere Eudon [2],
Li quens Rotous del Perce, Andrius de Valbeton,
Et dans Alains de Nantes, et Conains li Breton,
Et Estievnes de Blois, Aimeris Garaton,
Et dans Pieres Postiax, Aymers del Tolon,
Et li vesques del Pui qui lor fait le sermon;
Et Robers del Rosoi qui cloce del talon,
Herbers li quens de Bascle, Godescal et Simon,
Et li quens de Vendosme qu'on apele Huon,
Et li quens de Nevers o ceus de son roion,
Et li quens de Forest Gautier l'appeloit-on,

---

[1] Albert d'Aix, qui suit assez bien l'ordre de la *Chanson d'Antioche*, dit que « *Gerardus de Gorna, Gothardus* filius « *Gothefridi*, juvenis clarissimus, *Rudolfus* ditissimus copia- « rum dominus, *Alanus* cognomine *Ferrans, Conanus* quoque, « ambo principes Britannorum, *Reinoldus* de civitate *Belvacie*, « *Walo de Calmont, Wilhelmus de Montpetit* viri imperterriti, « fixis papilionibus cum cæteris præfatis, in circuitu orbis « consederunt. »

[2] Nous sommes incertains du nom de famille d'Odon. Cependant Albert d'Aix nous donneroit à croire qu'il étoit, ainsi que Bernart, fils de Gautier de Domeart. « Waltherus de Dro- « medart et ejus filius Bernardus dilectissimus in omni facto « et forma delectabilis. » (*Voy.* 1 couplet XXIV.)

Et li quens de Blandras Gautiers, o Elion;
Et li quens de Limoge i tent son pavillon,
Et li quens de Bourgogne que l'on apiele Oton,
Galerans de Baviere et l'aleman Cherfons,
Et ses frères Gugiers et dans Rainbaus Creton.
Mes encor n'i a mie del bon conte Raimon[1],
Son liu li ont gardé, et ficié son paisson.

[1] Var. : *Simon*. — *Milon*. L'un ne vaut pas mieux que l'autre. Richard le Pèlerin avoit certainement mis *Raimon*. Le comte de Saint-Giles vint en effet plus tard que les autres, comme nous avons déjà dit; et il avoit recommandé qu'on lui conservât une place autour des murailles (Albert d'Aix, L. II. § 24), et qu'on y dressât son *paisson* ou enceinte formée de *pals* ou *pex*. Ce mot de *paisson* n'est pas dans les lexiques. Telle est la première énumération du poëte : il sera bon de la contrôler avec celle qu'il fera devant Antioche. Les treize premiers vers offrent un sens clair et irréprochable : les autres ont été lus péniblement par les copistes de Graindor, ou par Graindor lui-même. Nous avons choisi dans les six manuscrits les noms justifiés par l'autorité des chroniqueurs latins, et nous nous sommes bien gardés, comme on pense, d'en ajouter un seul qui ne fût pas dans un de nos six manuscrits. Voici maintenant les autres noms épars dans les variantes :

Martin de Clermont. A. F.

Evrart *del Puisac*, A. De Huisac, D. De Pinnart. F. Del Plassie. C.

Andrieu li freres Aimon. A.

Li quens de Soison. A.

Li quens *Simon* de Vendomie. A

XV.

CELE nuit s'est de Nique rois Solimans enblés :
As autres Sarrasins fu baillié la cités.
Et Solimans s'en est por le secours alés.
Ains que huit jor passassent en ot cent mil jostés [1],

Li quens de Navers *Nicolon*, A. Milon, C. D. Pierron. E. F.
Galerans de Blaives. A. B. F.
L'Aleman*t par non*, A. *Othon*. F.
Li Champenois Guillaume. B.
Li quens Renax. B.
Evrart de Biauvais. B.
Martin de Dijon. B.
Bernart Feredon. B.
Girars, comte de Limoges, avec Siméon. B.
Elinans, *Doon*, B. Son frère Doon.
Hungier. D.
Bauduin de Mont. C. D.
Andrius de Clermont. C. D.
Olivier *de Venise* qui le chevel ot blon, C. *De Viane*. D.
Simon quens de Blandras, C. *Geris*. D.
Othon, duc de Bretagne. C. D.
Everars de Gournai. E.
Oeudes quens de Biauvès, E. *Othon*. F.
Nevelon de Querail. E.

(1) *Jostés*, réunis, rapprochés. Albert d'Aix paroît avoir copié notre Chanson quand il dit : « Solimannus, audita tan-
« torum virorum belligeratorum adunatione, a præsidio Nicæa
« egressus est, *propter auxilium* cæterorum Turcorum et gen-
« tilium. Spatio plurimorum desudans, quousque quinquaginta
« millia virorum... ex omni Romania contraxit. » (L. II, § 25.

Qui garison amainent et pain et vin et blés[1].
A cars et à carretes et à somiers trossés.
Nique cuident deffendre et les palais listés[2] :
Mais il ne lor vaut mie deus deniers monées.
A la porte Raimont dont li rois fu tornés[3]
Trovent le duc Robert et ses riches barnés[4].
Et Raimont de Saint Gille qui preus fu et senés.

M. Michaud se contente de dire, avec tous les autres chroniqueurs, que « le sultan de Roum campoit sur les montagnes « voisines, à la tête d'une armée de *cent mille hommes*. » La vérité, c'est qu'il n'étoit sorti que pour réunir des soldats et envoyer à la ville des provisions.

(1) *Garison,* provision.

(2) *Listés,* bordés, c'est-à-dire crénelés. Le véritable sens de *liste* est toujours *orle* ou lisière. Les écus *listés*, c'est-à-dire entourés d'une bande ou bordure. Variante : *Le palais listes.*

(3) Par où Soliman étoit sorti. Cette porte, située au midi de la ville, est ici appelée Raimond, du nom qu'elle conserva longtemps après la conquête, en souvenir de l'enceinte formée par les gens du comte de Saint-Giles. Raimond étoit arrivé justement le jour où Soliman se présenta pour rentrer dans Nique. Écoutons Tudebode : « Turci miserunt nuntios aliis qui « veniebant civitati adjutorium dare, quod audacter secure « que approximent, ut'per meridianam introeant portam, quo- « niam ex illa parte nemo eis erit obviam, nec contra stabit. « Quæ porta, ipso die a comite sancti Egidii et Podiensi epis- « copo obsessa fuit. » (Musæum Italic., t I, p. 150.) Vous voyez ici l'exactitude de notre poëte ; il falloit bien que le comte eût recommandé qu'on lui réservât un terrain, pour qu'il se plaçât aussi à propos.

(4) Ce doit être le comte de Béarn qu'il nomme *Robers le*

O les gens de lor terre qu'il orent amenés ;
Plus de trente miliers i ot tout ferarmés.
Quant les voit Solimans, à poi n'est forsenés :
Ses deus fius a o li tout coiement mandés
Delà le Civetot, jouste un regort, as gués [1].
Si lor dist Solimans : « Mi dui fil, çà venés.
« Que ferai des François, quel conseil me donrés ?
« S'il me tolent de Nique les riches fermetés,
« Jusques en Antioche ne seront arestés. »
Salehadins respont : « Jou le vous dis assés [2],
« Solimans, mar i fu li prestres afolés,
« Quant il fu à l'autel des armes Dieu parés. »

---

quens de Bascle, et cette attribution est justifiée par le vers suivant :

O les gens de lor terre qu'il orent amenés.

M. Michaud, dans sa liste des Croisés, accorde deux mentions au comte de Béarn, sous les noms de *Centorion de Biere*, et de *Genton de Bearn*. Le véritable étoit Gaston.

(1) *De là le Civetot*. Le poëte veut dire que Soliman, afin de parler à ses fils qui étoient dans la ville, avoit tourné les murailles, laissé à sa droite les montagnes du Civetot et gagné les bords du lac Ascanius, précisément à l'embouchure ou *regort* d'une rivière parfaitement indiquée dans la belle carte de l'Asie-Mineure de M. Kippert. Le lac étant encore à la disposition des assiégés, le sultan de Nique pouvoit avoir un rendez-vous nocturne avec ses enfans, sur le rivage, à trois ou quatre lieues de la ville.

(2) *Voyez* Ch. I, § 20.

Lors s'est uns Crestiens tout maintenant levés,
Cil drogemens estoit et de Borgogne nés,
Si dist à Solimant : « Un petit m'entendés :
« Sor vous est cà venu de France li barnés,
« Ciertes il conquerront toutes vos iretés,
« Ne vos lairont de terre quatre piés mesurés. »
Et dist Salehadins : « Vous dites vérités. »
— « Pères, » dist Turnicans, « mar vous esmaierés :
« Jés assaurai demain quant jors sera levés,
« Par Mahomet vous proi que vous ne m'obliés. »
Et respont Solimans : « Bien secourus serés. »

Quant or voit Solimans qu'ensi li est véés
Li entrers dedens Nique, moult en est effréés.
Son drogemant apele et cil s'est atornés,
A guise de paumier vestus et conrées[1].
« Amis, » dit Solimans, « A Nique m'en irés,
« Mes homes qui là sont, moult bien me confortés. »
Et cil se part de lui, à Nique en est tornés.
Come faus pelerins est el chemin entrés,
L'ost de France trespasse, si s'en vint es fossés.
Ceus qui sont là-dedens a soef apelés :
« Seigneur, que faites-vous ? ne vous espoentés :

---

(1) *Paumier,* pèlerin, homme qui revient de pèlerinage avec les palmes qui attestent sa traversée.

« Apolins vous garisse que sovent reclamés !
« Rois Solimans vous mande qu'en vertu vous tenés;
« Ne vos esmaiés mie, car bons secors aurés.
« Ains que soit demain vespres, bien cent mille verrés
« Qui tot vous secorront des bons dars acerés.
« Com de Pieron fesistes, aussi de ces ferés.
« Dui et dui les verrés ensemble encaénés.
« N'en remanra un seul ne soit mal atornés. »
 La nuit fu bele et clere; moult fu grans la clartés:
Celle nuit les gaita Buiemons et Tangrés,
Entour la ville vont, que moult font à loés [1].
La parole entendirent que cil dist as Esclés ;
A son mal le dist-il; car il en fu tués.
Il est pris et loiés et en l'ost amenés ;
La li fu li afaires del secors demandés [2],
Et il a, oiant tous, trestous les fais contés.
Mains et piés li loièrent, sor l'engien fu levés [3]
Devant la tour de Nique entre tous est jetés.
Por ce l'ont fait François que c'est honte et viltés [4].

(1) *A loés*, à gens dignes d'éloges; comme on disoit: *Faire à homme sené*, etc.

(2) Alors on le questionna sur le motif de sa mission, qui étoit de confirmer les assiégés dans leur espoir d'être secourus.

(3) *Sor l'engien*, sur le *torment* ou pièce à lancer des pierres que l'on avoit dressée contre la ville.

(4) Les François en agirent ainsi, parce que c'étoit un

XVI.

Quant par toute la vile fu la nouvelle oie,
N'i a nul Sarrasin qui durement ne crie :
« Ahi ! Mahomet sire, à cestui fais aie,
« Sé li cors en est mors, l'ame ne soit perie !
« Li Diu où li Franc croient qu'il ne l'emportent mie[1] !

moyen de témoigner leur mépris aux assiégeans. C'est par cet émissaire qu'ils avoient eu probablement connoissance de l'entrevue de Soliman avec ses enfans. Au reste Baudouin d'Avesnes raconte ainsi le même incident : « Solimans... dès lors
« que il sot la venue des pelerins,... s'estoit trait as montagnes
« atout grant plenté de gent. Bien estoit à dis milles (quatre
« lieues), près de l'os, tous appareilliés de destourber les pe-
« lerins. Por chou, prist deu messages et les envoya privée-
« ment à chiaus de la ville, et leur manda que il ne s'esmaias-
« sent mie, car l'endemain dedens eure de nonne, il les venroit
« secorre, et il fuissent appareillié d'issir tantost come il le
« verroient ferir en l'ost, par quoi il fussent parchonier de
« l'honour et del proufit. Li mesage alèrent par le lach et ar-
« rivèrent un poi en sus la ville. Il voloient passer par l'ost,
« por savoir auchunes nouvieles, mais il furent percheû, si
« en fu li uns ochis au prendre. Li autres fu amenés devant
« les barons qui le firent mettre à géhine. Il dist que Soli-
« mans les envoioit à chiaus de la chité, et leur mandoit que
« il venroit le lendemain dedans nonne... Li baron fisent le
« mesage bien garder, etc. » (Msc. de Saint-Germ., n° 660,
fol. 95.)

(1) Notre poëte prête ici aux Sarrasins des idées analogues

La nuis est trespassée et li aube esclarcie,
As trés et as heberges est li os estourmie[1].
Primerains s'adouba li quens de Normendie,
Li quens Robers de Flandre o sa grant compaignie.
Et Bauduins Cauderons a la brogne vestie[2],
Et lacié le vert elme, çaint l'espée fourbie[3],
Et pendu à son col la targe à or florie[4].

<small>a celles que les Chrétiens avoient encore. La religion étoit, pour ainsi dire, une question de patrie.

(1) *Estourmie*, émue, réveillée.

(2) *La brogne*, vêtement militaire de poitrine ; car on le fait venir du bas-breton *bron*, poitrine. De là le nom propre *Brogniart*, faiseur de cuirasses. Toutefois on a pu le former de *brunus*, vêtement brun, parce que les cuirasses étoient bronzées.

(3) *Le vert elme*. Les vieux heaumes rouillés qui ont été conservés nous donnent une idée bien imparfaite des *vers elmes luisans*, des *vers elmes a or reflamboians*, des *vers elmes gemmés*, etc. dont parlent les poëtes du XIIe siècle, soit que ces casques fussent en acier et tout d'une pièce, soit qu'ils fussent faits d'un réseau de mailles fourbies. Il est probable que les barons ornoient autrefois leurs casques de certaines pierreries ou verroteries auxquelles on attachoit des vertus tutélaires, et qui d'ailleurs détournoient souvent un coup donné à plomb.

(4) *La targe*, l'écu. Il faut remarquer ici l'épithète *à or fleurie*, c'est-à-dire parsemée de lignes dorées. A l'époque de la première croisade les insignes particuliers à chaque guerrier n'étoient pas encore figurés sur l'écu. Il n'est pas même prouvé qu'il y en ait eu de marqués sur les gonfanons. Ceux-ci, placés à l'extrémité supérieure du pieu ou de la lance, étoient rouges, noirs, verts, blancs ou azurés, mais dans une intention de reconnoissance. Pour les écus, on les achetoit tout faits,</small>

v. 465.

CHANT DEUXIÈME.

Il a pris en son puing une lance enroidie,
A un filet d'argent li gonfanons flambie;

dans les fabriques d'armuriers; on les choisissoit suivant la pensée du moment. Le père prenoit un bouclier noir, le fils un bouclier rouge. Mais au retour de Syrie, chacun des Croisés voulut conserver le bouclier sous lequel il avoit combattu, et qui lui rappeloit en même temps et la gloire mortelle et la promesse du salut éternel. Comme les palmes du sépulchre, la targe *coupée*, *écartelée*, chargée d'une croix d'or ou d'argent, fortifiée de bandes ou pals en relief, la targe, dis-je, fut conservée avec respect dans la famille. Elle devint une propriété, et quand elle tomba transpercée de service, les enfans la remplacèrent par une autre targe semblable.

Et dès qu'il se rencontra vingt familles en France qui affectèrent de paroître à la guerre et dans les tournois avec une targe de forme consacrée, tout le baronnage s'empressa de les imiter. Maintenant, autre grave question : d'où vint le choix des *lis*, des *lions*, des *aigles*? Oserai-je le dire? de la longue expérience des armuriers. Prenez les *fleurs de lis*, ou plutôt la *fleur de lis*, car d'abord elle dut se montrer unique, le relief de ses lignes offre un dos d'âne ou angle obtus, et tandis que ses deux bras s'arrondissent sur le haut de l'écu, son cœur se dresse en tige pyramidale de façon que le meilleur coup d'épée doit s'émousser en atteignant cette gracieuse et savante arête. Quant aux lions des époques anciennes, ils sont toujours *rampans*, c'est-à-dire dans l'attitude d'un lion endormi. Pourquoi non *marchans*? Pourquoi ces pattes avancées, ces griffes armées, cette gueule lampassée, cette queue souvent doublement retortillée? C'est, et vous le devinez, pour que l'écu présente au tranchant du fer un premier obstacle pour ainsi dire invincible. De même l'aigle avec ses deux ailes anguleuses, sa tête becquée; de même les *vairés*, les *échiquetés*, etc., etc.

Nous pensons donc que, même avant les croisades, les bou-

Et salli en la selle, qu'as arçons ne se plie [1].
Vint au conte Flamenc, doucement s'umelie :
« Sire, pour Dieu merchi, qui tout a en baillie !
« Quant je fui à Arras, en vo cité garnie,
« Voiant tous, me vantai de moult grant legerie [2],
« Que sé Dex m'amenoit el regne de Surie,
« Le premier cop ferroie sor ceste gent haïe. »
Quant li quens l'entendi, si fist ciere moult lie [3].

cliers les mieux travaillés, les plus recherchés étoient les écus à lion, à lis, à aigle, etc., etc. Tout le monde n'avoit pas le moyen d'acheter de ces écus; les pauvres écuyers se contentoient de targes unies, et, par conséquent, de moins bonne défense. Puis quand la question des boucliers devint une affaire de prérogative, on regarda les écus à lis, à aigles et à lions comme les plus nobles et les plus glorieux, parce qu'ils étoient les plus anciens. Et maintenant, pour justifier la nouvelle théorie que je soumets aux habiles, je citerai un passage très curieux du dictionnaire de Jean de Garlande, rédigé sur la fin du XIe siècle : « Scutarii (les faiseurs d'écus) prosunt civitatibus totius « Galliæ, qui vendunt militibus scuta tecta tela, corio, et ori- « calco, *leonibus* et *foliis liliorum* depicta. » Vous le voyez, ils vendent des écus à *lis* et à *lions* aux chevaliers. Et si l'on ne doit pas aujourd'hui mettre *métal sur métal*, ou émail sur émail, c'est parce que l'or et l'argent, dans l'origine, s'appliquoient sur le cuir. La raison est *prosaïque*, mais il n'y en a pas d'autre. Retournons à Beauduin Cauderon.

(1) *Qu'as arçons ne se plie*, car il ne plie pas la jambe pour s'aider des arçons. Var. : *Qu'estriers n'i bailla mie.* B.

(2) *Legerie*, indiscrétion, imprudence.

(3) *Cière moult lie*, ou *chair lie*, joyeuse mine.

Hautement a parlé, oiant sa baronie :
« Amis, et vous l'aiés, el nom sainte Marie!
« Li honors en soit vostre et lor gent soit honnie ! »
Quant Bauduins l'entent, bonement l'en mercie.
Et broce son ceval, s'a la hanste brandie [1],
A haute vois escrie : « *Sains Sepucres, aïe !* »

Turc sont contremonté, s'ont l'angarde saisie [2],
Cinquante mile furent d'une connestablie [3],
N'i a cel n'ait clavain au destrier de Surie [4],
Et grant hace tranchant, et roele vergie [5] ;
Et jurent Mahomet, li uns l'autre l'afie,
Mort seront Crestien et livré à martire.

(1) *La hanste*, le bois de la lance.
(2) Les Turcs qui, sous la conduite de Soliman, étoient au delà des montagnes qui bordent les avenues de Nique, envoient un premier corps de 50.000 hommes sur les Chrétiens répandus dans la plaine, devant la ville.
(3) *Conestablie*, rang, bataillon, échelle.
(4) *Clavain* ou *esclavain*, couverture au cheval arabe. *Voy.* Ducange : *Clavina*.
(5) *Roele,* targe ou rondache en cuir, traversée de bandes métalliques. Variante : *Ou grant cane acérée* et roele vergie. B. D. E. Albert d'Aix parle à peu près de même des Turcs :
« Omnes viri fortissimi, et bello cautissimi, loricis et galeis et
« clypeis aureis valde armati ; signaque plurima miræ magni-
« tudinis in manibus præferentes. » (Ap. Bongars. p. 206.)

XVII.

Quant or voient François esmus est li païs,
Et de Turc sont couvert li val et li larris,
Ne vous esmerveilliés s'il i ot d'esmaris[1] :
Mais li corages monte as preus et as gentis.
Es chevaus sont montés, qui ains ains, à estris[2].
Li bons vesques del Puy les a à raison mis[3] :
« Seigneur, or escoutés que Diex vous a promis :
« Ce dist li vrais sauverres, qui en la crois fu mis,
« Si fil le vengeroient as brans d'acier fourbis.
« Sus el mont de Tabor, si com dist li escris,
« Soneront quatre cor, au grant jour del juis[4].

(1) *Esmaris*, rendus malades, ou qui se trouvèrent mal. Ce mot est formé de *mar*, traduction de l'adverbe latin *malè*, comme *ber* de *bene*. De *mar* vint *mari*, puis *esmari*. Nous avons perdu cette famille de mots. Le *smarrito* des Italiens est évidemment emprunté au mot françois.

Remarquons ici cette belle opposition : au moment de combattre le cœur manque à quelques-uns ; *mais li corages monte as preus et as gentis*. Qu'on cherche un plus beau vers d'épopée.

(2) *Qui ains ains, à estris*, qui avant, avant ; à l'envi. Ou qui mieux mieux.

(3) *A raison mis*, raisonné, harangué. Aimé venoit d'arriver avec Raimont. Les avis donnés par l'espion de Soliman avoient décidé les chefs à faire partir aussitôt au devant d'eux pour leur dire de se hâter. (*Voyez* Guill. de Tyr, liv. III, § 3.)

(4) *Del juis*, du jugement.

« Li mors ert suscités et li siècles tous vis [1],

« Dont dira nostre pères qui chi nous a tramis:

« Venés avant, mes pules, qui mes comans fesis;

« Quant tu me véis mort, et tu m'en sevelis,

« Et quant me véis nus cauchas moi et vestis.

« Et si me heberjas quant sans ostel me vis;

« Puis me venis vengier de mes maus anemis.

« Vous tornerés à destre devers mon paradis.

« Là troverés saint Jorge avoec saint Domitris,

« Et tex cent mille cors que Diex aura eslis.

« Véés ces Sarasins, ces cuivers maléis!

« Oés com il demainent et grant noise et grans cris!

« Gardés que al ferir soit chascuns manevis [2],

« Et non nostre Seigneur soient li escu pris.

« Sor moi prens les pechiés, les grans et les petis.

« Par nom de penitence ferés sor Arabis.

« Cil qui morra des nos, bien en soit chascuns fis.

« Avoec les innocens sera parés ses lis [3]. »

(1) Le siècle, l'humanité entière sera vivante.

(2) *Manevis*, vifs de la main. Mot composé excellent. Var.: Gardés que al ferir soit chascuns adémis, c'est-à-dire *exterminé*. Je n'ai pas vu ailleurs cet autre bon mot, formé d'*ademptum*.

(3) Son lit sera préparé à côté de ceux qui ne commirent jamais de péchés. Voilà une éloquence incomparable, ou du moins qu'il est permis de comparer aux plus beaux discours de Calchas ou de Nestor.

XVIII.

Quant Crestien oïrent Aïmer le vaillant,
Ainc n'i ot si couars bataille ne demant.
Bauduins Cauderons l'avant-garde pourprent [1].
Et vait ferir Hisdent, sor son escu devant,
Fis estoit Soliman, ne l'espargna noient :
Le pis li a trencié, le cuer par mi li fent [2],
Tant com hanste li dure l'abati mort sanglent [3].
Puis a traite l'espée, le chief d'un autre prent ;
« *Saint Sepulcre!* » escria, «biaus pere omnipotent! »
Chi a de la bataille moult bel commencement [4].

XIX.

Es-vous par la bataille dant Guion de Porcesse,
Et fu moult bien armés. Ne fine né ne cesse,
O sa lance en son puing vers les Païens s'adresse,
Et va ferir un Turc, Pisart de Valeresce [5],

---

(1) *Pourprent,* prend d'abord ; ou peut-être *devance* l'avant-garde.

(2) Il lui fend le cœur par le milieu.

(3) Il l'abat mort, ensanglanté, tandis que sa lance est encore entière.

(4) Nous avons suivi la leçon de B. C. D. Hisdent n'est pas nommé dans F.

(5) Var.: *Pisant de Valeleste* Il est à peine utile de faire

L'escu li porfendi, envers terre le verse,
El cors li met le fer, moult durement le presse,
Tant com hanste li dure, l'abat mort sans confesse.
« Saint Sepulcre! » escria ; puis se fiert en la presse.
Ferés franc chevalier, el non la sainte messe !
Mar s'en iront gabant la pute gent averse [1].

XX.

Es-vous par la bataille Eschignart et Pinel,
L'uns va ferir Gautier, li autres Daniel ;
Mors les ont abattus à l'issir d'un vaucel [2].
Quant le voit Engherrans ne li fu mie bel [3].
Ii a brandi la lance, si a broché Morel [4],

---

remarquer qu'un grand nombre de ces noms barbares sont de l'invention du poëte. Il connoissoit les barons qui avoient fait les plus beaux coups, il les nommoit chacun à leur tour pour le fait qu'on lui avoit raconté ; mais quant aux adversaires, les vainqueurs ne pouvoient guères distinguer leur rang qu'à l éclat de leurs armures.

(1) La méprisable race ennemie en partant d'ici ne se moquera pas de nous.

(2) *Vaucel,* vallon *(vallicellum).*

(3) Enguerran de Saint-Pol.

(4) *Morel,* nom communément donné aux chevaux noirs Enguerrant de Saint-Pol est fréquemment surnommé le *noir* par les historiens du temps. Ce pourroit bien être à cause de son cheval morel.

Va ferir un paien sor son escu novel,
Parmi le cors li mist del hanste le quarrel [1],
Qui mort l'a trestourné jus del cheval isnel.
Hues le voit, ses pères; au cuer en a revel [2],
Après lui esperonne moult tost le bai poutrel [3],
Corbadin encontra au trespas d'un poncel,
Et traist l'espée nue, le brant ot cler et bel,
Trestout le porfendi desci el haterel [4];
Mort l'abati sanglent à l'issir d'un prael.
Puis hurte à esperons par delés un bosquel,
Iluec copa le chief Torbant le fil Pharel,
Un autre Sarrasin espandi le cervel,
S'en fait le chief voler, com se fust d'un naviel.
Le conte de Saint-Giles encontre en un vaucel,
Et Engherrant son fil, l'escu tint en cantel [5];
Ses pères li escrie: « Mius vaut vace que veel [6];
« Jo vous ai orendroit, des Turs fait grant maisel [7]. »

(1) *Del hansie le quarrel*, le carreau, le fer de la lance.

(2) *Revel*, joie, allégresse.

(3) *Le bai poutrel*. Les *poutrels* ou *potrels*, sont de jeunes chevaux.

(4) *Haterel*, jusqu'au crâne.

(5) *En cantel*; sur le bras, de côté: et non plus sur la poitrine, comme au moment de férir de la lance.

(6) Le veau ne vaut pas la vache; proverbe retourné. On disoit: *Moins vaut vache que veau.*

(7) *Maisel*, boucherie.

Quant Engherrans l'entent, merveille li fu bel.
Es-vous par la bataille de Ribemont Ansel,
Lors brocierent ensemble ambedoi li dansel ;
Del sanc aus Sarrasins font corre grant ruisel,
Tout li pré sont covert d'entraille et de boiel.
Puis escrient ensemble : « Férés, franc damoisel!
« Le matin parson l'aube assaurons le castel. »

XXI.

ANGRES li fius Marchis feri Salehadin [1],
L'escu li a trencié et le pliant hermin,
Parmi le gros del cuer li mist l'espiel fraisnin [2].
Toute plaine sa lance l'abati mort souvin [3].
Puis fiert un autre Turc de son branc acerin,
La teste en fait voler devant lui el chemin.
Là péust-on véir maint cors chéir enclin :
« *Saint Sepulcres !* » escrient, « ferés, franc pelerin! »

---

(1) *Salehadin.* Ce n'est pas un des fils de Soliman, comme on verra plus loin.

(2) *Fraisnin*, de *fraisne ;* aujourd'hui *frêne*.

(3) *Souvin*, la tête en bas. *Supinus*.

XXII.

LS-VOUS par la bataille Lambert le fil Quenon,
Devant, emmi le pis, feri un Esclavon,
Parmi le gros del cuer li a mis le tronçon,
Tant com hanste li dure l'abat mort el sablon.
«Saint Sepulcre!» escria, «ferés avant baron!
«Mar s'en iront gabant li Sarrasin felon.»

XXIII.

POIGNANS i est venus Rogiers li Emperée,
Et va ferir un Turc de la lance acerée,
Que le pis li trença, le cuer et la corée,
Toute plaine la lance l'abati en la prée.
Puis va ferir un autre del tranchant de l'espée,
Que la teste en vola une grant bastonée.
«Saint Sepulcre!» escria, «france gent honorée,
«Ferés, bon chevalier, sor la gent defaée!»
Hé Diex! com buer fu faite de ces li engenrée,
Qui si puent faire œvre com Diex l'a commandée [1]!

(1) Mon Dieu! (s'écrie le poëte) comme fut heureuse la conception de ceux-là qui purent opérer comme Dieu l'avoit recommandé!

XXIV.

s-vous par la bataille Gautier de Donmeart
De l'espée tranchant feri un Acoupart,
La teste en fait voler, li cors chiet d'autre part.
Et dans Bernars ses fius feri le roi Floart,
Que le cuer de son ventre en deus moitiés li part,
En infer s'en va l'arme, où déables le gart!
« *Saint Sepulcre!* » escria, « ferés avant, Bernart! »

XXV.

s-vous par la bataille Godefroi de Buillon;
Il en a apelé le conte Estevenon:
« Sire, prendés o vous Bauduin Cauderon
« Et Bauduin de Gant qui moult parest preudon,
« Et son frere altressi, de Noiele Droon [1],
« A quatre mile d'homes qui tout soient baron;
« Alés en la montaigne devers cel pui reon [2],

(1) *Et son frère altressi, de Noiele Droon.* Variantes :

    Et son frère del Breuls, si parest moult preudon. A. E.
    Et son frère del Liège qu'on apelle Huon. B.
    Et son frère Raoul, de Noiele Droon. C. D.
    Et son frère autressi qui tant parest prodon. F.

(2) *Cel pui reon*, ce sommet arrondi. Godefroi pensoit avec raison que toute l'armée des Sarrasins n'étoit pas descendue

« Que Turc ne nous sourprenent, li encriesmé felon[1].
Quant Estievnes entent del bon duc la raison,
Asés amast miex estre à Blois en sa maison[2];
Tos trembla dusqu'en terre, quant prist son gonfanon
Trestos li sans li frit del chief dusqu'au talon[3].
Godefrois l'avoit fait par bone entension,
Ha Diex! porquoi le fist! que mauvais gueredon
L'en rendi puis Estievnes en la grant clapoison[4],

---

des montagnes, et qu'un second corps de réserve se présenteroit bientôt. Le plan des deux chefs est net et fort bon.

(1) *Encriesmé*, incriminés, criminels.

(2) La maison d'Estievnes, à Blois, entouroit une vieille tour que François Ier a pris soin de conserver dans l'admirable château que nous voyons aujourd'hui. M. de la Saussaye a publié une inscription en pierre portant les mots suivans : « Comes Stephanus et Adela comitissa, suique hæredes, per-« donaverunt hominibus istius patriæ *butagium* in perpetuum, « eo pacto ut ipsius castellum muro clauderent. » (*Hist. du château de Blois*, p. 29.) Par *butagium*, le savant antiquaire entend *un droit sur le vin*. Je pencherois plus tost à y voir un droit de *terrassement* exigé des Blesois pour l'entretien des fortifications. Si le château étoit bien fermé, le *butage* pouvoit devenir moins nécessaire.

(3) Très joli vers. Variantes :
>   Li membre li remuent del ciés dusqu'au talon. C.
>   *Li falirent*. D. *Li tremblèrent*. E.
>   Li membre li tremblèrent des piés dusqu'au menton. E.

(4) *Clapoison*, mêlée. — Dans les batailles du moyen âge, le baron auquel le cœur venoit à manquer, pouvoit longtemps donner le change sur sa bravoure. Comme l'action commençoit par

Moult perdirent por lui li nobile baron.

XXVI.

R s'en tornent François li gentil chevalier,
Contremont envers destre, par un antieu sentier[1];
Il se sont arresté de lez un pui plenier,
Les gonfanons laisièrent au vent desballoier,

des combats singuliers, il lui suffisoit de ne pas devancer son cortége d'écuyers et de vassaux pour éviter tout danger. Si quelque ennemi s'avançoit, attiré par l'éclat de son armure ou de sa bannière, les sergens faisoient au baron un rempart de leur corps ; si la bataille étoit perdue, il fuyoit avec les autres ; son triomphe commençoit quand elle étoit gagnée. Alors, de poursuivre en héros, et de vanter au retour toutes les prouesses qu'il eût voulu faire. Mais Estievnes de Blois voit ici déranger toutes ses prévisions par le service que demande Godefroi. On va voir comment il s'en tirera.

Dans les curieux détails de cette bataille mémorable, remarquez l'autorité suprême de Godefroi de Bouillon, qui lui permet de donner des ordres à Estievnes de Blois lui-même. M. Michaud semble donc avoir suivi de mauvais guides quand il a dit (tom. I, pag. 211) : « Il y avoit dans l'armée un « conseil suprême composé de tous les chefs et auxquels les « pèlerins étoient tenus d'obéir pour les opérations militaires. « Le comte de Blois étoit le chef de ce conseil.»

Clapoison. Variante :
A l'escu, à lion. D. E F.

(1) Les nobles chevaliers de France s'en vont en montant à droite, par un sentier depuis longtemps frayé. *Antieu* de antiquus.

Quens Estievnes de Blois estoit el chief premier.
Turnicans sonne un graisle por sa gent raloier[1];
Solimans l'entendi qui Diex n'ot gueres chier[2],
Et a dist à ses homes : « Trop poons atargier,
« Car secorons Hisdent et Turnican le fier. »
A cest mot s'eslaisièrent des Turs quinze millier[3],
Solimans les conduit (cui Diex doinst enconbrier!)
Si ferra-il, je cuis, aus lances abaisier.

Là véissiés ensanble tant gloton losangier,
Tant chevaucent li Turc, (Diex lor doinst destourbier!)
Qués coisirent del mont nostre gentil guerrier[4].
Quant voit li quens Estievnes les penons baloier,
Il n'y vousist mie estre pour l'or de Montpellier.
Dans Bauduins de Gant a parlé tout premier :
« Seigneur baron, » fait-il, « or del appareillier[5] !
« S'irons hurter à ceus qui Dieu n'orent ains chier. »
Et François respondirent : « Bien fait à otrier ! »

(1) *Turnicans.* Variantes : *Cornicans, —Orchenois, —Orglenois — Orgenois.*

(2) *Qui, que.* On confondoit souvent le sens de ces deux mots. Mais ici, *Diex* sujet, empêche la confusion.

(3) *S'eslaisièrent,* firent un élai, un *élan.*

(4) Que nos généreux guerriers les aperçurent du haut de la montagne. *Qués,* pour : *que les.*

(5) *Or del appareillier!* expression elliptique. Voici le moment d'être prêt et d'aller heurter ceux qui n'aimèrent jamais Dieu.

XXVII.

Quant li Turc ont choisi nos chevaliers françois,
Isnelement montèrent ès auferans Morois [1],
Et laisent à val corre parmi un bruierois.
Et no baron s'eslaisent vers aus tot le campois [2],
Dui mil Franc sont remés et Estievnes de Blois,
Et li autre dui mil jostèrent as Turcois,
Les clavains lor desrompent et leur robes d'orfrois [3].
Deus mil Sarrasins mors i laisièrent tous frois.
Bauduins Cauderons li preus et li cortois,
Et Bauduins de Gant, uns chevaliers adrois,
Cil vont cerchier les rans, aus bons brans Vienois [4];
Or lor aït Jhesus qui fut mis en la crois!

(1) *Auferans Morois*, chevaux maures ou arabes.
(2) S'élancent vers eux de toute l'étendue du champ.
(3) Ils entr'ouvrent leurs cottes de maille et leurs robes à franges d'or. Variantes : *Et les renges d'orfrois. Renges* pour *franges. Clavain*s est certainement ici un vêtement militaire de poitrine, comme dans cet endroit de la chanson de Guillaume au court nez (branche de Renoart) :

> Un cuir boli a en son dos gité,
> Par desore ot un *clavain* afautré,
> Sor le *clavain* un haubert endossé.

(4) Ils parcourent les rangs, armés de leurs bons brans fourbis à Vienne.

XXVIII.

RCHENAIS va poignant tote une praérie [1],
A sa vois qu'il ot clere moult hautement escrie :
« Ahi ! Soliman sire, ta gens est mal baillie,
« Hisdens tes fius est mors où tant ot baronie [2]. »
Quant Solimans l'entent, à poi ne pert la vie ;
Il deront ses cheveus, durement braie et crie :
« E! Hisdens, sire fius, de grant chevalerie,
« Qui vous a ores mort ne m'ama onques mie. »
« Sire », dist Orchenès, « faisons une envaïe.
« Cil sires là devant, à l'espée forbie,
» Qui pendue a au col cele targe flourie
« A mort le vostre fil. Mahomes le maldie ! »
Quant Solimans l'entent, s'a la color noircie ;
Cinquante arciers appele qui sont de sa maisnie [3] :

(1) *Orchenais*, un chef sarrasin, sans doute envoyé par Turnican à son père pour l'avertir de l'extrémité où il se trouve.

(2) *Où tant ot baronie,* chez lequel il y avoit tant de noble courage.

(3) Je regrette bien d'avoir à relever aussi souvent l'élégant et spirituel auteur de l'*Histoire des croisades,* mais il a suivi de mauvais guides quand il a dit (tom. I, p. 208), que « l'arc et
« l'arbaleste étoient des armes jusqu'alors inconnues aux Orien-
« taux. » N'auroit-il pas pris le change sur ce passage de Foucher de Chartres (ap. Duchesne, p. 822) : « O ! quot capita cæsa
« et ossa..... ultra Nicomædiam invenimus quos *ignaros* et
« *usui sagittario modernos* Turci peremerant ! »

« Seigneur », dist Solimans, « je vous jure et affie
« Sé vous le chevalier à l'ensegne roïe
« Me poés ore ocire et jeter fors de vie,
« Assés avés argent et autre manandie. »
Quant li archer l'entendent li uns l'autre l'affie
D'ocire le baron; Diex li soit en aïe!
Dont traient li archer, que Dame Diex maldie!
Al premier coup qu'il traient nous ont-il mort Elie.
Quant Bauduins le voit, moult forment s'en gramie;
A quatre en prist les testes des barons de Persie,
Puis hautement escrie : « Soliman de Surie,
« Car secorés vos homes qui muerent à hascie. »

XXIX.

Es-vous à esporons l'amiral Solimant,
A sa vois qu'il ot clere se vait haut escriant :
« En la terre de France moult i a dangier grant [1].
« Quant si voi devant moi tant chevalier vaillant
« Qui ne daignent fouir por Turc né por Persant. »
« Sire », dist Orchenés, « Jà n'i aront garant ;
« Alons les envaïr en l'onor Tervagant. »
Dont sonèrent un graisle par merveillos bobant,

---

(1) *Dangier*, puissance, domination. Danger est la traduction de *dominium*, d'où est également venu donjon et domaine.

Lors desrengent vers aus li cuivert soudoiant[1].

Moult fu grans la bataille et li caple pesant;
Là ot tant anste fraite, tant Paien mort gisant,
Desront et desmaillé tant aubert jaserant,
Tant Turc et tant François abatu mort sanglant.
Dist Droés de Néele à Bauduin l'enfant[2]:
« Faites soner un graisle, tornons-nous ens atant;
« Sor ce mont nous atendent dui mile combatant[3];
« Sé de ci là nous sivent cil cuivert souduiant,
« Anqui porrons avoir un eschiec avenant[4]. »

XXX.

ist Bauduins de Gant: « Franc chevalier baron,
« Jà ne vous fiez mie au conte Estevenon,
« Car il n'a si couart dès ci à Besanchon,
« Quant il verra venir la gent qui croit Mahon,
« Tost aura sa proesce oubliée en maison. »

---

(1) *Lors desrengent*, c'est-à-dire: Alors les Païens s'ébranlent contre les deux mille hommes avancés du corps d'armée d'Estievnes de Blois.

(2) *Droés de Néele.* Var.: *Noiele.*

(3) Les deux mille hommes demeurés autour d'Estievnes.

(4) C'est-à-dire: Si les Payens nous poursuivent, nous pourrons faire une bonne capture. *Eschec* ne signifie réellement que *prise*. — Le scribe de B. a seul bien compris le sens de ce couplet, plus ou moins défiguré dans les autres leçons.

A cest mot, laissent corre contreval le sablon[1],
Ne s'arestent François desci que sor le mont.
Li dui mile s'escrient : «Seigneur nous que ferons?
« El non al créator, vers ces cuivers tornons. »
Ce dist li quens Estievnes : « Par mon chief, non feron,
« Il sont bien trente mil, que Turc que Esclavon,
« Secours arons ançois, s'à l'ost-Dieu retornons. »

XXXI.

OLIVIERS de Jusi parla trestout oïant :
« Seigneur entendés-moi, franc chevalier vaillant,
« Encor sont tot entier nostre escu flamboiant,
« Né ne somes plaié derrière né devant,
« Ne sont pas desmaillé no haubert jaserant ;
« Sé à l'ost Dame Dieu en alomes fuiant
« Anqui nous gaberont Baivier et Alemant[2].
« Alons les Turs ferir, el non Dieu le poissant. »
Dont lor sont coru seure no baron combatant.
Là véissiés estour mervellos et pesant.
Bauduins Cauderons traist l'espée luisant.
Et Droés de Néele et Bauduins de Gant,

---

(1) C'est-à-dire qu'ils suivent le conseil de Dreux de Nesle ;
ils rebroussent vers la montagne où devoit les attendre Estievnes de Blois.

(2) *Anqui*, même. C'est l'*anche* des Italiens.

Et dans Guis de Porcesse qui le cuer ot vaillant,
Et Hues de Saint-Pol et son fils Engerrant,
As espées d'acier vont la presse rompant.
Quens Estievnes de Blois les guie el chief devant.
Quant il voit la bataille et l'estour si grevant,
D'angoisce et del paor vont si membre tremblant :
« Aie, Diex ! » çou dist-il, « bel père raémant,
« Quar fusse-j'ore à Blois en ma sale la grant [1] !
« Godefrois de Buillon me tient bien pour enfant,
« Qui m'envoia aus Turs en icest desrubant.
« Sé jou plus i demore, jà Dieu n'aie à garant ! »
Il jeta jus l'enseigne, si s'en torne fuiant.

XXXII.

nCHENÈS regarda, vit l'enseigne jetée,
Et a dit à ses Turs : « Bone gent honerée,
« Alons vengier Hisdent à la chière membrée. »
Et il si font moult tost, la pute gent desvée [2].
Là véissiez ferir tant coup de nue espée,
Tant Franc et tant Paien gesir mort en la prée ;
L'erbe qui vers estoit en est ensenglantée.

(1) J'ai suivi B. Les autres leçons portent :
   Quar me peusse aler à Tangré le Puillant.
(2) Et il font ainsi bieutôt, la vile race enragée.

Et Estievnes s'enfuit la resne abandonnée,
Et François s'en reviennent poignant vers la valée,
Quant virent de l'enseigne que ele estoit versée.
Dist Bauduins de Gant: «France, gent honerée,
«Dans Estievnes de Blois a no mort pourparlée.»

XXXIII.

Dist Droés de Néele : «Ne vous esmaiés mie [1],
«Chascuns i fiere bien, pour Dieu le fil Marie ;
«Vers les Turs calengions nos membres et no vie [2],
«Mieus aime en conquerrant soit ma teste trencie,
«Que jou muire en fuiant, çou seroit vilonie :
«Ne voeil qu'après ma mort nuls folement redie.
«Mais, tant i a, pour voir, nostre gent est traïe,
«Dans Estievnes de Blois a l'ost Dieu malbaillie.»
Lors s'en vont tot serré parmi la praérie,
Et li Turc les enchaucent qui ne nous amoient mie ;
Il lor trencent les testes à l'espée forbie.
Quant li baron le voient, chascuns de doel lermie ;
Il ne lor puent faire né secors né aïe,
Car il i avoit trop de pute gent haïe.
Quatrevins chevaliers i perdirent la vie.

(1) Var.: *Dist li quens de Néelc.* B. Les cinq vers suivans ne sont que dans A.

(2) *Calengions,* disputons.

6.

Mais Droés de Néele et dans Guis les ralie.
Quant voient no François que il n'aront aïe,
Montjoie ont escrié : « *Saint Sepulcre, aïe!*
« Diex souscorés-nous hui, dame sainte Marie [1] !
« Roïne coronée, de Dieu estes amie,
« Dame, vous le portastes, n'en fustes travellie ;
« Si com nous le créons, si nous faites aïe ! »
Adont se raloièrent en la lande enhermie [2].

XXXIV.

Puis que raloié sont ensemble li François,
Ne doutent Sarrasins la montance d'un pois,
Ains poignent droit à eus, com il porent ançois,
Si lor colpent les testes à lor brans vienois ;
Les guimples lor destrenchent et lor jupes d'orfrois [3].
Dont oïssiés juper Sarrasins et Persois [4] ;
Encontre un seul de nòus en a quarante trois.
Des espées d'acier fu si grans li effrois [5],
D'outre le mont l'oï li bons dus Godefrois :
« *Saint Sepulcre !* » escria, « ferés avant, François ! »

(1) Les quatre vers suivans ne sont pas dans A.
(2) *Enhermie,* déserte.
(3) *Guimples,* sans doute leurs *turbans* et leurs *burnous*.
(4) *Juper,* crier, hurler.
(5) *Effrois,* le bruit. *Effractus*.

XXXV.

Dist Tangres li Puillans : «Entendez envers mi,
«Là-jus, outre cel mont, avons grant noise oï.»
Dist li dus de Buillon : «Jo l'entent autresi.»
Ço dist li quens de Flandres : «Baron, alomes-i!»
Et dans Hues li maines : «Jou m'en vois, sivés-mi;
«Ansiaus de Ribemont, Raos de Baugensi,
«Et Gerars de Gornai, Gerars de Cerisi[1].
«Cil remenront en l'ost, ne se movront de ci.»
Et respondent li conte : «Bien en somes garni.»
Dont brocent les cevaus, atant s'en sont parti;
Estevenon encontrent moult forment esbahi,
Ce dist li quens Robers : «que avés-vous senti?»
Respont li quens Estievnes : «Tout somes desconfi.»
A icel mot regardent li chevalier hardi,
Voient la bone ensegne qui à terre chaï.
Li quens Robers de Flandres et Tumas de Couci
Estevenon demandent coiement et seri :
«Dans Droés de Néele de quel part s'en est fui?
«U sont Bauduins de Gant, Oliviers de Jusi?»
Et dist li quens Estievnes : «Jà ne vous iert menti.
«En la bataille sont, lor blanc haubert vesti.»

(1) *Cerisi*. Var. : *Gormesi*. B.

Li quens Robers l'entent, son cheval a guenci,
Et prist la bone ensegne que Estievnes guerpi[1];
Quant l'ot levée en haut, si l'estraint et brandi.
Or lor aït cil sires qui pardon fist Longi!
Hui mais aront mal jor Persant et Arabi[2].

XXXVI.

Or sont en la bataille no chevalier baron.
Hé Diex! qui là véist de Néele Droon,
Et Guion de Porcesse, Bauduin Cauderon,
Engherrant de Saint-Pol et son père Huon!
Aus espées trançans font grande chaplison;
Et Paien les ataignent entour et environ,
As ars turcois les bersent et font grande huison[3].
Li bers Guis de Porcesse regarda contre mont,
Aus armes reconnut Godefroi de Buillon,
Et dant Huon le Maine et Robert le Frison,

---

(1) *Guenci*, quitta.

(2) On ne trouveroit pas aisément ailleurs un tableau aussi irréprochable. Robert de Flandres ne s'arrête pas à honnir Estievnes, il court au plus pressé, relève l'enseigne et donne le signal. Et quelle vérité dans ces premières questions : Où donc sont sauvés Dreux de Nesle, Baudouin de Gand, Olivier de Jusy?

(3) Les bersent, les chassent. *Huison*, huée.

Et Tumas de Couci, de Créel Nevelon [1],
A haute vois escrie: «Montjoie le Charlon [2]!
«Anqui auront mal jour Persant et Esclavon.»
Quant Paien voient venir de François tel fuison,
En fuies sont torné, n'i ont arestison;
Mais onques ne guencirent li encriesmé felon,
Desci qu'ils s'embatirent sor la gent Buiemont [3].
Quant no baron les voient, laisent corre à bandon,
Ensement com li faus vole après le coulon.
Come Sarrasin voient qu'il n'aront garison,
Solimant en apelent: «Dites, que là ferons [4]?
«François vienent sor nous irié come lion,
«S'il nos pueent ateindre, jà n'arons raençon.»
Et Solimans a dit: «Tornons à aus, baron!»
Jà tornassent aus Frans li Sarasin felon,
Quant li dus i sorvint, qui portoit le dragon [5],

(1) Ce vers n'est pas dans B. C. Nevelon di Creel n'est nommé que dans E. F.

(2) *Montjoie le Charlon*, et non pas: *Montjoie Saint-Denis*. Cela est bon à remarquer. Var.: *Flamenc et Bourguignon*. A. E. *Franc chevalier baron*. C. D.

(3) Mais pourtant ils ne se résignèrent à fuir qu'en voyant arriver comme auxiliaire l'échelle de Boemond et du comte de Flandres. Alors ils lachèrent pied; puis ils reprenoient le parti d'attendre les chrétiens de pied ferme, quand l'adjonction de Godefroi leur ôta tout espoir de salut.

(4) Soliman. Var.: *Richenes*. A. C. D.

(5) Var.: Ou avec lequel étoit *le dragon*, enseigne supérieure

Et Ustaces ses frères o dant Raimbaut Creton,
Et Raimont de Saint-Gile, Bauduin de Buillon.

XXXVII.

UIEMONS voit les Turs ; où il s'en vont fuiant.
Il broce le ceval e trait l'escu avant,
Et vait ferir Torgis, un cuvert mescréant,
L'escu né li clavains ne li valu un gant.
Parmi le gros del cuer li mist l'espié trenchant,
Mort le trebuce à terre del destrier auferrant.
Puis a traite l'espée au poing d'or reluisant,
Qui il ataint à coup il n'a de mort garant.
« Saint Sepulcre ! » cria, « chevalier, or avant[1] ! »
Es-vous à ces paroles dant Bauduin de Gant,
Et Robert le Frison et Robert le Normant,
Et Thumas de la Fere, le hardi combatant,
Ustace de Boulogne, et Bauduin l'enfant,
Bauduin Cauderon, Godefroi le vaillant,
Et dant Huon le maine desour le sor Baucent,
Et Huon de S. Pol et son fil Engherrant,

de l'armée, et qui annonçoit à tous les guerriers l'opportunité de se réunir à l'entour.

(1) Les quatorze vers suivans ne se trouvent que dans le msc. A.

Et le vesque del Pui, Aïmer le vaillant
Et le roi des Tafurs et Pieron acourant,
Et Ribaut et Tafurs qui venoient huant,
Et le rice barnage de la terre des Francs.
Bien sont soixante mil de chevalier vaillant,
Et Ribaut les ferirent qui nes vont espargnant,
A peles et à haves en vont moult ociant.

Paien sont desconfi, si s'en tornent fuiant,
Et Orchenés s'enfui aval tot un pendant,
A haute vois s'escrie : « Or t'en vas, Tornicant [1],
« Amis, sé ne t'en fuis, jà i serons perdant,
« Quar la crestienté nous vait trop aprochant ;
« Nos Sarrasins ocient, moult les vont destrencant. »
Quant Raimons de Saint-Gille entendi le Persant [2],
Il dit aus Crestiens : « Soiez baut et joiant,
« Li os des Sarrasins se vait desconfisant. »
A iceste parole se vont resbaudissant ;
Dont acoillent Paien, chascuns tint nu le brant ;
Desci outre le mont les menèrent ferant.

---

(1) *Tornicant,* qui commandoit l'aile sortie de Nique. Les chrétiens étant accourus tous au secours de Dreux de Nesle, Tornican avoit pu se rapprocher du deuxième champ de bataille.

(2) On verra, dans une autre circonstance encore, que le comte de Saint Giles entendoit l'arabe.

Quant or le voit li dus, Dieu en vait aourant [1].
Dont cria: « *Saint Sepulcre!* Baron, ferés avant! »
Lors se fièrent ès Turs par moult fier mautalent.
Qu'il atagnent à coup, tout les vont pourfendant.
Et Solimans s'en fuit o sa compaigne grant.

Desconfi sont li Turc et li Arabiant [2],
Li nostre s'en tornèrent baut et lie et joiant.
Puis ont prises les testes de la gent mescréant,
El mangonel les metent no Crestien vaillant,
En la cité de Nique les jetent en lançant.
Por çou le font François que Turc soient dolant [3].
Troi mil prisrent no Franc de Turs qui sont vivant,
Tous les ont envoiés par haute mer najant,

(1) *Li dus,* Godefroi de Buillon.
(2) Le msc A., qui a la passion des paraphrases, ajoute ici :
    Et li Hongre et li Bougre et li Popelicant,
    Et li Égyptien et li Eticiant..
(3) Cette façon d'agir n'étoit pas nouvelle ; le désir d'ajouter au désespoir des ennemis avoit engagé, cinquante ans auparavant, Guillaume le Bâtard, à faire couper les pieds et les bras de ses prisonniers, durant le siége d'Alençon, et à faire lancer leurs membres épars dans la ville par ses frondeurs :
    Ei chastel fist les piés jeter
    Por cels dedans espoenter. (Ron. de Ron.)
Foucher de Chartres, qui ne dit pas un mot de cette grande bataille, raconte que les assiégeans avoient coutume d'enlever avec des crochets tendus les cadavres des chrétiens ; après les avoir dépouillés, ils les relançoient dans le camp.

Droit à Constantinoble l'emperéor poissant[1].
Quant les voit l'emperères le cuer en ot riant;

(1) On avouera que ce récit est plus vraisemblable que celui d'Albert d'Aix, qui fait envoyer à l'empereur mille têtes coupées. (*Voy.* Bongars, p. 207.) Var. : *Cinc cens prisent.* B. Guillaume de Tyr joint du moins les vivans aux morts : « Les « prisons vis et mille des testes aux morts envoyèrent à l'em- « pereur. » (Liv. III, ch. 4.)

Les détails précieux de cette première et glorieuse victoire des Chrétiens sont presque entièrement omis par Tudebode. Sans notre chanson, le récit demeureroit incompréhensible. Guibert de Nogent n'est ici, comme ailleurs, que l'amplificateur de Tudebode: « Contigit, » dit-il, « ut in ipsa « die, cum sabbatum post Domini ascensionem esset, a comite « sancti Ægidii et a Podiense episcopo portæ aditus munire- « tur. Accidit ibi res clari nomine digna facinoris. Egregius « namque comes isdem, cum fide ad Dominum tum fortis et « aptus ad arma, nec minus instructissimo cinctus exercitu, « obvios habuit auxiliariorum cuneos, properantes in urbem. « Qui... aggreditur Turcos et superat, et compellit in fugam, « partemque eorum maximam truncat. Sed fœde repulsi, no- « vas intendunt conflare copias; quarum fisi adminiculo, cum « multa exultatione, iterare bella decernunt, advectis pariter « secum funibus quibus nostros ligatos Corosaniam abductare « proponunt. Hac ergo spe dum extolluntur inani, ex supremo « monte qui urbi prominebat, pedetentim alter post alterum « cœpere progredi. Qui a nostris gratanter, ut decebat, excepti, « cæsa sua capita, pro testimonio nostrorum victoriæ, relique- « runt. Quæ post eorum fugam, balistis ac fundis, ad terrorem « gentilium projiciebantur in urbem. » (Ap. Bongars, p. 491.)

Ce que Tudebode et Guibert disent des cordes préparées par les Turcs pour lier les prisonniers qu'ils vouloient envoyer dans le *Korassan,* n'a pas le sens commun. Soliman étoit alors

138 LA CHANSON D'ANTIOCHE. v. 874.

Puis prist escus et lances, pain, vin, à espandant [1],
Si l'envoie à l'ost Dieu doucement merciant.
Li maronier s'en tornent, lor sigle vont dresçant;
Trestout droit devant Nique vont au port arrivant,
Si rendent la vitaille à la françoise gent.
Quant Franc ont à mengier Dieu en vont graciant,
Et jurent Dieu del ciel, le père raémant,
Que jà n'en partiront s'aront Nique la grant.

XXXVIII.

DE Guion de Porcesse vous doi dire la vie;
Li bers se fist sainier, ce fu moult grans folie,
Car si com Diex le vot, mors fu de la sainie [2].

réduit à ses propres guerriers; et le sultan de Perse ne lui avoit pas envoyé d'armée comme au moment de l'arrivée de Pierre.

Guillaume de Tyr s'exprime à peu près comme Richard le Pelerin, et cite parmi les *mieux faisans* de la journée, Tancrède, Gautier de *Garlande,* Gui de Porsesse et Roger de *Barneville*. Mais aucun historien latin n'a osé rappeler la conduite honteuse d'Étienne de Blois. Ce personnage étoit trop considérable pour que des moines ou des clercs osassent le prendre ainsi à partie. D'ailleurs, la victoire est plus clémente que la défaite; quand les ennemis sont en fuite on ne se souvient que des circonstances du triomphe.

(1) *A espandant,* c'est un parfait synonyme de *en abondance,* qui déborde.

(2) On voit qu'à la fin du xie siècle on n'étoit pas encore gé-

CHANT DEUXIÈME.

Li bers fu moult malades, ne pooit garir mie ;
En sa tente gisoit qui toute estoit serie[1].
Turc gietent lor perrieres qui la tente ont croissie,
Dans Guis li bers en ot la teste pécoie.
Devant lui fist mander Buiemont où se fie,
Et le conte de Flandres, Robert de Normandie,
Et Tangré le Puillant, à la chière hardie.
« Baron, » dist Bauduins, « france gent seigneurie,
« Or convient departir la nostre compagnie,
« Et les grans amistiés qui furent sans boisdie[2].
« Sire Robert de Flandres et vous de Normandie,
« Diex vous renge l'ounor et la grant seigneurie
« Qu'ai éu entor vous et o la baronnie. »
A iceste parole en est l'arme partie[3].

néralement d'accord sur les bons ou mauvais résultats de la saignée. Notre poëte auroit-il préféré l'antimoine ? Au reste, il entend que si la saignée n'avoit pas retenu Gui de Porcesse au lit, il n'eût pas été tué.

(1) *Serie*, de soie ; *serica*.
(2) *Sans boisdie*, sans fraude.
(3) J'ai suivi la leçon E. F. que je trouve bien meilleure que A. B. C. D. Dans celles-ci Gui de Porsesse est malade ; Bauduin Cauderon l'est également ; et dans la tente de ce dernier, Bauduin de Gant est atteint d'une pierre. Les scribes, ou peut-être avant eux les jongleurs, me semblent avoir fait ici quelque confusion, et fait trois morts d'un seul.

XXXIX.

PLAIST-VOUS à escoter que fisent no baron ?
Iluec, defors la ville, a un marbrin perron :
Là avoit un moustier, el nom Saint Siméon [1];
Là portèrent le cors par grant devocion.
La nuit i ont veillié Flamenc et Borgignon,
Trente cierges ardans espandent environ,
De si à l'endemain, qu'entierrer le deut-on.
Puis ont le cors portés en un autre roion [2].
Une fosse i ont faite si enfoent Guion,

---

(1) C'est-à-dire il y a près de la ville un édifice en marbre qui sert d'église sous l'invocation de saint Siméon. Nice, il faut le remarquer, n'étoit tombée que depuis peu d'années aux mains des Sarrasins ; la population grecque y étoit en grande majorité. Nous recommandons bien aux voyageurs de rechercher aujourd'hui l'emplacement et les ruines de cette église Saint-Siméon. Quelle bonne fortune si l'on y retrouvoit la pierre du brave Gui de Porsesse !

On va lire la description fort exacte d'un convoi funèbre. On porte le corps à l'église, on le garde la nuit, on allume autour de lui trente cierges ; puis au lendemain, l'oraison funèbre, le *sermon*. Le corps est transporté dans une enceinte voisine, on y fait une fosse, et alors l'évêque Aimer fait l'*absoute* ou le pardon, les clercs promènent l'encensoir sur tout le terrain, puis les assistans s'éloignent. Il n'y a pas dans cette description un mot à retrancher : tout y porte le cachet d'un témoignage oculaire.

(2) *Roion*, rai, sillon.

Li evesques del Pui fist iluec son pardon,
Le lieu ont encensé; vers lor loges s'en vont.
Et Turc les esgarderent des haus murs ù il sont.

Ce disoient entre aus Persant et Esclavon :
« Cil poples est plus fiers que lupart né lion,
« Envers si faite gent nient ne dureron,
« Sé del soudan de Perse prochain souscors n'avon. »
Et dist Salehadins : « Mal bailli nous a-on,
« Par tout l'or Apolin né par mon Dieu Mahon,
« S'il nous prendent par force, jà n'arons raençon. »
Dist Solimans li enfes : « Mar nous esmaierons [1],
« Jo irai por souscors au soudan Garsion [2]. »
Par nuit s'en est issus coiement, à laron,
Entresi à son père n'oblia esporon.

XL.

R escoutés des Turs, coment il ont ouvré :
Çou dist Salehadins « Franc chevalier loé,
« Nostre seigneur amdoi nos ont moult asoté.
« Caiens nos ont laissié et il en sont alé !
« Si n'atendomes d'aus force né poesté.

(1) Ce fils de Soliman resté dans la ville étoit sans doute le même que *Tornican.*
(2) *Garsion,* sultan d'Antioche.

« Quar no home sont mort et à sa fin alé,
« Et François sont diable d'infier encaéné [1],
« S'il nos prendent par force, tuit seron desmembré,
« Sé n'aorons lor Dieu que Juis forsené
« Ocisrent à grant tort, çou dient li letré.
« Quar queromes engien par quoi soions sauvé.
« La cité rendésimes s'éussions séurté
« Que ne fussions ocis né de cors afolé.
« Par ensi la rendrons s'il lor venoit à gré. »
Et li autre respondent : « Vos avés bien parlé. »

A tant, ès-vous poignant Estatin l'esnasé,
A haute vois escrie : « Rendés-moi la cité
« Devers moi à delivre ; bien jur ma loiauté
« Que vous n'i morrés mie né serés encombré. »
Come li Turc l'oïrent, si ont joie mené,
Les portes ont ouvertes et Franc i sont entré [2].

(1) Les trois vers suivans ne sont que dans A.
(2) Ce récit s'accorde bien, dans sa simplicité, avec celui de la plupart des chroniqueurs latins. Lebeau et M. Michaud ont adopté les réflexions que la reddition de la ville suggéra aux Croisés, mais cette façon d'apprécier la conduite des Grecs est, à notre avis, fort injuste. Nique étant la ville la plus voisine du territoire grec, et ayant été conquise la dernière par les Turcs, il étoit naturel de la remettre aux officiers de l'empereur, dont l'aide avoit été si précieuse à l'armée croisée. Nique se rendit le 20 juin 1097.

XLI.

E<small>N</small> Nike entrent François par moult grant se ignorie,
Et Paien s'en iscirent que Jhésus maléie!
Grant dolor vont menant la pute gent haïe.
Tant ont alé li Turc, que li diables guie,
Que Soliman encontrent el val de Gurhenie[1].
Quant li rois voit venir sa gent si esmarie,
Il a dit : « Où alés, france gent seignorie?
« Coment est ma cités? Nel me celés-vous mie. »
En plorant li respont trestoute sa mesnie :
« Jamais n'i enterrés à nul jor de vos vie;
« Quar li baron de France l'ont en lor commandie.
« Venir nos en laissièrent, chascuns sauve sa vie. »
Quand l'entent Solimans, à poi qu'il n'esrabie.
Quatre fois se pasma sor l'erbe qui verdie,
Et quant il se redresce, à haute vois escrie :
« Ahi! bone cités, com estiés bien garnie,
« D'avoir et de deniers et de grant manandie!
« Jamais ne vous perdisse, sé ne fussiés traïe. »

A cest mot s'en torna à privée mesnie;
Mais n'ot gaires alé par la lande enhermie,

---

(1) *Gurhenie*. Var. : *Jérémie*. A. B. Gurhenie. C. Burghenie
D. Gorganie. É. Gorgonie. F.

Quant son fil encontra, amblant de sor une ye [1].
Et cil li demanda quel novele a oïe :
« Biax fiex, » ce dist li pères, « Mahons vous benéie !
« Saisie ont ma cité la gent qu'est maléie.
« Desci qu'en Antioche, n'aromes seignorie,
« Sé li soudans del Coigne ne nous i fait aïe. »

Or dirons de no gent que Jhesus benéie !

XLII.

RANÇOIS ont prise Nique, Diex en soit graciés !
Ens entre li barnages et sierrés et rengiés.
De ciaus qu'ont ens trové lor est prise pitiés.
Qui en Jhesu voult croire, d'arme n'i fu touchiés.
Set cent qu'homes que femes en i ot baptisiés.
Un mois i séjornèrent, s'ont lor cors aaisiés,
Et lor elmes burnis, lor haubers remaillié,
Et fisent referrer lor auferans coursiers.

(1) *Une ye,* une jument. C'est le latin *equa*.

FIN DU CHANT DEUXIÈME.

CHANT TROISIÈME.

ARGUMENT.

Prélude. — Départ de Nique. — Buiemont entre dans le val de Gurbenie. — Rencontre avec les Turcs. — Les Croisés lâchent pied. — Godefroi vient à leur secours. — Défaite des Turcs. — L'évêque du Puy enterre les morts. — L'armée se remet en marche. — Tourmentée de la soif. — Regrets de Soliman. — Tangré et Buiemont quittent l'armée centrale. — Passage du val de Botentrot. — Tangré arrive à Tarse. — Bauduin le rejoint à grand'peine. — Les deux chefs se reconnoissent. — La ville est prise. — Bauduin renverse l'étendard de Tangré et reste possesseur de la ville. — Tangré et Buiemont assiégent et prennent la Mamistre et Zidre. — Arrivée de Bauduin. — Tangré marche contre lui. — Raccommodement des deux chefs. — Arrivée de Godefroi à Tarse, — A Zidre. — Bauduin saisit Ravenel, arrive à Rohais. — Épouse la fille du *Vieux* de Rohais. — Prise d'Artais. — Les Turcs essaient d'y rentrer. — Mort de Gosson. — Douleur du père de Gosson. — Discours de l'évêque du Puy. — Arrivée de l'armée devant le pont de fer.

CHANT TROISIÈME[1].

I.

O r entendés, Seigneur (cui Jhesus face aiue[2]!)
Chançon bone à oïr, de bons vers entessue[3].
Benéoiste soit France et de Dieu absolue[4],
Que tant de bone gent en est de li issue.
Cil conquisent la terre sor la gent mescréue;
Il ne se penent mie d'oisiaus traire de mue[5],

(1) L'indication d'une chanson nouvelle ou d'un *troisième chant* se trouve dans le Msc. D. L'initiale est de *six points*, c'est-à-dire trois fois plus grande que celle des couplets qui précèdent et suivent. Les couplets de cette troisième Chanson ne sont pas donnés par les leçons E. F.

(2) *Aiue,* aide.

(3) *Entessue,* tissue. Var. : *Est issue*. A. *Moult bien rimée de bons vers, et conuue*. B. *Entechie*. D.

(4) *Absolue,* absoute. « Que la France ait la bénédiction et « l'absolution de Dieu pour avoir enfanté tant de bonnes « gens! »

(5) Ils ne songent guère aux plaisirs de la chasse au vol. — « On met, dit Nicot, dans une cage grande, à larges barreaux, « le faulcon estant prest à se despouiller de ses pennes, jus-

Né chascuns cavaliers n'i a mie sa drue ;
La vraie crois i est sovent amentéue [1],
Et li dignes sepulcres por qui l'os est méue.
Dedens Jherusalem estoit la gent si mue [2],
Que la parole Dieu n'i estoit entendue.
Mais or l'ont li François, et Paien l'ont perdue.
Benéoit soient cil qui à aus l'ont tolue [3].

François ont prise Nique et par force tolue ;
Estatin l'esnasé l'ont donée et rendue.
Sor les muls ont trossé la vitaille menue,
De la cité issirent, n'i ont fait atendue.
Par devers Antioche ont lor gent esméue ;
Ahi Diex! com grant peine lor est le jour créue,
De la cuiverte gent qui sor aus est venue !
El val de Gurhenie ont lor voie tenue [4],

« ques à ce qu'il les ayt refaictes. Selon ce, on dit mettre en
« mue, *mettre hors de mue.* »

(1) *Amentéue,* vue par les yeux de l'âme. On a longtemps conservé le bon mot *ramentevoir.*

(2) *Mue,* émue, troublée.

(3) J'ai suivi pour ces deux vers importans la leçon A. Les autres portent :

> Mais or lor ont François, la nostre gent, tolue,
> Benéoit soient cil par qui ele ert rendue. B.
> Mais or l'aront li Franc, Paien l'aront perdue,
> Benéoit soient cil qui l'ont à els rendue. C. D.

(4) *Gurhenie,* c'est la leçon de C. D. *Val de Guerie.* A. *Gui-*

v. 21.   CHANT TROISIÈME.   149

Soliman ont coisi par desous une nue
A tout cent mile Turs, de Dieu soit confondue !

bernic. B. Nous voyons, dans la carte qui accompagne la nouvelle édition des *Itinéraires anciens,* et dans celle de M. Kippert, le tracé de la grande route de Nicée à Antioche de Pisidie. Elle conduit d'abord à *Lefkeh,* puis à *Wesir-Chan,* où coule une rivière qui va se jeter à peu de distance dans le fleuve *Sangaris* ou *Sangarius:* c'est devant cette ville et le pont construit sur la rivière que nos Croisés vont prendre un repos de deux jours, retenus sans doute par l'agrément et la fraîcheur du lieu. Mais une partie de l'armée, sous les ordres de Buiemont, du duc de Normandie et de quelques autres, plus impatiens d'aventures, lève le camp sans trop avertir Godefroi. Ils passent la rivière et continuent leur route vers *Sogud* et *Derbend,* à travers une vallée qui doit être celle de Gurhenie. Cependant Godefroi suivoit, à droite, le chemin qui longeoit l'autre côté de la rivière. Foucher de Chartres nous le fait clairement entendre : « Tunc nobis deferant dux Godefridus et co-
« mes Raymundus atque Hugo magnus, qui per duos dies
« insipienter se a nobis substraxerant cum gente maxima,
« tramite bifurco. » (Ap. Duch., p. 823.) Albert d'Aix dit de son côté : « Dux, cum episcopo Podiensi et Raimundo comite
« semper *ad dexteram* tendebant. » Guillaume de Tyr : Do-
« minus Boamundus et Normannorum dux, laevam secuti,
« in vallem pervenerunt cui nomen Gorgonii. » Le nom de cette vallée de Gurhenie ou *Gorgoni,* n'est donné ni par Tudebode ni par Foulcher de Chartres. On trouve dans Albert d'Aix : « Vallem *Degorganhi,* quæ a modernis *Ozellis* nuncu-
« patur. »

II.

A GRANT joie chevauchent nostre franc bacheler;
Chevaus ont et somiers por vitaille porter,
Et trés et pavillons por le caut esquiver;
Mais il ne sevent mie qu'il doient encontrer [1].
Buiemons de Sezile vout de l'ost desevrer [2]:
Par son barnage cuide le païs acquiter.
Ens en son cuer se prist li bers à porpenser
Que querre ira vitaille, dont point ne peut trover:
Mais anchois qu'il soit vespres le verrés effroer;
Por trestout l'or del mont n'i vausist-il ester.
Sé ne fust Godefrois qui moult fist à loer,
Jamais ne fust uns jors qu'il n'éust à plorer.

III.

A GRANT joie chevauchent la gent qui Dieu vont querre [3];
Et costoient un val dusqu'à la plaine terre:
A un pont à arvolt où une aigue desserre [4],

(1) Ils ne savent pas ce qu'ils doivent rencontrer.
(2) *Voult,* voulut. *Desevrer,* départir, se séparer.
(3) La gent qui vont chercher Dieu, ou la terre de Dieu.
(4) *A arvolt,* à arches voûtées, ou, comme on disoit encore, à *arcs volus.* C'étoit la grande route tracée, et le pont construit sur cette rivière, à quelques milles de Lefkeh, devoit être

CHANT TROISIÈME.

Là depart Buiemons o la gent de sa terre,
Li quens de Normendie, li quens Rotols del Perche,
Les vaus de Gurhenie chevalchèrent por querre[1].

IV.

T li dus Godefrois après va conduisant,
Après les barons va moult ordenéément[2].
Mais n'ont gaires alé quant il sont heberjant
Lès une grant montaigne dejouste un desrubant[3].

un ouvrage des Romains ou des Grecs. — *Où une aigue desserre*, où le fleuve se sépare en deux, c'est-à-dire presque au confluent du Sangaris et de cette rivière qui prend sa source à trois lieues ouest de l'ancienne Prusium.

(1) « Primo die quo perreximus à Nicæa, venimus ad quem-
« dam pontem, ibique mansimus per duos dies. Tertia autem
« die, priusquam lux cœpisset oriri, surrexerunt nostri. Et
« quia nox adhuc erat, non viderunt viam, sed divisi sunt in
« duo agmina, et fuerunt divisi per duos dies. In uno agmine
« fuit vir Boamundus, et Robertus Normanus, et prudens
« Tancredus et alii plures... Tertia autem die irruerunt Turci
« vehementer super Boamundum... » (Tudebode apud Mabillon,
p. 133.)

(2) *Les barons*, c'est-à-dire Buiemont et les autres.

(3) *Un desrubant*. C'est le mot turc *derbend*, qui signifie une route sinueuse au travers de montagnes. On arrive à Lefkeh, à *Wesir-Chan*, sur un sommet élevé; c'est dans un vallon traversé par la grande route, au-dessous de *Wesir-Chan*, que Godefroi s'étoit arrêté; tandis que Buiemont s'avançoit rapidement dans la vallée de *Gurhenie*, au sud-ouest de *Wesir-Chan*.

Anqui porront oïr une dolor moult grant,
Que Sarrasin feront Buiemont le vaillant.

Il vienent en l'angarde, ne s'i vont atargant :
Cinquante mile sont, Sarrasin et Persant [1].
« Seigneur, » dist Richenés, « franc chevalier vaillant,
« Vez ici l'ost as Frans qui nous va damageant.
« No païs et nos terres nous vont toute reubant,
« Tornons-nous par deçà vers cel tertre pendant [2]. »
Et cil ont respondu : « Tout à vostre commant [3]. »
A icel mot entournent li cuivert souduiant ;
Premièrement aus Dames vont leur regne tournant,

---

(1) Ce nombre est plus facile à croire que celui de Tudebode : « Erat numerus Turcorum et Persarum et Agulanorum *trecenti quadraginta millia præter Arabes* quorum numerus scit so- « lum Deus. » A la bonne heure, voilà une belle armée ! — Foul- cher de Chartres dit : « Trecenta et sexaginta millia pugna- « torum, scilicet sagittariorum. » Guibert, l'ampoulé Guibert va jusqu'à 460 mille, sans les Arabes.

(2) Ils se cachèrent derrière une montagne, et vinrent tom- ber sur l'arrière-garde des Chrétiens ; c'étoit le quartier des femmes et du bagage.

(3) La fin de ce couplet est ainsi remplacée dans la leçon B. :

Quant les voit Buiemont si se vait escriant:
« Or del armer Seignor, franc chevalier vaillant.
« Si deffendons nos cors vers la jent mescréant,
« Car ves-ci Richenet et le roi Solimant,
« Traï somes, jel sai del voir, à enciant. »
Dont véissiés vestir maint haubert jasarant,
Et saisir maint destrier aruli et corant,

Celes qui lor contequent es sieles vont montant [1],
Et aus vieilletes vont les mamelles torgant [2].
Quant les mères sont mortes, si crient li enfant,
Sor les pis lor montoient, les mameles querant,
La mère morte alaitent; ce fu dolor moult grant [3],
El regne aus innocens doivent estre manans.

(1) *Contequent.* Var. : *Contekent.* C. *Contiechient.* D. Contiecher ou contequer répond à duire, plaire, convenir. Gautier de Coincy, cité par Roquefort, parlant de l'ivresse :

> C'est grant dolor quant ceste seche
> A mains preudomes si *contieche*...

(2) *Aus vieilletes,* à celles qui ne sont plus jeunes, qui commencent à vieillir, comme les nourrices et les mères. *Torgant,* tordant, ou arrachant.

(3) *Alaitent,* c'est-à-dire sucent, tettent. Albert d'Aix paraphrase ainsi notre trouvère : « Mortificant pedites, peregrinos, « puellas, mulieres, parvulos ac senes... hac crudelitate atro- « cissimæ mortis stupefactas, teneræ puellæ et nobilissimæ « vestibus ornari festinabant, se offerentes Turcis, ut saltem « amore honestarum formarum accensi et placati, discant « captivorum misereri. » Ici le rhéteur a gâté le récit du poëte. Au reste, il est probable que l'armée de Buiemont étoit au repos le long de la rivière quand les Turcs se présentèrent. Cette halte avoit pu permettre aux dames de faire un peu de *toilette.*

V.

«SEIGNEUR,» dist Richenés, «loés soit Tervagans,
«Bien avons envaï le barnage des Frans.
«Ferés-i bien et fort des espées trençans.
«Ice est Buiemons et Tangres li Puillans,
«Sé nous les poons prendre, ses ara li soudans[1].»
Dont a tous resbaudis Sarrasins et Persans.
Lors laissent corre à aus contreval un pendans.
« Baron,» dist Buiemons, «frans chevaliers vaillans,
«Jà sur nous est courue cete gent mescréans,
«Or laissomes aler sor aus nos auferans[2].»
Et il si firent tous, n'i est nus arestans.
Jà fesissent les Turs coureços et dolans
Quant del val en issi li paiens Solimans.

---

(1) *Ses,* si les.

(2) Tudebode fait autrement agir et parler Boemond : «Sa-
«piens vir Boamundus... jussit omnes equites descendere de
«equis, et cum celeriter tentoria fuissent extensa, dixit omni-
«bus militibus : O fortissimi Christi milites... omnes equites
«eant viriliter contra illos, et pedites prudenter tentoria ci-
«tius extendant. » Tous les historiens latins mettent ici dans
la bouche de Boemond et de Godefroi de très longs et très ampoulés discours qu'on admireroit dans Tite-Live, mais qui ne
valent pas les trois vers de notre chanson.

VI.

EIGNEUR, » dist Solimans, « nobile chevalier,
« Moult par voi en cest val les Frans nous angoissier;
« Car secorons nos gens, qui d'aïe ont mestier. »
Dont laissent corre à aus li mauvais pautonier,
Or engraigne li caples et orgoilleus et fier [1].
Là perdirent les testes des nos nuef chevalier.
Et quant le voit Tangrés, le sens cuide changier [2].
Dolens fu Buiemons quant sa gent vit plaisier,
Et vait ferir un Turc de son bon branc d'acier,
Ains ses blans jaserans n'i valut un denier,
Parmi le gros del cuer li fist le fer baignier.
Del destrier l'abat mors envers en un sentier [3],
L'arme de lui emportent maufes et aversier;
Paien uslent et braient, li cuivert losengier.

VII.

s-vous par la bataille le frere dant Tangré
On l'apeloit Guillerme, un chevalier membré,
En lui ot moult bel home de novel adobé [4];

---

(1) Maintenant le massacre ou la tuerie augmentent.

(2) *Le sens cuide changier,* il pense perdre l'esprit, ou tomber hors de sens.

(3) **Envers,** renversé le visage contre terre.

(4) **Adobé,** armé chevalier.

Son sens ne puet tenir puis que on l'ot armé.
En la plus grande presse a son cheval torné,
Et va ferir Orgaie de l'espiel noelé [1],
Que le cuer de son ventre li a parmi coupé ;
Toute plaine sa lance l'abati mort el pré.
Puis consuit Daheri el pis lés le costé [2],
Tant come anste li dure l'a mort acraventé [3],
Et quant sa lance brise, trait le branc acéré,
Et Wiltré et Barofle lor i a mors jeté.

VIII.

Qui fust en la bataille péust grant noise oïr.
Guillermes traist l'espée por son cors garandir ;
Dame Dieu reclama qui se laissa morir
Por nous à passion et martire soufrir.
« Glorieus sire pere qui tout as à baillir,
« L'arme et le cors de moi comant à ton plaisir ! »
Corsolt de Tabarie vait sor l'elme ferir,
Desci en la cervelle li fait le branc sentir.
Quant Solimans le voit de doel prist à fremir :

---

(1) *L'espiel noelée*, l'épieu fourbi, damasquiné.

(2) *Consuit*, poursuit, atteint.

(3) *Tant come hanste li dure*. Cette façon de parler me semble répondre à celle-ci : « Tandis que sa lance est encore entière, et avant que le bois n'en soit brisé. »

« Biaus niés, » dist li soudans, « com vous i voi morir!
« Sé ne vous puis vengier ne doit terre tenir. »
Il broche le destrier, si le vouloit mourdrir,
Quant il a regardé par devers un lairi [1],
Robert de Normendie vit d'un agait issir.

IX.

Puis que li Normant vinrent sor pute gent grifaigne
Là véissiés estor mervillos et estraigne.
Qui là véist Guillerme, sor cele gent foraigne
Va ferir Richenet de l'espée qui saigne,
Refiert Salehadin, la teste li estraigne [2];
Dont s'esmaient li Turc quant virent tel bargaigne,
Al mautalent qu'il ont rescrient lor enseigne.
Quant le voit Solimans, n'a cuer que il se faigne [3],
Cinc cens arbalestiers a mis en la montaigne,
A l'enfant lor fait traire qui sa gent li mehaigne [4].
Or s'esmaie li enfes quant les voit en la plaigne,
A haulte vois escrie : « Tangrés où est t'enseigne ?

---

(1) *Lairi*, terre inculte. Cette rime prouve bien qu'on ne prononçoit pas l'*r* final des mots en *ir*.

(2) *Estraigne*, estreint, enlève ; de *extrahere*.

(3) *N'a cuer que il se faigne*, il ne reste pas inactif, cache.

(4) Il fait diriger leurs dards sur le jeune Guillerme qui maltraite ses gens.

« Esgarde tout cel pule qui vers moi se desregne[1]. »
Quant Buiemons le voit, si escria l'enseigne,
Plus de deus mile Turs ont mort sans demoraigne.
Là nous fu mors Guillermes, ainc n'i ot recouvraigne.
Et quant Tangres le voit, à poi qu'il ne forsaigne ;
L'espée a traite nue, o grant ire se baigne,
Cui il consuit à corps de mort n'en a reseigne[3].

X.

 r oïez que ont fait Persan et Esclavon :
Cinquante chevaliers de la gent Buiemon
Les testes lor trencièrent par desous le menton.
Uns més s'en est tornés poignant à esperon,
Trés qu'il vint aus heberges ne fist arestison
Où Godefrois estoit, li bons dus de Buillon.
Des noveles demande quant voit le Borguignon :
— « Sire, » ce dist li més, « gentius fis à baron,
« Pour amor de celui qui soufri passion,
« Et pour le saint Sepucre que nous requerre alon,

---

(1) *Pule,* peuple.
(2) « Willelmus juvenis audacissimus et tyro pulcherrimus
« frater Tankredi dum multum in armis resisteret, Turcosque
« hasta sæpius perforaret, in conspectu Boemundi sagitta per-
« cussus corruit. » (Albert d'Aix.)
(3) *Reseigne,* remise, recours.

« Buiemont secorés, Tangré son compaignon¹. »
Quant l'entendi li dus, si fronça le grenon.
Li evesques del Pui plora des iex del front,
A l'ost-Dieu en sonèrent trois cent graille à un ton,
Dont s'adoubent François et Flamenc et Frison,
Et montent ès chevaus d'Espagne et d'Aragon,
Desci qu'à la bataille ne font arestison,
Où Tangres se combat et li pros Buiemon.

XI.

Li jors fu biaus et clers et li solaus levés,
Tout droit à miedi fu li jors escaufés.
Li barnages ot soif, si fu moult oppressés ;
Forment desirent l'aigue li chevalier Tangrés.
Mestier lor ont éu coles de leur regné,
Les dames et pucieles dont il i ot assés ;
• Quar eles se rebracent, les dras ont jus jetés².
Et portèrent de l'aigue aus chevaliers lassés.

---

(1) « Vir itaque sapiens Boamundus protinus mandavit aliis,
« scilicet comiti de S. Egidio et duci Gotofredo et Ugoni ma-
« gno, quod festinarent ad bellum, et citius approximarent,
« dicens : *Si certare hodie volunt, veniant.* Quod omni modo
« non credentes, deludebant nuncios .. tandem dux Gottifre-
« dus cum Ugone magno venerunt. » (Tudebode.)

(2) *Eles se rebracent*, elles relèvent leurs manches, et mettent bas leurs longues robes.

As pos et as escueles et as henas dorés[1] :
Quant ont bu li baron tout sont resvigorés.
Atant vint li secors qui moult fu désirés ;
Or sera li damages sor Persans, sor Esclers ;
Crestien laissent corre tout contreval les prés,
Hui-mais iert Solimans à grant honte livrés.

XII.

UANT poursuit Solimans l'encaut et l'envaïe,
De l'ost nostre Signor ne se gardoit-il mie.
Onques n'en sorent mot la pute gent haïe,
Desci que Godefrois li bons dus leur escrie.
Lors s'en cuident aler lès une voie antie [2];
Au destroit vint Raimons à la chiere hardie,
Li evesques del Pui, Robers de Normendie,
Estatins l'esnasés, la grant broigne vestie.
Les Païens ont requis par moult grant aatie,
Quatre mil et set cens en ont jeté de vie.
« Hé las ! » dist Solimans, « mes diex me contralie,
« Quant la crestientés a ma terre saisie,

(1) « Feminæque nostræ in illa die fuere nobis in maximum
« subsidium. Quoniam afferebant ad bibendum aquam nostris
« præliatoribus, semperque confortabant illos pugnantes. »
(Tudebode.)

(2) *Une voie antie,* une vieille route

« Ma feme et mes enfans, et ma cité garnie. »
Et la bataille fu fierement envaïe.
Paien uslent et braient, grans i fu la bondie,
La perte qu'il ont faite n'iert jamais retablie.
Sé la nuis ne fust près, tout fust morte et périe.
Turs se cuident hebergier en une praérie [1] :
Saint Jorges, saint Domistres lor font une envaïe,
Une si grans péor lor a Diex envoïe,
Que li uns contre l'autre de l'ocirre s'escrie ;
Grans cos se vont doner de l'espée forbie,
Qui ains ains, qui mius mius, al bon destier s'afie,
Li uns encauce l'autre com sé fust aramie [2],
Li encaus en dura sept lieues et demie.
Hé Diex ! com grans richesce i ont li Turc laissie !
Et trés et pavillons et aucubes drechies,

---

(1) Var. : Vont s'en un val fuiant par devers Aumasie. B.

(2) Comme s'il y eût eu combat entre eux. Tudebode s'étend plus encore sur cette intervention miraculeuse, dont l'opinion fut sans doute répandue par les Grecs, qui honoroient d'un culte particulier ces saints-là. « Tres milites persequentes illos, « sedebant super albos equos, et in suis manibus candentia « deferebant vexilla cum crucibus, et devastabant Turcos. Cre- « denda est ista veritas... hoc vero firmatum est testimonio eo- « rumdem Turcorum qui vivi remanserunt. Isti vero fuerunt « Christi milites, S. Georgius, S. Demetrius et Theodorus. » (Tudeb.) Raimond d'Agiles raconte le miracle, mais il avoue qu'il n'en a pas été témoin.

Rouge or et blanc argent, et paile de Surie !
De la vitaille as Turs est l'os Dieu raemplie :
Plus tost qu'ele onques put as trés est reparie.
Hui mais orrés chanson dont li vers est proisie.

XIII[1].

EL jour se revesti li evesques gentis,
Aigue font benéoite, s'ont les cors enfoïs :
« Baron, » ce dist li vesques, « entendés à mes dis :
« Je vous dis entresait, qui ci muert est garis[2].
« Les armes de ces cors sont jà en paradis ;
« En solas et en joie seront mis à tous dis. »
Cele nuit séjornèrent volentiers, non envis.

---

(1) Au lieu de ce couplet, les Mss. B. C. D. donnent le suivant, qui doit être le texte même de Richard le Pèlerin, non repoli par Graindor :

>No baron chevalier vienent à lor heberge,
>Cel jor se revestirent et maint vesque et maint presire,
>Font eve benéoite, lor cors font metre en terre.
>Dist li vesques del Pui : « Moult est bone tel guerre !
>« Car les asmes d'icés n'iront pas en misère,
>« Ne al jor del juise n'i aront mal contrère. »
>Ichèle nuit séjornent tant que li jors esclere.

(2) *Entresait*, cependant, dans cette circonstance.

XIV.

A demain parson l'aube levèrent Borguignon [1]
Et Flamenc et François, et Normant et Breton ;
Ce fut un samedi, que de fi lo set-on [2],
Que leva la porriere et vola li sablon [3],
Et une si grans caure de male afaiteson [4].
Mil en sont mort de soif qui autre mal n'en ont [5],
Que dames, que pucieles, que sergent, que guiton.
Recroient et estancent cil bon cheval gascon [6].
Puis vinrent à une aigue qui cort de grant randon [7],
Là burent li cheval et après li baron.
Cele nuit se logièrent as fontaines Raimon [8],
Les compaignons Jhesu ilec despartirons ;

---

(1) A la pointe de l'aube. L'ardeur du jour faisoit que l'armée ne marchoit que le soir ou de grand matin.

(2) *Que de fi le set-on*, on sait cela d'une manière assurée.

(3) *La porriere*, la poussière, ou poudre.

(4) *Caure*, chaleur. — *Afaiteson*, nature, condition.

(5) Mille sont morts de soif, qui n'avoient aucun autre mal, soit dames, soit etc.—*Les Guitons*, gueux ou goujats d'armée.

(6) *Estancent*. Var. : *Estanguent*, c'est-à-dire les chevaux sont rendus et *lassés*. « Étancher la soif, » que nous avons conservé, signifie exactement fatiguer, lasser la soif.

(7) *De grant randon*, de grande impétuosité, violence.

(8) *As fontaines Raimon*. Var. : *Al fontaine Remont*. A.

Buiemons s'en torna, il et ses compaignons,
Desci que à Torsolt n'i ot arestison ¹.

XV.

A GRANT dolor s'en va li paiens Solimans,
Coreçous et plains d'ire, es maris et dolens.
« Ahi ! tant mari fustes, sire fieus Turnicans ²,
« Hisdeus et Richenés, moult sui por vous pensans.
« Quant venrai à Torsolt, m'a fort cité vaillans,
« Encontre moi venront Sarrasins et Persans,
« Demanderont où j'ai deguerpi mes enfans,
« Qui furent si cortois, qu'on tint à si vaillans ;
« Je dirai : Mort les ont li barnage des Frans,
« El val de Gurhenie gist Orgais li sachans. »
Jà fust chéus pasmés del mul qui est emblans,
Quant par les bras le traist uns des Popelicans.

XVI.

OR s'en va Solimans coreçous et maris :
« Ahi ! tant mari fustes, Tornicans, sire fis,
« Richenés et Hisdeus, por moi fustes ocis ! »

(1) *Torsolt, Tursot,* ou *Tarsot,* c'est l'ancienne Tarse. « Tarsus, vulgari nomine *Tursolt.* (Alb. d'Aix, lib. III, ch. 5.)

(2) *Tant mari fustes,* combien vous fûtes malheureux ! Expression de regret conservée pour pleurer les morts.

Lors a traite l'espée dont li brans est forbis,
Le taillant en éust tout dedens son cuer mis,
Quant li tolit Butors li preus et li hardis.
A tant vint à Torsolt les galopels petis,
De pain, de vin, de car ert li castiaus garnis ;
N'ose François atendre, ainçois s'en est fuis.

XVII.

Moult bien a fait garnir Solimans sa cité,
Va-s'en à la Mamistre quant d'ileuc est torné¹.
Et ses enfans en a ensemble o lui mené ;
Ses homes a laisiés qui là sont enseré.

(1) Notre poëte, quoique d'une exactitude rigoureuse, est tellement concis, et ceux qui ont voulu retrouver l'itinéraire des premiers Croisés sont tellement inexacts, que nous devons chercher à tracer nettement cette marche, depuis la vallée de Gurhenie jusqu'à *Tarse*, à *Malmistra*, à *Marash*, où se rendirent en trois corps séparés, et à des intervalles rapprochés, Baudouin, Tancrède et Godefroi. Dans ce travail, nous tirerons un immense secours de la nouvelle carte sur l'Asie-Mineure de M. Kippert.

Tous les historiens s'accordent à dire que les Croisés entrèrent à Iconium, abandonnée et ravagée quelques jours auparavant par Soliman lui-même, qui espéroit détruire par la faim et par la soif ceux qu'il n'avoit pu vaincre par les armes. « Nos
« persequebamur illos per desertam et inaquosam atque inha-
« bitabilem terram, ex qua vix vivi eximus... interea cœpimus
« intrare in optimam terram, plenam deliciis et corporalibus

Or dirons des François coment il ont erré :
Le val de Botentrot en sont outre passé,
Deci que à Tarsot ne s'i sont aresté.

« alimentis et omnibus bonis. . ac deinde appropinquavimus
« Iconium. » (Tudebode.)

Voyons quelle route ils durent suivre : ils arrivèrent d'abord à *Dorylée*, aujourd'hui *Eski-Schehe*. La contrée au nord de laquelle Dorylée est située, est aride ; les Croisés qui la traversèrent la première journée y souffrirent tous les tourmens de la soif. Ils se reposèrent à l'ancienne *Prymnessus*, aujourd'hui *Scid-el-Ghary*. Puis la marche redevint pénible jusqu'à *Gemikoi* et *Bejad*. Alors des cours d'eau se présentèrent, et ils reposèrent une nuit vers *Anabura* (peut-être *les Fontaines Raimond*) et *Kara-Issar* (noir retranchement), peut-être les *Montagnes noires* d'Albert d'Aix. De Kara-Issar (l'ancienne Synnada), ils arrivent par *Kara-Arslan* et par *Akbar*, à Antioche de Pisidie, autrement *Antiochette*. C'est aujourd'hui *Jalobutsch*, et non Akschehr, qui est à sept ou huit lieues de là. Quant aux forêts dont parle Albert d'Aix, et dans lesquelles Godefroi combattit un ours, je n'en vois aucune apparence.

D'Antioche de Pisidie ils descendirent à *Karmghast*, de là à *Serki-Serai*, et de là par une route de vingt lieues extrêmement aride jusqu'à Iconium, où ils trouvèrent au moins de l'eau.

D'Iconium, ils gagnèrent Eregli, ou *Héraclée*, par Heiri-Oglu, Ismil, Karabunar et Bektik.

C'est à Héraclée que Tangré, et bientôt après Bauduin de Boulogne, plus impatiens d'aventures, se séparèrent du gros de l'armée. Car il ne faut pas s'en rapporter ici à Albert d'Aix, guidé par des chansons de gestes qu'il entendoit mal, ni à Guillaume de Tyr, qui le plus souvent n'a fait que le copier.

D'après eux, le départ des deux chefs auroit été simultané

Es-vous autre compagne qui sont de l'ost sevré,
Perron d'Estraenor et Renaut le membré,
Bauduin de Boloigne ont avec eus josté ;

et auroit eu lieu avant l'entrée de Godefroi à Antioche de Pisidie. Mais plus loin, le même Albert d'Aix assure que Bauduin et ses compagnons étoient depuis trois journées séparés de l'armée centrale, quand ils rejoignirent Tangré sous les murs de Tarse. Or, d'Antioche de Pisidie à Tarse il y a plus de quinze journées ; il n'y en a que trois, au contraire, d'Éregli à Tarse. Albert d'Aix fait encore conquérir deux places à Tangré dont on chercheroit vainement la situation, c'est *Stancone* et *Reicli*, villes finitimes : « Tankredus cum suis præce« dens, ad urbes *finitimas*, *Reclei* et *Stancona* descendit... Dux « Godefridus vero... Bœmundus, etc. Antiochiam viam recli« nantes, quæ in latere Reclei sita est... moram facere decre« verunt. » Gardons-nous, d'après ce passage unique, de retrouver *Stancona* dans *Iconium*, et Reclei dans Héraclée, comme l'a fait M. Jacobs ; ou *Stancona* à douze lieues nord d'Héraclée, et trente lieues ouest d'Antioche, comme les auteurs de la *Correspondance d'Orient*. Ces deux noms me paroissent l'effet d'une bévue d'Albert d'Aix, qui aura mal compris, en sa qualité de Provençal, les trois vers de notre Chanson qu'on vient de lire :

> Vint li en son coraige qu'après suivra Tangré.
> Li cheval sont *estanc* et del corre lassé,
> Moult tost sont *recréu*, n'orent gueres alé.

Quant à la route que suivirent Tangré et Bauduin, d'Éregli à Tarse, nous savons seulement qu'elle ne fut pas la même, et que Bauduin s'empêtra dans la plus difficile. Le val de *Botentro* par lequel passa Tangré devoit être les vallées dites aujourd'hui Pambuck-Deressi, et Degirmen-Deressi, à la sortie du Taurus.

Vint li en son corage qu'ira après Tangré[1].
Si vont querre vitaille dont poi ont amassé
Mais ne treuvent point d'erbe, et si n'ont point de blé.
Li cheval sont estanc et del corre lassé;
Moult tost sont recréu, n'orent gaires alé[2],
Car de faim sont acquis et trop ont géuné.
Et li escuier ont lor haubert endossé,
Li seignor vont à pié dolent et aïré,
Lor cauces sont rompues, lor solier sont crevé;
Dont lor saignent li pié. Tenrement ont ploré.

Quatre jors ont entre aus si faitement esré,
Vitaille n'ont trovée, moult en sont esgaré,

---

(1) Albert d'Aix nomme ici: « Petrus comes de *Stadeneis*, « Reinardus comes de Tul civitate, vir magnæ industriæ, Bal- « dewinus de Burg, juvenis præclarus... » Suivant Guillaume de Tyr, c'est : « Petrus de Stadeneis, » son frère Rainard, comte de Toul, Baudouin de Burg ou Boze, et Gislebert de Montclar. Variantes de nos manuscrits : *Estaenor*. C. D. *Estrancor*. A. — C. D. ajoutent ce vers :

Et Bauduin de Bur ont o aus amené.

Mais B. écrit *de Borgoigne,* et cela me fait croire que c'est une confusion avec Baudouin de Bologne, laquelle a trompé Albert d'Aix et Guill. de Tyr.

(2) *Recréu, estanc*, fatigués, harassés. *Acquis*, rendus immobiles; de *quieti*. Ils étoient alors dans les gorges du Taurus; ils pouvoient, bien dirigés, les traverser en deux jours, ils y restèrent plus de trois.

A poi que ne forsennent tant paront géuné [1].
Droitement à Torsolt se sont acheminé,
Et gardèrent devant ; virent Crestienté.

Seigneur, c'estoit la gent Buiemont et Tangré.
Cuident que soient Turc qui soient revelé [2],
Dont corurent aus armes, si se sont ferarmé,
Et çaignent les espées al senestre costé ;
Une leue de terre ont à pié tout alé,
Desci qu'il ont connu ce qu'ont tant desiré.
Bauduins a grant joie quant nos gens ot trové,
Dolcement s'entrebaisent par grant humilité.
Et li conte montèrent, vont véoir la cité [3],
De quel part Bauduins porra tendre son tré.
Quant ce voient li Turc, moult sont espoenté,
Ce dist li uns à l'autre : « Mal somes engané,
« Mal a fait Solimans o tout son parenté,
« Qui ci nos a laissiés, les siens en a guié [4] ;
« Sé Franc nous poent prendre, mal somes conréé. »

(1) *Tant paront géuné*, tant ils ont complétement, parfaitement jeûné.
(2) *Revelé*, révolté.
(3) *Véoir la cité*, c'est-à-dire reconnoître les murailles de Tarse. — *Montèrent*, montèrent à cheval.
(4) *Les siens en a guié*, les siens a guidé loin de nous, a préservé.

XVIII.

De Bauduin dirons com a esté baillis[1] :
Né pain né vin né char né capons né pertris
Ne truevent qu'achater, li mengiers est faillis.
Il ne scet qu'il puist faire; ses mesaigiers a pris,
A Tangré le Puillant les a tout droit tramis ;
Pour amor au Seigneur qui en la crois fu mis,
Qu'il li envoit l'aumosne, car de fain est aquis.
Et Tangres lor a dit : « Volentiers, biaus amis ;
« De tant com en avons, le vous sera partis[2]. »
Quant Bauduins le voit, moult en est esjoïs,
De dame-Dieu l'en rent et graces et mercis.
Moult estoit Bauduins de grant sens raemplis ;
De sa mere li menbre la bele o le cler vis
Qui li dist et rouva quant li congiés fu pris
Que largement dounast ce dont estoit saisis[3].
Tout depart ingaument as chevaliers de pris[4],

---

(1) *Baillis,* mené.

(2) Cette circonstance, qui aggrave les torts de Bauduin, est omise par tous les historiens.

(3) Les trois vers qu'on vient de lire ne sont que dans A. Ils se rapportent aux adieux de la comtesse Ide, dont nous avons marqué la place, page 73. (Note.)

(4) *Ingaument,* également.

Ains n'en retint à lui vaillant deux Parisis,
Né mais avoec les autres est à mangier asis ¹.

Atant vint uns mesaiges corant devers la cis ²,
A Bauduin en vint, par les jambes l'a pris :
« Hé ! Bauduins, » fait-il, » frans chevaliers gentis,
« Gardez vous et vo gens, et de çou soiés fis,
« Que vous r'arez anqui devers vous le païs.
« Car li Turc s'aparellent que Diex a maléis,
« Qui n'osent mais atendre les nus espieus forbis,
« La cité laisseront quant il iert asseris ³. »
Quant Bauduins l'entent, moult en fu esbaudis.
Si home de lor armes furent moult tost garnis.

(1) *Né mais,* et non autrement.

(2) *Devers la cis,* arrivant de la ville. Il est aisé d'expliquer cette circonstance. Tangré s'étoit engagé à laisser sortir les Turcs sains et saufs ; mais les Grecs, conseillés par l'ancien gouverneur, l'Arménien Ochin*, craignoient la domination de Tangré et voyoient avec peine qu'on épargnât leurs oppresseurs. Ils avertirent donc Bauduin de la fuite projetée des Turcs, en offrant de le reconnoître pour maître. Une querelle devenoit alors inévitable entre les deux chefs, Tangré ayant traité avec les Turcs, et Bauduin avec les Grecs. Comparez le récit des historiens latins et les notes de M. Brosset, dans la nouvelle édition de l'*Histoire du Bas-Empire,* tom. XV, p. 348.

(3) Les historiens latins disent aussi que les Grecs de Tarso invitèrent Bauduin à courir sus aux Turcs.

XIX.

TANT issent li Turc de la bone cité,
Et cargent les somiers de pain, de vin, de blé.
Assés en ont cargié, mais peu en ont mené [1];
François lor ont tolu qui moult l'ont desiré.
Et li Turc s'en tornèrent dolent et abosmé;
Nequedent moult sont lie que il sont escapé [2].
Et Tangres est venus poignant, à la ferté,
Son gonfanon de soie a sor le mur posé.
Dolent en sont li home qui sont del païs né,
Quant sor le mur coisirent le gonfanon levé [3].
Bauduins l'a véu; le cuer en ot iré,
Le jour a fait tel chose dont on l'a moult blasmé :
Le pignon fist oster un sien ami privé,
Le sien i fait drecier qu'il ot à or listé [4].

(1) *Peu.* On voit rarement, au XIIIe siècle, ce mot écrit ainsi; mais à la place, *poi, pou, pc* ou *pcc.* C'est D. qui me l'a fourni.

(2) *Nequedent,* néanmoins ils sont ravis. (*Nequidem.*)

(3) La garnison turque étant sortie, il n'y avoit plus dans la ville que les Grecs et Ciliciens, accordés avec Bauduin. Tangré entroit dans la forteresse à l'instant où la garnison en sortoit. — *Coisirent,* aperçurent.

(4) Tangré avoit donc une bannière, un *pignon* ou pennon de *soie,* et Bauduin une autre *à bandes ou listes d'or.* On diroit déjà en présence les *métaux* et les *émaux* héraldiques. — Les historiens latins racontent cela d'une manière extrêmement

v. 321.   CHANT TROISIÈME.   173

Quant Tangres l'a véu, le sanc en a mué :
Il fait soner un graisle, tost se sont adoubé,
Sor Bauduin alast s'on li éust loé [1] ;
Mais on li desloa, partant est demoré.
Lors torsent les somiers, n'i ont plus aresté,
De la vile s'en issent et rengié et sieré,
Bauduin i laisièrent et lui et son barné,
Jusques à la Mamistre ne se sont aresté [2].

XX.

n s'entorne Tangrés que Jhesus benéie !
Jusques à la Mamistre n'i ot regne sacié [3],
Et truevent Buiemont, o lui sa compaignie.

confuse; notre poëte seul paroît avoir compris les motifs, les
incidens et les derniers résultats de la querelle.

(1) *S'on li eust loé*, etc. Si les chevaliers qui l'accompagnoient eussent été du même avis que lui ; mais ils ne le conseillèrent pas, et il se tint tranquille.

(2) *La Mamistre*, aujourd'hui *Missis*, et autrefois *Mopsuestis*, à une grande journée de Tarse. Cette leçon m'est fournie par C. D. Les autres donnent *Menistre* ou *Manistre*.

(3) *N'i ot regne sacie*, il n'y eut resne de cheval tirée, retenue. — Les historiens Tudebode et Foucher de Chartres ne parlent pas ici de Buiemont, et les autres chroniqueurs continuent à faire figurer le prince de Tarente dans le gros de l'armée. Il est plus naturel de penser que tous les Croisés italiens avoient quitté les François à Héraclée, et que Buiemont

Li sires de la ville a la novele oïe :
Sor le mur est montés, Jhesus le maléie !
Quant Buiemons le voit, à haute vois escrie :
« Vassal, ouvrez la porte, el non sainte Marie [1],
« Si enterrai laiens, à toute ma mesnie ;
« Sé volentiers nel faites, tost i perdrez la vie. »
Et li Turs li a dit : « Par ma barbe florie,
« Tant que l'aiez compré, n'i enterrez-vous mie [2]. »
Quant Buiemons l'oï, un petit s'en gramie [3],
Il a dit à ses homes : « Bone chevalerie,
« Car vestons les haubers, faisons une envaïe. »
Et il ont respondu : « Nous nel refusons mie. »
Lors fait sonor un cor et l'ost est estormie.

s'étoit avancé jusqu'à Malmistra, tandis que Tangré s'attachoit au siége de Tarse.

(1) *Vassal*, c'est-à-dire *chevalier*. Ce mot n'avoit pas d'autre sens au XIIIe siècle et n'emportoit avec lui aucune idée de subordination. Voilà pourquoi *valet*, formé de *vassaletus*, se prenoit souvent pour *bachelier* ou *chevalier mineur*.

(2) *Compré*, gagné, acquis. Les Italiens, comme on sait, gardent ce mot.

(3) *S'en gramie*, s'en attriste.

XXI.

BUIEMONS de Sesile a son cors adoubé,
Et tout si chevalier sont errament armé¹.
Or oiez des Payens qui sunt en la cité :
Les portes ont ouvertes, et li pont avalé².
Ançois que il se puissent issir de la forté,
Les encontrent François par si grant cruauté
Qu'à force les remetent dedens la fermeté.
Or sont François et Turc tot ensemble meslé,
Des espées d'acier à l'uns l'autre frapé ;
Li Turs tenir se cuident aus ars de cor tenser³,
Aus saietes d'acier en ont maint afolé.
Un jour trestout entier li assaus a duré.
Jà fussent fors aus chans no François retorné,
Quant Tangres li Puillans a celui encontré
Qui sire ert de la ville ; le chief li a copé,
Une toise et demi a la teste volé.

(1) *Errament*, rapidement, en courant.
(2) Les assiégés, ignorant que les Chrétiens étoient tout prêts à donner un assaut, songeoient eux-mêmes à faire une sortie. Mais précisément comme ils ouvroient leurs portes, les Chrétiens se précipitent sur leur passage, et les forcent à rentrer pêle-mêle avec eux dans la ville.—*La fermeté*, les fortifications.
(3) C'est-à-dire : les Turcs espèrent se maintenir en tendant (*à tenser*) leurs arcs de cor, ou *de cuir* ; en effet, ils en navrèrent plusieurs avec leurs flèches d'acier.

Quant Paien l'ont véu, moult sont espoenté,
Arrières se sont trais, s'ont le camp délivré,
Par une viese porte sont en fuies torné [1].
Et François sont laiens remés à sauveté ;
Por çou dist-on sovent : La force paist le pré [2].
Eh Diex! com il i furent richement ostelé !
Et pain et car et vin i ont assés trouvé,
De boire et de mangier se sont bien asasé :
La vile sist moult bien, de tout i ot planté.

Iluec sont no baron longement demoré.
Bauduins à Torsolt a assés reposé,
Adont se porpensa qu'il requerroit Tangré ;
Il cargent les somiers, s'issent de la cité ;
A la voie se misrent et rengié et serré.

De Tangré vous dirons coment il a ouvré :
De la Mamistre issi, n'i a plus séjorné,
Le droit chemin en va avoecques son barné,
Entresci que à Sucre n'i ot regne tiré [3].

(1) *Une viese porte*, une porte dont on ne faisoit plus usage depuis longtemps, dont les assiégeans n'avoient pas connoissance.

(2) Ce proverbe, si fameux autrefois, exprimoit que la multitude désarmée ne pouvoit rien contre un seul homme de cœur. *La faux tond le pré*.

(3) *Sucre*. Ce nom est écrit d'une manière incertaine dans les leçons diverses. A. *Lanist et Tarsie*. B. *Sucre*. C. *Cedre*

Come li Turc le voient si sont espoenté,
Et dist li uns à l'autre : « Mal somes engané. »
Et Tangres les assaut o son riche barné,
Un jour trestout entier a li assaus duré.
Rois Solimans estoit dedens cette cité,
De la vile s'en fuit, quant il fu avespré ;
Desci que à Artaise n'iert à aus assamblé.

Et Bauduins chevauce jusques à la ferté
Où Tangres assaloit et lor gent tout armé [1] ;
Moult belement heberge lés un bruillet ramé.
Ricars le vit li princes, s'a Tangré apelé :
» Véés-là Bauduin qui à grant tort vous hé ;
« Tant vous a porsuivi que or vous a trové.
« Semonés les barons, ceus qui sont vo privé,
« A lui nous combatons com vassal aduré [2]. »

et *Zidre.* D. *Seerde, Saidre.* C'est l'ancienne Cyrrhus, aujourd'hui Choros, que Tudebode seul a nommée, comme ayant réuni les Croisés avant le siége d'*Artaise. Sucre* ou *Choros* est à trois journées de *Malmistra,* et ces deux villes forment les deux extrémités d'un triangle dont Antioche seroit la base. (*Voyez* la carte de Kiepert.) Les historiens latins indiquent en général *Malmistra* comme le lieu où Tangré voulut combattre Bauduin. Mais notre poëte paroît mieux informé de toutes les circonstances de cet événement.

(1) Ce vers n'est donné que par B., peut-être faudroit-il : o *sa gent*...

(2) On voit que Richart (du Principat) entendoit proposer le

— « Moult volentiers, chier Sire, quant le m'avés loé. »
Dont fist soner un cor, si home sont armé[1].
Il a pris un mesage courtois et emparlé,
A Bauduin l'envoie, et si li a mandé
Qu'à lui se combatra, jà n'en iert trestorné.
Quant Bauduins l'entent, forment l'en a pesé ;
Par quatre chevaliers li a por Dieu mandé
Que il le laist en pais, si l'en saura bon gré,
N'a talent de combatre envers Crestienté ;
Et sé li a mefait, bien li ert amendé.
Et Tangres lor a dit : « Jà n'iert acréanté. »

Li messagiers arières s'en revint à son tré.
Quant ce voit Bauduins, si a un cor soné,
Dont corurent as armes li baron alosé.
Bauduins vint devant, son haubert endossé,
Et a l'anste brandie, le frain abandoné,
Et fiert un chevalier si qu'il l'a onversé[2] :
Cil avoit non Girart, de Saint-Gile fut né,

combat entre un petit nombre, et non pas une mêlée générale.
C'est un cartel en forme que Tangré va envoyer à Bauduin, et
que celui-ci refusera, bien que l'offensé fût certainement Tangré. — *Aduré,* belle expression, pour *endurcis,* éprouvés.

(1) *Si home,* c'est-à-dire ses amis les plus sûrs, et non pas
toute sa troupe. Voilà pourquoi ce petit nombre ne pourra
soutenir l'effort de Bauduin.

(2) Les Mss. C. D. offrent, à partir d'ici, une variante im-

CHANT TROISIÈME.

De son cheval l'abat, si l'a jus cravanté.
Et quant virent li Turc qui sont en la cité
Que Crestien se sont en bataille mellé,
Il ovrirent les portes, ès chevaus sont monté,
Entre François se fièrent, maint cop i ot donné,
Tost fussent nostre gent mort et debarreté :
Quant Buiemons les voit au corage aduré,
Au conte Bauduin a transmis et mandé

portante, et je n'oserois assurer qu'elle ne conservât pas le meilleur texte :

> Del bon espiel trencant qui l'a jus craventé.
> Et quant li Tangré virent qu'il ot ensi josté,
> Il li tornent le dos tot rengié et serré.
> Bauduins les encauce desci que el fossé,
> Quatorze chevaliers i sont désafeutré ;
> Puis a traite l'espée qui ot le poing doré
> Et vint as escuiers, tout sont desbareté :
> En quatre lius se sont et parti et sevré.
> Puis remet ens l'espée, si s'en est retorné.
> Ses barons chevaliers a à Dieu commandé.
> Li compaignon Tangré l'en ont araisoné,
> « En la moie foi, sire, mal avés encontré,
> « Ce vous a fait déables qui vous a encanté,
> « Quatorze chevalier i furent mal mené. »
> Méismes Buiemons l'en a forment blasmé :
> « En ma foi, sire niés, mar vi vostre fierté.
> « Sé li frères le duc m'éust or pris en lié,
> « N'éussions de harnas un denier moneé.
> « Car mandés Bauduin, si soiés racordé. »
> — « Sire, » ce dist li dus, « à vostre volenté ! »
> Quatre ceus chevaliers sont avec lui alé,
> Prient tant Bauduin que il l'ont amené, etc.

Tous les historiens conviennent de l'heureuse intervention de Buiemont. Ce prince avoit donc quitté l'armée en même temps que Tangré ; notre chanson est seule à le dire.

Que li meffais li iert moult très bien amendé ;
Mais or se traist arières et s'en voist à son tré,
Car jà seront forment de Paiens agrevé.
Bauduins li respont : « Volentiers et de gré,
« Por l'amor dame Dieu et sainte Trinité. »
Car ne veut que li poples i soit desbareté.
Il fait soner un graisle, a sa gent assemblé,
Puis lor a deffendu qu'il n'i ait plus jousté
Vers la gent Buiemont né vers la gent Tangré.
Puis ont vers les Paiens forment esperoné,
Et la gent Buiemont sont au devant alé,
Si qu'il ne porent pas rentrer en la ferté.
Li plusor sont ocis, et li autre afolé,
Et no baron en sont entré en la cité,
Assés i ont trové et pain et vin et blé.

Buiemons de Sesile a Bauduin mandé
Par troi cens chevaliers qui sont à lui alé.
Tant li prient ensemble qu'il fait lor volenté,
Avoec eus l'en amainent jusques en la cité.
Tangres ala encontre, par moult grant amisté,
Descaus piés et en langes ; merci li a crié.
Et Bauduins li a maintenant pardoné ;
Devant tous s'entrebaisent et se sont acordé[1].

(1) Cette grande et belle scène ne peut avoir été inventée.

A tant ès un mesaige poignant tout abrivé,
U qu'il voit Bauduin si l'en a appelé :
« Sire, entendez à nous, por Dieu de vérité :
« Li Vius de la Montagne vos a par nous rouvé ¹
« Qu'il vous donra sa fille sé il vous vient à gré,

mais on la chercheroit vainement ailleurs que dans notre poëme. Quelle simplicité, quelle grandeur dans l'humiliation de Tangré ! *Piés descaus et en langes,* c'est-à-dire en chemise. C'est ainsi que plus tard Henry d'Angleterre alla prier sur le tombeau de Thomas Becket.

Les historiens modernes ont mal raconté les circonstances de ce fameux débat. Ils ont suivi Guillaume de Tyr, qui ne s'en rapportoit qu'à Albert d'Aix, et Albert d'Aix est un guide très infidèle. Le massacre de trois cents guerriers de Buiemont, la sédition des Croisés contre Bauduin, l'arrivée d'une flotte de corsaires partis de Boulogne et qui parcouroient depuis huit ans ces mers lointaines, tout cela est de l'imagination d'Albert, ou du moins, en cela, il a suivi des traditions suspectes. Pour les circonstances de la prise de Torsolt, il falloit les demander à Raoul de Caen, homme de Tangré, et à Foucher de Chartres, homme de Bauduin. Elle se trouve dans une ligne de ce dernier : « Balduinus comes *ausu magno* Tharsum ceperat ; « quam tamen Tancredo *violenter* abstulit, qui *jam in ea* ho-« mines suos, Turcis enim consentientibus, intromiserat. »

(1) *Li Vius de la Montagne.* C'étoit un Grec qui, sous la dépendance de l'empereur, avoit, avec *Rohais* (autrefois Edesse), le gouvernement de toutes les places de l'ancienne Mésopotamie, qui n'étoient pas encore au pouvoir des Turcs. On l'appeloit *Todre,* c'est-à-dire Théodore. — Pour ce couplet, nous suivrons les Mss. C. D. Notre poëte dit seul ici, et pourtant c'est la vérité, que Bauduin épousa la fille de Todre. Les chroniques latines de la croisade, suivies par M. Michaud, se

« S'aidera à tenir sainte Crestienté. »
Come Bauduins l'ot, grant joie en a mené,
Ses grailes fait soner, si home sont monté,
Droit à Rohais s'en va, où Diex l'a marié.

XXII.

E Bauduin lairai à la clere façon,
Qui à Rohais s'en va; à Dieu le comandons :
Dirai de Godefroi le bon duc de Buillon.
Li dus chevauche à force et tout si compaignon,
O lui est li quens Hues et Robers li Frison,
Et tout li pelerin del roiaume Charlon [1].

contentent d'assurer que le vieux prince arménien adopta Bauduin, avec les cérémonies qu'on va rappeler tout à l'heure.

(1) Notre poëte, dont le siége d'Antioche est le sujet, n'a pas suivi Godefroi dans sa marche. C'est un malheur, car les historiens modernes ont mal éclairci ce point important. Si l'on adopte le récit de Tudebode, il faut supposer que les chefs, arrivés à Éregli (l'ancienne *Cybistra*, transformée peut-être à tort en *Héraclée*), tinrent conseil, et que l'opinion dominante fut, avant de descendre vers Antioche, de balayer les Turcs de l'Asie-Mineure. Ce plan dut trouver des contradicteurs; et voilà comment les chefs italiens d'abord, et Bauduin ensuite, auroient laissé la grande armée pour arriver les premiers à Antioche. D'ailleurs les Italiens n'ayant pas fait hommage à l'empereur, étoient parfaitement libres de suivre la voie qui leur convenoit le mieux.

Godefroi, dans cette hypothèse, remonte avec la grande ar-

Torsolt trovent conquise et le maistre donjon,
Si manoit ens Guillaume qui moult estoit prodon,
Qui la serour avoit au vaillant Buiemont [1].

mée vers le nord-est : il arrive par l'ancienne Tyane à Cybistra de Cappadoce, aujourd'hui *Kara-issar*; de là il occupe Césarée de Cappadoce, chasse les Turcs de toute la contrée, redescend vers le sud-est, à Comana (*Dchemniek*), à *Coxon*, l'ancienne *Cucussus*, puis il pénètre dans la partie la plus escarpée du Taurus; enfin, après des peines infinies, il gagne *Marasin* ou Marash (l'ancienne Germanicia). C'est de ce camp que Godefroi seroit venu visiter les places que Tangré, Bauduin et Buiemont avoient soumises en Cilicie.

Mais combien il seroit plus naturel de discuter le récit de Tudebode et d'avertir qu'il a commis ici une méprise grossière! N'aura-t-il pas, en effet, pris pour la *Césarée de Cappadoce* l'Anazarbe ou *Césarée Anazarbe*, qui se trouve à une journée de Malmistra? L'erreur seroit venue de ce qu'en consultant les *clercs,* il auroit appris d'eux l'existence d'une Césarée de Cappadoce, dont il auroit dès lors confondu le nom avec la ville qui avoit reçu les Croisés. Admettons cette confusion, Godefroi aura suivi la route ouverte par Tangré, il sera venu à Tarse, de là à Anazarbe. Toutes les difficultés s'évanouissent; on n'a plus à s'étonner que l'armée tout entière ait pu descendre jusqu'à *Eregli* pour tourner bride jusqu'à Césarée de Cappadoce. Alors, dans l'itinéraire de Tudebode, les *Montagnes diaboliques* sont le *Mont Amanus; Coxon* est *Cyrrhus,* aujourd'hui *Choros;* la vallée de *Rugia* est la *Cyrrhetica,* et Marash n'est plus la *Germanicia* ancienne, mais la ville de *Marash,* entre *Choros* et *Artais* ou *Ertesi,* sur la route d'Antioche.

(1) Voici un héros de la Croisade dont le nom ne se trouve pas dans les historiens latins. Mabille, surnommée *Courte-Louve,* cinquième et dernière fille de Robert Guiscart, avoit épouse

Contre les os s'en va brochant à esporon.

Quant Godefrois le voit, si l'a mis à raison:

« Coment avez erré, gentius fis à baron? »

— « La merci Dieu moult bien. » Guillaumes li respont,

« Torsolt et la Mamistre amdui conquis avons,

« Buiemons est en Sucre en la maistre maison. »

Godefrois en mercie Dame Dieu et son nom.

XXIII.

TANT ont chevaucié jusques en la cité[1].

De çou fist Godefrois à loi d'ome sené,

Que dant Guillaume en a avoeques lui mené.

Cent chevaliers laisa dedans la fermeté.

Dès or s'en va li dus; durement a erré,

Torsolt a déguerpie, si est oltre passé,

Desci à la cité que tint li bers Tangrés;

---

en 1088 Guillaume de Grentemesnil, baron normand. Guillaume, après maintes querelles avec ses beaux-frères, vivoit retiré à Constantinople quand les Croisés y arrivèrent. Il se plaça d'abord sous les étendards de Godefroi et non sous ceux de son beau-frère Buiemont, avec lequel sans doute il n'étoit pas parfaitement réconcilié. Ces vers de notre chanson démentent fort bien le conte d'Albert d'Aix, qui veut que Bauduin ait laissé la ville de Tarse aux mains de *cinq cents corsaires flamands* nouvellement arrivés *par hasard* dans ces parages.

(1) La cité de Torsolt.

Icil l'a recéu volentiers et de gré.

Assés fu Buiemons baisié et acollé :

Cele nuis sejornèrent et i sont demoré

Jusques à l'endemain que sont acheminé,

Et chevaucent ensemble et les puis et les gués,

En Sucre ont laissié gardes et chevaliers armés.

Li dus se regarda quant il fu apensés :

— «Diex! ù est Bauduins, et car me le monstrés. »

— «Sire, » ce dist Tangrés, «à Rohais est alés.

« Li Vius de la Montaigne l'a par letres mandé,

« Si prendera sa fille et tenra s'ireté. »

Et respondi li dus : «Çou me vient moult à gré,

« Par lui essaucera sainte Crestienté ![1] »

XXIV.

R s'en va Bauduins et sa grant compaignie,

De si qu'à Ravenel ne s'atarja-il mie [2].

Set mil i ont trové des Paiens de Surie,

Tous les ont affolés, et la cité saisie,

Puis a mises ses gardes en la cité antie.

Bauduins s'en va outre, ne s'i atarja mie.

---

(1) *Essaucera,* haussera, grandira.

(2) Dans la direction de Rohais. Ce doit être l'ancienne Aru-
dis, aujourd'hui *Karaba-Oglu,* au nord d'*Aintab.*

Desci que à Rohais n'i prist hébergerie.
Laiens en est entrés o sa chevalerie;
Procession ont faite de la cit li clergie [1],
Bauduin ont rechu à moult grant seignorie.
Li Sires de la vile li a la clef baillie,
Si lui dona sa fille à tout grant manandie

Volez-vous la costume oïr que je vous die?
Quant vient à icel jor qu'uns sa fille marie,
La chemise sa feme a li vaslés vestie,
Por çou qu'ele mieux ait le cuer en sa baillie.
De la cit fu li sires de grant ancesserie,
Et Bauduins moult plains de grant chevalerie.
Li avoirs qu'il i prist lui fit puis mainte aïe,
Au siége à Antioche lui rachata la vie.

Puis ont pris chevaliers de ciaus de Roménie [2],
A Artais les enmaine, une cité garnie,

---

(1) « Miraremini, cum ante castra Armeniorum transiremus,
« et nobis obviam cum crucibus et vexillis pro amore Christi
« humillime procedebant, et pedes nostros et pannos oscula-
« bantur, eo quod audierant nos à Turcis cos defensuros... »
(Fulcher. Carnot., liv. I, § 6.)

(2) *Puis ont pris.* Le poëte retourne un peu brusquement au
camp général. Je crois qu'il faudroit lire ici: *Puis ot pris Godefrois,* les Grecs (ceux de Romanie) qu'il conduit à *Artais,*
aujourd'hui Ertesi, à une petite journée d'Antioche.

Et de Gruis et d'Ermins estoit bien raemplie.
Quant or voient li Turc que la cit ont saisie,
Il corurent as tors por avoir garandie.
A la tour sont venu : chascuns i fiert et hie [1],
Tant que par force en ont la porte péchoïe.
Et li Turc de laiens lor ont bien calengie [2];
Sor els ont desrochié mainte pierre massie;
Mais la tour ont conquis et ocis lor maisnie :
Les dui fil Soliman font faire tel salie
Qui en la tor estoient, si l'orent en baillie [3],
Ains qu'il soient à terre en ont perdu la vie;
Li col lor sont brisiés, lor armes sont percies,
Droitement en infer li diables les guie!
Diex conduie nos gens, li fiex sainte Marie [4]!

(1) *Sont venu*, les Croisés viennent à la tour.
(2) *Calengie*, disputée.
(3) *Si l'orent en baillie*, ils avoient la tour en garde.
(4) La leçon C. raconte autrement la prise d'Ertesi, et ce pourroit bien être le récit le plus exact :

>Et de Grius et d'Ermins la ville est raplenie.
>Les Turs trencent les testes (li cors Deu les maldie) ;
>Les deus fils Soliman font faire tel salie
>Ains que fussent à terre n'i a celui qu'en rie.
>Li col lor sout brisié, l'arme s'en est partie ;
>Puis ovrirent les portes, l'ost Deu ont recoillie.

Ce récit s'accorde avec celui de Baudouin d'Avesnes et de Guillaume de Tyr. Notre poëte multiplie beaucoup les enfans de Soliman : ne seroit-ce pas à cause de la première ou dernière syllabe de tant de noms turcs, *Ben* ou *Ibn?*

XXV.

Or sont nostre François dedens Artais entré;
Sor la plus maistre tour les gonfanons levé.
A Soliman de Nique a-on dit et conté,
Que Artais ont destruite et prise la cité,
Et chascuns de ses fiex i a le chief brisé,
Car on les fist salir de la tor el fossé.
Quant Solimans l'entent près n'a le sens desvé;
« Ahi! Mahomes sire, com m'avez pris en hé!
« Piece a que sui perchus que m'avés oblié[1]. »
Il a mandé ses Turs: quant il sont assamblé,
Bien furent trente mil sor les chevaus monté,
Et ont tant chevalchié et tant esperoné
Qu'il vienent à Artais encontre un ajorné[2].
Quant Franc les ont véus en la tour sont monté,
Forment les escarnissent, après els ont hué.
Et François se defendent com vassal aduré;
Moult ont des Turs ocis et gités el fossé.
Jusques à cent des nos iscent de la cité,
Onques n'en sorent mot li gloton deffaé;
Desci que nos François ont Montjoie escrié.

(1) *Piece a que,* il y a du temps que...
(2) Vers le point du jour.

Quant Solimans les voit, a son cheval hurté,
Et va ferir Gosson en son escu listé [1],
Que la lance trenchant li mist ens el costé :
Tant com lance li dure l'a del cheval versé,
La teste li copa de son branc acéré.
Quant François l'ont véu, moult furent tormenté ;
Par moult grant mautalent on les Paiens hurté,
Moult laidement les mainent et de lonc et de lé,
Quatre mil et set cens en i ont afolé.

Et quant voit Solimans que sont desbareté,
Son escu geta jus, de fuir apensé,
Et li cuivert Paien sont après arouté,
Desci au Pont de fer ne s'i sont aresté ;
Et François retornèrent, s'ont grant dolor mené
Por Gosson le vallet qu'on a mort aporté.

XXVI.

R est en la cité li barnages proisiés.
Li pères dant Gosson ne s'est mie atargiés
Son fil a demandé : il li est enseigniés.

(1) Albert d'Aix le nomme *Gozelo*, fils du comte Quenes de Montaigu. Il le fait mourir de langueur dans cette ville d'Artais, qu'il ne faut pas confondre avec l'ancienne Chalcis, comme a fait M. Michaud.

(2) Conon ou Quenes de Montaigu.

Qui là véist li pères qui ert agenoilliés,
Son mort enfant baisier et devant et derriers,
Entre ses bras le prent, puis est sor lui cochiés :
— « Hé ! biax fis, sire Gosse, com dolent me laissiés !
« Jou irai au sepulcre, n'i porterés vos piés !
« Or est de mes enfans li contes abaissiés. »
— « Sire, » ce dist Lambers, « por Dieu, car vos taisiés.
« Sé mes frères est mors, ce n'est duel et pitiés,
« L'arme est en paradis, de verté le sachiés [1]. »
Et li pères se pasme qui moult fu courechiés.
Li duels que il demaine est tant fors et tant griés,
Mil chevalier en plorent por ses grans amistiés.

XXVII.

Dist li vesques del Pui : « Por quoi vous dementés [2]
« Laissiés ester cest dol et joie demenés,
« Et priés Dame Dieu, le roi de majestés,
« Por nous, qui somes vif, que il en ait pités ;
« Quar sé Gouses est mors, l'arme iert à salvetés.
« Por Dieu vous voil proier que sagement errés :
« Demain serons au pont où moult grans paine arés [3]. »

(1) *De verté,* de vrai, èn vérité.

(2) Le copiste de D. a, par inadvertance, passé les vers suivans, jusqu'au deuxième du couplet XXIX.

(3) *Au pont,* au pont de fer.

Par le conseil del vesque est li doels demorés.
Cele nuit séjornèrent François en la cités,
Si ont burnis les elmes, les haubers ont rollés[1].
Al matin parson l'aube est levés li barnés.
Matines ont et messes oï et escotés,
Puis cargent les somiers et de pain et de blés,
Et issent de la vile; ès-les acheminés.
Les Grex et les Hermins laisent as fermetés,
Droit vers le Pont de fer ès-les acheminés[2];
Lès la rive de l'iaue ont fait tendre lor trés.
Quant il n'i voient plances né navie né gués,
Il prient Dame Dieu qui en crois fu penés,
Qu'il lor ensaigne voie, par ses saintes bontés.

XXVIII.

GRANT joie chevauche l'os que Diex benéie.
Desci au Pont de fer n' arestèrent-il mie;
Là cort une eve roide qui porte grant navie.

(1) On *rouloit* les hauberts ou cottes de maille, pour les mieux repolir. Peut-être cependant faudroit-il lire *les haubers derollés*.

(2) Le *Pont de fer*, encore aujourd'hui nommé *Dschibr-Haddid*, qui offre le même sens. Il est à quatre heures de marche d'Antioche, et il avoit, dit M. Poujoulat, neuf arches et deux grosses tours dont les portes étoient couvertes de lames de fer. Il ne fut renversé qu'en 1822, par un tremblement de terre.

Li pons fu à arvol, fais fu par grant maistrie [1],
Aus deus chiés ot deus tors, chascune bien garnie.
Là a mise ses gardes Solimans de Surie,
Moult i avoit laissié de cex de Romenie
Que il toli Perron; Dame Diex le maldie [2]!
S'és tenoit en prison; moult mainent male vie [3],
Et chaitis et chaitives n'i a celui ne crie:
« Sire Diex, sains sepulcres! car nous faites aïe!»
Li bons vesques del Pui en a la vois oïe,
Puis appela François, ne laira ne lor die.

XXIX.

Dist li vesques del Pui: « Franc chevalier baron,
« Ce dist Diex nostre père, quant il raienst le mont [4],
« Si fil le vengeroient qui après lui venront.
« A Clermont en Auvergne en fist-on le sermon:
« Là jurèrent la voie Angevin et Breton,
« Voiant trente mil homes de notre région.
« Et jurasmes sor sains: ceste voie feron
« Por Dame Dieu vengier, ou trestous i morron.

---

(1) *A arvol, à arcs volus,* ou voûtés.

(2) C'est-à-dire des premiers Croisés, compagnons de Pierre l'Hermite.

(3) *S'es tenoit,* ainsi les tenoit-il.

(4) *Raienst,* racheta.

« Car prions à celui, par sa rédempcion,
« Qu'il nos ensaint la voie où nous passer devon. »
Dont sont tous nos François cochié à genoillon ;
Or oïez de Jhesu en qui croire devon,
Com a fait grant vertu, por confondre Mahon.

XXX.

r entendez, baron, qui Dieu estes créant,
Si oiez les miracles Jesum le raément.
Un jor estoit levés de Saint-Pol Enguerant,
Et avoit endossé son haubert jaserant,
Et lacé en son chief un vert elme luisant ;
Al senestre costé a pendu son bon brant,
Et pendi à son col un fort escu pesant,
Et a pris en son poing un roit espiel trenchant,
Et monta en la sele del bon cheval courant.
De l'ost s'en est issus tout soavet amblant,
Tout selon la rivière qui moult estoit bruiant ;
Et regarda aval par delez un pendant [1].

(1) Enguerant de Saint-Pol s'éloigna du camp, sans doute en descendant le cours du fleuve. C'est alors qu'il remarqua un cavalier qui, après être sorti des montagnes, entroit dans le fleuve et gagnoit la rive où campoit l'armée chrétienne. Enguerant marche vers le Sarrasin, le force à rebrousser vers l'eau et le suit à cheval. Il arrive sur l'autre bord, gagne le pont de fer sans être inquiété par les gardiens, qui croyoient n'avoir rien à craindre de ce côté. Il brise la chaîne qui suspen-

Voit aler parmi l'aigue un chevalier persant,
Venus fu espier le barnage vaillant.
Quant Enguerans le voit, le cuer en a joiant,
Isnelement le suit à esperon brochant,
De la trace qu'il tint ne perdi-il noiant.
Et quant vint à la rive, del bon cheval descent[1],

doit le pont levis, et court avertir ses compagnons du moyen qu'il leur donne de franchir le fleuve. Ce récit important semble porter le cachet de la vérité. Foucher de Chartres a raconté que les Chrétiens passèrent sur un pont de bateaux qu'ils établirent avec des navires qu'ils trouvèrent sur le fleuve. Il confond ici le grand Pont de fer avec celui que Godefroi établit plus tard à l'occident d'Antioche. Foucher de Chartres étoit d'ailleurs en ce moment-là à Robais. Suivant d'autres chroniqueurs, ils passèrent, l'épée au poing, sur le *pont de fer*. Voyez surtout Albert d'Aix, liv. III, § 35, 36, 37 et 38. Tudebode s'accorde le mieux avec le poëte : « Cum cœpimus ap- « propinquare ad *pontem ferreum*, præcursores nostri invene- « runt Turcos congregatos ad Antiochiam, qui dare eis ad- « jutorium festinabant. Irruentes igitur nostri uno corde et « mente super illos, cum Christi invocatione atque adjutorio « vehementer eos superaverunt. Nostri illic acceperunt spolia « multa, etc., etc. » Baudouin d'Avesnes présente d'autres détails : « Entruis que la meslée estoit au pont, auchun pelerin « alèrent selonc le flau. Si trouvèrent un gués de coi cil dou « païs ne savoient riens. Si le passèrent à grant esploit. Quant « li Turc virent ce, il se desconfirent ; si descendirent cil des « tours et se mirent à la voie vers Antioche. » (Msc. S. Ger. 660, fol. 101.) Ce *gués* est certainement celui que trouva Enguerant de Saint-Pol.

(1) *La rive*, l'endroit guéable.

Si atorne ses mains amont vers Orient,
Et prie Dame Dieu le pere raément
Que il li laist passer cel aigue salvement.
El cheval remonta le païen escriant[1],
Puis si entra en l'aigue, passa outre, noant.
A la rive a trové moult de gent mescréant,
Oiez que il a fait quant vit le convenant :
Il a traite l'espée, ne va pas couardant,
Puis est venus au pont son cheval galopant,
La caaine del pont va toute desrompant,
Le pont a avalé, desus va cevauchant ;
A sa vois, qu'il ot claire, se va haut escriant :
« Armez-vous, chevaliers, de par Dieu le poissant! »
Puis a gardé les portes et deriere et devant,
Que ne le soupresissent li cuivert mescréant.
Dans Hues de Saint-Pol l'oï premierement ;
A haute vois escrie : « Chevalier, venés-ent !
« De là outre est mes fis, par le mien escient. »
Quant no baron l'oïrent, vont s'en resbaudissant,
Là véissiés plorer maint chevalier vaillant,
Et proier Dame Dieu qu'il lor laist vivre tant
Que il aient le pont à lor comandement.

Or oiés que Diex fist à qui sont atendant[2] :

(1) *Le païen escriant*, en défiant le païen.
(2) Auquel ils sont obéissans.

Dans Hues de Saint-Pol passa tout en avant,
Et li autre François le vont après suivant.
Trestot passent le pont, qui qu'en plore ou qu'en chant,
Onques n'en sorent mot li mal popelicant,
Tresque li François vinrent à un fais aprochant [1].
Hui-mais auront li Turc un jornal moult pesant [2].

XXXI.

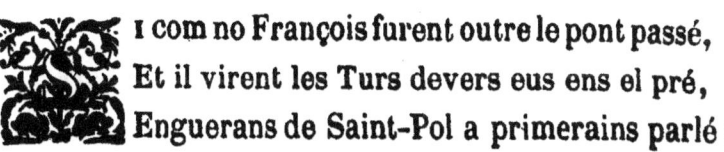I com no François furent outre le pont passé,
Et il virent les Turs devers eus ens el pré,
Enguerans de Saint-Pol a primerains parlé :
« Seigneur, oiés un poi, franc chevalier membré,
« Prés somes d'Antioche, tant avomes erré,
« Et maint fain et maint soif avomes enduré ;
« Jamais jour n'averons né pain né vin né blé,
« S'as espées d'acier n'est primes conquesté.
« Por Dieu, seigneur, gardés que tout soit pris en gré,
« Car sé nos ci morons, nos ermes tot salvé [3],
« Devant Dieu en irons, chascuns chief coronné.
« Voiés Turs devant nous, tout sont abandoné,

---

(1) *Fais*, approchant en masse, en faisceau.

(2) *Un jornal*, une tâche, un travail de journée.

(3) *Ermes*. Première personne plurielle du futur auxiliaire *être* : en latin *erimus*.

« Il ne nous criement tant qu'il soient remué.
« Mais qui or se metroit entr'aus et la cité,
« Et li autres moitiés devers la fermeté¹,
« Del gaaing que ferions serions tout asasé².
« Voiés com fait avoir il nous ont amené !
« S'aviemes la viande que il ont aporté,
« Au siége d'Antioche en aurions à plenté,
« Jamais en nostre vie n'averions poverté. »

Tout ce firent François com il l'a devisé.
Li quens Robers de Flandres o trestout son barné,
Envers l'estour s'en vait de bataille apresté.
Enguerans de Saint-Pol se trait vers la cité,
Por les Turs devancier qu'il ne soient entré³.

Entre les Turcs felons se sont Flamenc mellé,
Là ot des brans d'acier tant ruste cop doné,
Tant ont no chevalier aus Sarrasins caplé,

---

(1) *La fermeté*. Sans doute les tours du pont de fer.
(2) *Asasé*, mis à l'aise, abondamment pourvus.
(3) Pour bien entendre cette stratégie, il faut admettre qu'entre le pont de fer et la ville s'étendoit tranquillement l'armée des Sarrasins ou peut-être seulement les gens peu exercés qui alloient faire entrer dans la ville des provisions d'armes et de vivres. Enguerant propose de marcher sur eux tandis qu'une autre partie de l'armée chrétienne, longeant les murs, recevra les Turcs quand ils voudront entrer dans Antioche.

Que desci que aus keutes en sont ensanglentés [1].
Quant ce voient li Turc qu'il sont si agrevé,
Vers Antioche droit se sont acheminé.
Enguerant de Saint-Pol ont devant aus trové,
Bernart de Domeart et Gautier le membré,
As espées d'acier les ont si fort hasté,
Dusqu'à l'autre compaigne ont les Turs reculé.
Et quant no gent les voient, grant joie en ont mené.
Enguerans de Saint-Pol vait ferir Aceré,
Desci que en l'oïe l'a fendu et colpé ;
Un des fiex Garsion lor i a mort rué.
Iluec sont Sarrasin tresbuchié et versé,
Del sanc qui est chéus furent vermel li pré.
En l'aigue se ferirent li paien esgaré,
Quatre mil en noierent et sont tout effondré.
Li remanans s'en vait fuiant en la cité,
Et trovent Garsion el palais principé ;
Tantost com le choisirent, si li ont escrié :
« Parmi le pont de Ferne sont jà François passé,
« Si ont tant mort des nos, jà ne seront nombré. »
Quant les voit Garsions, si lor a demandé :

---

(1) *Keutes*, jusqu'aux *coudes*.

    Adont vint encontre aus, entredeus se bouta,
    Des *keutes* qu'il ot dures, telement les hurta,
    Que chascuns des deus dist ; Qui est chiu deables là ?
    Come il a dures *koutes* !...

            (*Bauduin de Seloure*, ch. xv.)

« Dites, que avés-vous? Moult vous voi esgaré;
« Avés-vous Solimant son païs acquité?»
Quant Solimans l'oï, le cuer ot aïré :
— «Sire, rois Garsions, or nous avés blasmé;
« Mais, quant arés vengié vostre fil le mainsné,
« Que li baron de France ont ci à mort jeté?»
A cest mot regarda contreval le degré,
Si a véu le cors el palais aporté,
Ne fu pas grant merveille sé il a doel mené.

XXXII.

ARSIONS d'Antioche fu por son fil dolens,
Nel pot reconforter princes né amirans,
Né Turmars né Toricles né ses frères Carcans[1].
— «Jel vous disoie, sire,» ce a dist Solimans,
« Encor comperrés vous la compaigne des Frans.
« Or est perdue Nique, ma fort cités vaillans,
« Et Torsolt et Mamistre et Artaise la grant;
« S'or èrent asamblé encontre aus tout Persant,
« Sés auroient-il mors ains solel esconsans,
« Nel porroit garantir Mahons né Tervagans;
« Et s'il sont ci à siége, de ce soiés créans,
« Jà ne s'en partiront en trestout lor vivans,

(1) Var. : *Né Sontuis né Cremelles né ses frères Crucons.* A.
Né Sortins né Carians. C. *Barotos n'Eulerans.* D.

« Si auront pris la vile et ocis ciaus dedens,
« Sé al secors ne vient li amirans Soudans,
« Et toute sa maisnie et li rois Corbarans. »
Quant l'entent Garsions, dont parfu si pensans
Qu'il ne désist un mot por cent mile besans.

XXXIII.

ARSIONS d'Antioche fu por son fil maris :
A la loi paiennie fu, le jor, enfoïs.
Et François ont entr'aus lor eschec departis [1].
Et li Turc des deux tors nes ont en obli mis [2],
Cuident que par aus soient destrenchiés et ocis ;
La nuit en sont issu, quant jor fu enséris.
Mais d'une chose fu lor sires estormis [3],
Que es tors ne remest Persans né Arabis.
Ne furent que dui cens quant sont issu des uis [4].
En l'ost à nos François se sont coiement mis ;
Or oiez de nos Frans com Diex lor fu amis.

---

(1) *Lor eschec*, leurs prises. C'est là toujours le sens propre du mot *eschec*. Var. : *Lor conquès*.

(2) Des deux tours du pont de fer.

(3) Mais leur chef perdit le jugement en un point ; c'est qu'il ne laissa pas une partie de ses gens pour garder les tours.

(4) *Des uis*, des portes du pont de fer.

Enguerans de Saint-Pol et Tumas li hardis
Eschargaitent la nuit à trois cens fervestis ;
Et Turc n'oïrent freindre né chevaus né roncins ;
Tresqu'à l'agait des Frans se furent ens saillis [1].
Dist Butors à Clarés : « Malement sui baillis,
« De Tumas, d'Enguerant ai les escus coisis [2] ;
« Devers destre, ens el chief, les convient asaillir. »
Et Butors laisse corre s'a l'escu avant mis,
Odon ala ferir très parmi le cervis [3],
Qu'il l'a mort trestourné, ens emmi le larris.
Et ses frères Clarés nous a mort Aluis [4],
Cil estoit nés de Flandres, de Furnes le païs.

XXXIV.

Dist Tumas de la Fère : « Franc chevalier vaillant,
« Moult nous ont près sivi Sarrasin et Persant,
« Certes m'ex voil morir qu'il s'en aillent gabant,
« Car les alons ferir, ens el chief pardevant. »

(1) *Tresque,* etc. Ils n'entendirent aucun bruit de chevaux, jusqu'au moment où ils arrivèrent au milieu des François qui faisoient la garde.

(2) *Coisis,* aperçus. En les reconnoissant, Butor se détourne un peu vers la droite et va frapper Odon, etc.

(3) *Odon.* Var. : *Ouedon.* C. *Beton.* D. — *Cervis,* la tête.

(4) *Aluis.* Var. : *Aloris* D. *Allis.* C. *Salvaris... nés de France, de Surchis le pays.* B.

Et il si font moult tost nos crestien vaillant,
Parmi le pont de fer les menèrent batant ;
Set vint en i ot mors de la gent mescréant.
Au retorner que firent li hardi combatant [1],
Ont saisies les tors qu'ont guerpi li tirant.
Les Alemans caitis i ont trové plorant
Qui furent pris à Nique de l'ost Pieron devant.
Puis les ont desloiés et délivrés atant ;
Si repairent à l'ost baut et lie et joiant.
Quant Godefrois les vit, s'en loa Dieu le grant,
Et li soissante Turc s'en tornèrent fuiant [2] ;
En la cité l'anoncent Garsion le dolent.

XXXV.

R sont nostre François logié outre le pont [3].
Et li vesques del Puy les a mis à raison :
« Seigneur, or entendés, franc chevalier baron,

---

(1) Après les avoir poursuivis au delà du pont, ils revinrent sur leurs pas et entrèrent dans les tours abandonnées.

(2) Les Chrétiens en avoient tué cent quarante, comme on a vu plus haut. Ces détails sont trop précis pour n'être pas regardés comme sincères.

(3) Il ne faut pas croire que toute l'armée croisée fût demeurée entre le pont de fer et la ville. Une partie, et ce fut même le plus grand nombre, dut longer le fleuve et se placer à l'ouest, vers le point opposé, afin de bien enfermer Antioche.

« Vés ici Antioche ; moult redout Garsion,
« Car nous somes espars par ces prés environ.
« Qui fera l'eschargaite? biau seigneur, face-l'on
« Que ne viegnent en l'ost li Sarrasin felon.
— « Jou le ferai, biaus sire, » dist le dus de Buillon,
« Jou ne ruis avoec moi sé sol mon cheval non.
« Le matinet à l'aube quant le cler jor auron,
« Si seront revisdé Persant et Esclavon 1. »
Et respondent François : « A Dieu benéiçon ! »

La nuit fist l'eschargaite Godefrois de Buillon.
Et Solimans monta et tout si compaignon 2 ;
Cele nuit sont entré en l'os Dieu à larron 3.
Moult tost en a sentis li bons dus le friçon 4 ;
Son escuier demande, si l'apela par non :
« Mon aubert m'aportés et mon elme réon,
« Puis séés ci, tous cois, devant cest pavillon. »

Li dus vesti l'aubert, qui cuer ot de lion,

De ce côté occidental, le fleuve baignoit les murailles ou les jardins de la ville. C'est pour n'avoir pas compris cette disposition que M. Michaud a manqué son siége.

(1) *Revisdé*, repliés, repoussés.(*Voyez* Raynouard, Lexiq. Roman, t. V, p. 553.)

(2) *Monta*, monta à cheval.

(3) *A larron*, comme font les voleurs.

(4) *Le friçon*, le premier frémissement.

Et a çainte l'espée au senestre giron,
Met l'escu à son col, lace son gonfanon,
Par son estrier senestre monta ens el gascon.
Or chevalche li dus, Diex soit à cel besong!
Es-vous parmi l'ost Dieu, poignant à esperon,
Saint Jorge, saint Domitre, qui vienent abandon,
Li dus nes conut mie, à eus ne tint raison;
Or s'en tornent ensemble tot troi li compaignon.
Sarrasin ont connu la sainte légion,
Fuiant s'en sont torné, li encriesmé felon,
Et li dus les suit près, les abat de randon,
Teus quatorze en a pris, jà n'auront raençon;
Les testes lor copa par desoz le menton.
Li autre s'en tornèrent desconfit et enbron;
Onques n'en sorent mot né François né Breton,
Tant que vint el demain que par l'ost leva-on.
Les testes des Paiens ont trové el sablon,
Dame Dieu en loerent qui vint à passion.

XXXVI.

ENDEMAIN par matin, quant il fu ajourné,
Tost furent no François garni et conréé ;
Le service ont oï et de cuer escouté.

(1) *Enbron,* refroignés, sombres.

Or diromes des Turs coment il ont erré.
Vinrent à Garsion, si l'ont araisoné :
« Sire, par Mahomet, trop i a mal esté ;
« Car Butors et Clarés ne furent pas sené :
« De vos deus tors del Pont ont tous les Turs jeté,
« Et François i entrèrent, li chevalier membré.
« Si en ont vos caitis trestout fors amenés. »
Quant l'entent Garsions, près n'a le sens desvé,
Dont Soliman de Nique en a puis apelé :
« Garnissez bien nos tors, par Mahomet mon Dé,
« Que dedens ces huit jors i ait et pain et blé. »
Et respont Solimans : « Si com vous vient en gré. »
Dont vait par Antioche, s'a le vivre acheté,
Et pain et vin et char i ont mis à plenté.

Et François sejornèrent, si sont logié el pré.
Rotols, li quens del Perche, a primerains parlé :
« Seigneur, » ce dist Rotols, « jà ne vous ert celé,
« Trop soffrons ces Paiens (lor cors ait maldaé[1] !)
« Quant ne querons conseil qu'il soient engrevé. »
Dist li dus de Buillon : « Jà n'ert soffert por Dé,
« Ains les vespres sonans, assaurons la cité. »

---

(1) *Maldaé*, mauvaise mort ou malédiction. On trouve encore souvent dans Rabelais cette expression *mau dahait*, avec le même sens.

XXXVII.

Li baron en issirent fors de lor paveillon.
Premièrement parla Godefrois de Buillon,
Et Robers li Normans o Robert le Frison,
Et Tangres li Puillans, o le duc Buiemont :
« Seigneur, parlons ensamble coment nous en iron,
« Par com faite maniere Antioche assauron.
« Nous en irons devant qui l'ost aconduiron ;
« Dant Huon de Saint-Pol et Enguerant menron,
« Et Tumas de la Fere, Haton si compaignon ;
« Li dus de Normendie en est jà tous semon,
« Et li quens de Bretaigne, Alain l'apele-on.
« Et Tierris de Blansdras, cosin roi Phelipon [1],
« Et Gislebers de Rains, et avoec lui Begon [2],
« Feront l'ariere-garde com nobile baron.
« Herbers li dus de Bascle, Godescal et Simon [3],
« Et Rainiers qu'est d'Arsies, laicié le gonfanon,
« Et Rogiers L'emperères, Ansiaus de Ribemont,
« Iront à l'autre coste por l'ost qu'il garderont.

---

(1) Var. : *Qui cuer a de lion.* C.
(2) Var. : *O lui le Borgeignon.* C.
(3) *Godescal.* Var. : *Gontacles.*
(4) *Qu'est d'Arsies.* Var. : *de Figal.* A *De Nirele.*

« Et dans Hues li maisnes frere au roi Phelipon,
« Et Paiens de Garlande, qui moult est gentix hom [1],
« Gautiers de Domeart, et li quens de Clermont
« Ierent en la compaigne au bon duc de Bullion. »
Et cil ont respondu : « Vostre commant ferons. »

Cargent muls et somiers de pain, de garison,
Et chevaucent rengié sans noise et sans tençon,
Antioche assauront qui qu'en poist né qui non.

As estres de la tour estes-vous Garsion [2]
Et Solimant de Nique, son neveu Rubion.
Solimans regarda par devers le sablon,
Et recognoist l'enseigne et le roial penon [3];
Quatre fois s'est pasmés, ainc ne dist o ne non.
Quant l'en ont relevé li Sarrasin felon,
Garsions li demande : « Que avez, par Mahon ? »
— « Mors estes et honnis, » Solimans li respont,
« Perdue as ta cité, le païs environ. »
Quant Garsions l'oï, si fronça le grenon,
Dont fist soner ses graisles, tout entour son donjon.
Si s'esmeut Antioche par la grant huison,

---

(1) *Paiens.* Var. : *Pierre.* A.

(2) *Estres,* extrémités supérieures.

(3) *Et le roial peron.* Var. : *Le flambe del bardon.* C. D. *Le flambe et le dragon.* A.

D'une liue et demie la noise oïr puet-on.
Les perrieres turcoises redrescent Esclavon,
Et jurent Mahomet que jà n'i enterront,
Né la cit Antioche par force ne prendront.

FIN DU CHANT TROISIÈME.

CHANT QUATRIÈME.

ARGUMENT.

Début. — Place respective des chefs croisés devant Antioche. — Garsion tient conseil. — Gontier Daire conquiert le cheval de Fabur. — Raimont de Saint-Gille est surpris. — Délivré par Buiemont. — Le pont d'Antioche; vains efforts des Croisés pour le renverser. — Ils se retirent. — Construisent un fort. — Découvrent des tombeaux. — Repoussent les Turcs. — Lancent dans la ville les têtes des cadavres découverts. — Consternation des Turcs. — Tangré défend le vieux chatelet. — Ses exploits et sa bonne fortune. — Disette affreuse dans l'armée. — Orages. — Discours de Godefroi. — Excursion au port Saint-Siméon. — Les Turcs d'abord vainqueurs sont repoussés par Godefroi. — Ses grands coups d'épée. — Garsion envoie des secours. — Combat sur le pont d'Antioche. — Les portes se ferment sur Rainaut Porquet. — Épisode de Raimbaut Creton. — Rainaut Porquet assailli. — Ses adieux touchans. — Il est pris et d'abord garanti de la mort par Garsion.

CHANT QUATRIÈME.

I[1].

SEIGNEUR, or escoutés, franc chevalier vaillant,
S'orés bone chanson dont li vers sont séant,
Del barnage de France que Diex parama tant,
Qui outremer alèrent le Sepulcre querant,
Por la venjance prendre del pule mescréant.
Tout droit vers Antioche se vont acheminant[2].

A la premiere porte dont li mur vont faillant,
Là heberja Tangrés, qui le cuer ot sachant[3],
Et ot en sa compaigne dant Hungier l'Allemant,
Et Rogier de Rosoi, qui un poi va clochant.
Par là ne lor venra vitaille tant né quant[4],

---

(1) Les cinq premiers vers de ce couplet ne sont donnés que par A.

(2) Ici nous rejoignons les deux leçons E. F. Mais nous perdons jusqu'au quatorzième couplet le Msc. C., un des meilleurs. Le feuillet qui comprenoit le commencement de ce chant a été enlevé.

(3) Var.: Li fius à la sacant. E. — Li fius à l'amirant. D.

(4) *Ne lor venra*, aux assiégés.

Car cil lor deffendra à l'espée trenchant.
Vers la tente Tangré qui fu et haute et grant,
Ot une grande tour que fermèrent gaiant;
Iluec maint uns paiens qui ert de pute gent.
Deus perrières turcoises ot levées devant :
Et jure Mahomet que il va aourant
Que il tolra la vie à Tangré le Puillant[1] :
Mar a si près de lui tendu sa tente grant !

II.

L'AUTRE porte après, si com li murs ala,
Buiemons de Sesile iluec se heberja ;
Devant la tor antaine son pavillon dresça.
Quatre mil Achopars droit encontre lui a ;
Chascuns jure Mahon à tant com il porra,
Por tant qu'il soit en vie, jà Frans n'i enterra.
Et Buiemons s'afiche que jà n'en tornera[2],
Mais les malvais gloutons trestous affamera.

---

(1) Pour vérifier l'exactitude relative des chroniqueurs latins, de notre poëte, et de M. Michaud, il faudroit avoir ce qui nous manque, un plan exact d'Antioche et l'indication des anciens quartiers de cette ville fameuse, aujourd'hui détruite. Nous laisserons donc aux voyageurs la critique approfondie des diverses relations.

(2) *S'afiche*, se promet, se tient pour assuré.

III.

UNE autre posterne, devers Cafarnaon [1],
Sous la tour Josian, devant, au pié del mont [2]
Iluec se heberja dans Robers li Frison,
Enguerans de Saint-Pol o son pere Huon.
Là sus fu Josian, avecques Clarion,
Et sont en lor compaigne trois mil Paien felon.
Et dist li uns à l'autre : «Seigneur, bien nous gardon ;
« Li quens Robers de Flandres tent ci son paveillon,
« Tout somes mors et pris sé nous vers lui isson ;
« Sé Mahomes n'empense, Antioche perdron. »

IV.

U pié de la montagne, vers la tour Fauseré [3],
Li bons quens de Bretagne i a tendu son tré ;
Herbers, li dus de Bascle, qui le cuer ot sené,
Et Godescaus ses freres, et Simons li membré.
Par là ne lor venra né pain né vin né blé,
Né jà n'en isteront ne soient afolé.
Et cil dedens s'afichent qui là sus sont monté,
François n'i enterront, si l'auront comparé.

---

(1) C'est-à-dire sur le chemin qui conduit d'Antioche à *Ca-pharda,* vers le midi.

(2) *Josian.* Ce mot n'est pas dans A.

(3) Var. : *Fausaré.* B. — *Flasaré.* E.

V.

Devers la maistre tour, au pié de la montaigne,
Là sont tout li Normant et tout cil de Bretaigne.
Li dus de Normendie son tref tent en la plaine,
Et li baron d'Anjou et li baron du Maine [1];
Par là ne lor venra despense né gaaigne [2],
Né Turs n'i enterra qui n'ait male bargaigne [3].

VI.

Deçà le pont de Ferne devers la Romenie [4]
Li bons vesques del Pui i prist hebergerie;
Après lui hebergea dans Raimons de Saint-Gille.
Provenciaus et Gascoing sont en lor compaignie.
Et en la tour amont fu Carcans de Surie;
Et jure Mahomet et sa loi paiennie,
Que Franc n'i enterront, s'en perdront mil la vie.
Li quens Raimons s'afiche de faire une envaïe.
Or lor en aït Diex li Fiex sainte Marie!

---

(1) Var. : *Et tout cil d'Alemaigne.* E. F.
(2) Sorte d'expression proverbiale, comme *ni perte ni gain*, ou *ni recette ni dépense.*
(3) *Bargaigne*, contestation de prix.
(4) C'est à-dire au delà du grand pont de la ville, vers l'occident.

VII.

La desous, en un camp qui plains ert de sablon,
Heberja Estatins, qui ot cuer de baron,
Et li quens de Nevers est hebergiés selon [1].
Et si s'afichent bien que tant com vif seron,
S'or la cité n'est prise d'iluec ne tourneron.
Par là ne lor venra né pain né garison,
Né Turs n'i enterra que n'ait trop grant friçon.

VIII.

Une autre posterne, par devers miedi,
Iluec se heberja Olivier de Jusi [2],
Li quens Rotols del Perche, Raous de Baugenci,
Et Richars de Dijon, Raimbaus de Cameli [3],
Et Acars de Monmarle qu'on tenoit à hardi [4].
Et jurent Dame Dieu qui onques ne menti,
Qu'il feront Garsion coreçous et mari.

(1) *Selon,* à la suite. Le Msc. *D.* ajoute le vers suivant : *Et li quens de Baudas qui fu fiex de baron.* Peut-être pour *Blandras.*

(2) *Jusi.* Var. : *Rossi.* B. *Jusci* D. *Vissi.* E. *Nisi.* F.

(3) Var. : *Et Richars de Verdun,* D. E. F. *Raimbaus de Coumarci.* D. — *De Camilli.* E.

(4) Var. : *Et Apiaus de Moimerle.* D. *Otes de Monmele.* E. — *De Prouvile.* F.

Sorgalans les esgarde et si Turc avoec li [1],
Si les escumenie de Mahon son ami.
« Ahi ! caitif François, mar estes venu ci,
Quar tout i serez mort, vencu et mal bailli. »

IX.

Par devers Jursalem, à la porte Hervaus [2],
Devers l'aigue de Ferne, qui cort à moult grant saus,
Là fist tendre son tref uns nobiles vassaus,
C'est li dus de Buillon qui moult scet des assaus.
Puis fu de Jursalem rois et emperiaus,
Ainc ne porta corone d'or fin né de metaus ;
De l'or saint Abraam li fu fais un cerchaus [3],
Si li mist en son chief li bons rois des Ribaus ;
Car en Jerusalem fist-il les premiers traus [4],
Et premiers i monta par devers les muraus.
Li trés au duc estoit d'un paile grant et haus,
Là ot maint paveillons inde, vermeil et blaus [5].

(1) Var. : *Grogelans*.
(2) Var. : *Bernaus*. Je crois que les Mss sont fautifs et qu'il faudroit ici : *A l'opposé de*, encontre, etc. Godefroi étoit campé au nord d'Antioche et, comme dit le poëte, près du fleuve.
(3) *Cerchaus*, un petit cercle.
(4) *Traus*, ouvertures, passages.
(5) *Inde*, bleu. — *Blaus*, jaune, couleur de blé, ou *flavus*.

De sa tor les esgarde Bernaus li amiraus,
De Mahom les maldit qui fait et frois et caus :
« Ahi ! « dist-il, « François, mauvaise gent et faus,
« Com vous alés querant vos hontes et vos maus !
« Tous vous verrai ocirre et livrer aus bersaus,
« Jà n'en eschapera né chevelus né chaus. »

X¹.

A la porte Fabur, par devers Romenie,
Contreval le rivage en une praérie,
Li quens Robers de Flandres i prist hebergerie.
Quinze mil chevaliers ot en sa compaignie.
Là péussiés véoir mainte tente drecie,
Maint tref, maint paveillon qui luist et reflambie.
Li quens Robers en jure le fil sainte Marie,
Que sé Paien en issent à l'ost par aatie,
Tant i voudra ferir de l'espée forbie,
Desci que à ses puins, iert de lor sanc noircie.
Faburs les esgarda de sa grant tour antie,
De Mahomet son Dieu tous les escumenie :
« Ahi ! » dist-il, « caitif, Mahomes vous maudie !

(1) E. F. placent avant ce couplet les deux vers qui vont suivre.
(2) *Aatie*, irritation.

« Moult avés bien à tort Antioche asségie,
« Por nient l'arés fait, ne vous vaut une pie,
« Car la vile est moult fort, si ne la prendrez mie. »

XI.

A une autre posterne Brunamont le tirant,
Par de devers la tour que sostienent Dormant,
Là se va li quens Hues et li François lojant,
Et furent bien dix mil hardi et combatant.
Là péussiés véoir maint paveillon tendant,
Maint tref inde et vermeil à or resplendissant.
Brunamons les esgarde de sa haute tour grant,
Si les escumenie de son Dieu Tervagant :
« Ahi ! » fait-il, « caitif, maléurous dolent,
« Com vous alés vo doel et vo honte quérant !
« Trestout serez rendu à l'amiral Sodant,
« De vous restorera les desers d'Abilant. »

XII.

A la porte de seure, qui séoit contremont,
Desous la tour Princeple le frère Gondremont,
Là fu li rois Tafurs et Ribaut o lui sont :
Et jurent Dame Dieu qui forma tout le mont,
Que s'ils tienent Paiens, aus dens les mangeront.

Tafur crient et huent, et moult grant noise font.
Princeples les esgarde, d'ire fronchi le front :
« Apollin ! cil chaitis dont vienent et où vont?
« Il ne valent un pois, viande gasteront.
« Là les voi-je tous nus, né arme nule n'ont.
« Moult ont grant hardement quant vienent près del pont :
« Jo quit ce sont diable qui la cité prendront. »

XIII.

ELÈS l'iave de Ferne très emmi un jugal [1]
A la porte Mahon, le frère l'amiral,
Là se loja Tomas, qui le cuer ot loial ;
Cil fu sires de Marle, o lui ot maint vassal [2] ;
Et li quens de Saint-Gille se loja contreval ;
Et à l'autre posterne qui siet sor le rochal,
Estievnes d'Aubemarle prist iluec son estal.
Bien furent quinze mil chevaliers parigal.
Mahons les esgarda de sa grant tor roial :
« Ahi ! » dist-il, « caitif, Crestien deloial,
« Com vos alés quérant et vo duel et vo mal !
« Car tout i serés mort et livré à bersal.
« Jà ne prendrés la cit, trop sont fort li mural,

(1) *Jugal*, montée.
(2) *Marle*. Var. : *Marne*. B.

« Nos portes sont de fer, tex i a de metal,
« Et s'avons là dedens mainte tour principal;
« Là fors, morrez de faim, à doel et à traval,
« Par destroit mengera chevaliers son cheval. »

XIV.

Moult ont bien Antioche no gent avironée.
Chascuns de nos barons a porprise une entrée[1];
Lor mangiers font aus trés, moult fu grans la fumée.
Li jors fu biaus et clers et la caure levée[2];
Sarrasin et Paien ont fait lor assamblée,
A la porte Escivant, desor la tour quarrée ;
Garsions les appelle, sa raison a monstrée :
« Baron, franc Sarrasin, or oiez ma pensée,
« Crestien ont grant pan de ma terre gastée,
« Plus qu'on ne puet aler en une grant journée,
« Ma cité ont assise qui moult est grant et lée;
« Estormir les poons et soir et matinée,
« Et s'on prent nul François s'ait la teste colpée. »
Et Sarrasin escrient : « Ceste raison nous grée,
« Amiraus, bien sera Antioche gardée;

---

(1) S'est chargé de garder une porte. Var.: *Une enseigne.* D.
— *L'estrée.* B.

(2) *Caure,* chaleur.

« Mar passerent François decha la mer salée. »
Paien s'en sont tourné, s'ont lor gent conréée;
N'i a celui d'eus tous n'ait bien la teste armée.

Desous l'iave de Ferne est une large prée [1].
Le bon destrier Fabur à la croupe tiulée [2],
Gardent dis Sarrasin là où paist la rosée.
Chascuns ot en sa main une hache acérée,
Pour le cheval garder qu'est de grant renomée.
No François les esgardent de la terre gastée;
Volentiers i passasent, mais l'iave est redotée.

XV.

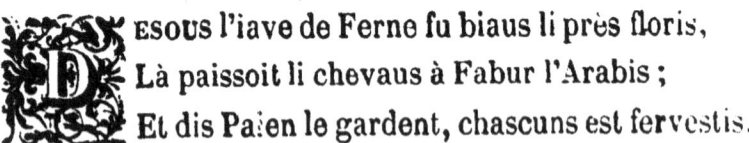

Esous l'iave de Ferne fu biaus li près floris,
Là paissoit li chevaus à Fabur l'Arabis;
Et dis Païen le gardent, chascuns est fervestis.

(1) Sans doute à l'occident, entre la ville et l'Oronte. Les Provençaux, les Picards et les Flamands étoient campés vers ce point là, de l'autre côté du fleuve : « Un poste à l'ouest « d'Antioche, dit M. Poujoulat, auroit beaucoup servi les as- « siégeans : car les murailles et les tours occidentales étoient « les moins redoutables, et dans cette direction le terrain se « prête à un campement. Il eût fallu pour cela passer l'Oronte. » C'est précisément, d'après notre Chanson et non d'après les chroniqueurs latins, ce que firent les Croisés.

(2) *Tiulée*, couleur de brique ou de tuile. Var. : *Triulée*. E. F. *Tieulée*. D. *Teulée*. B.

Li chevaus ert moult bons, isniaus et ademis [1],
Jà por vint lieves corre n'iert mas né alentis [2];
Or oiez del cheval coment estoit faitis :
L'un costé avoit noire l'autre blanc come lis.
Crupe ot grosse et quarée, piés copés et vautis,
Narines grans et amples, les iex bruns éclarcis ;
El regne d'Antioche n'ert chevaus si eslis.
Uns Turs i mist la sele qui fu à or vernis,
Moult fu riches li frains qu'il li a el chief mis.
Son poitral lui laça qui fu de cuir bolis,
A une grant estache l'aresna d'un jarris [3],
Li chevaus grate et hene ; moult fait grant pestelis [4].

XVI.

Moult fu fiers li chevaus quant il fu aregnés,
Il hene et grate et fiert, moult fu grans sa fiertés.
Des François d'otre l'iave fu forment golousés [5],

(1) *Isniaus*, prompt. *Ademis*, vif, indompté. C'est aussi le sens qu'il a dans un passage que j'ai cité plus haut, page 113, note 2, et que j'avois alors mal entendu.

(2) *Lieves*, lieues : mot aussi ancien que la société, et que la loi nous oblige à remplacer aujourd'hui par la simple et intelligible périphrase : *quatre kilomètres*.

(3) *Estache*, poteau, — *D'un jarris*, par un jarret.

(4) Var. : *Li destrier jete et hue*. C. — *Hene* pour *hennir*, est plus imitatif. *Faire pestelis*, c'est *plaffer*.

(5) *Golousés*, desir.

CHANT QUATRIÈME.

Mais ainc n'i ot celui qui tant parfust osés
Que de passer là outre fust de riens aprestés.
Oiés de Gontier Daire de coi s'est porpensés [1] :
Li bers fu escuiers, encor n'ert adobés,
Tout coiement s'en est fors de l'ost dessevrés ;
A sa chainture pent deus esperons dorés,
Puis a chainte une espée à son senestre lés.
Crois fist emmi son vis, à Dieu s'est comandés [2],
Venus en est au Ferne si est dedens entrés.

Li bers savoit moult d'iave, si est outre noés [3] ;
Puis est de l'autre part à la rive arestés.

Moult tost a en ses piés les esperons fermés,
L'espée ens el poing destre s'en va parmi les prés.
Quant li Turc l'aperchurent moult tost fu escriés :
« Cuivers, mar le pensastes, moult cier le comparrés ! »
Chascuns hache levée en est vers lui alés.
Gontiers les voit venir, nes a pas redotés ;
Le premier feri si del branc qui fu letrés,
Une toise et demie en est li chiés volés.
Et un autre en fendi tresqu'aus dens maisselés [4],
Et le tiers dusqu'al pis en est li brans colés.

---

(1) *Daire.* Var. : *Dane.* B. *Daine.* D.
(2) *Emmi son vis.* Var. : *Devant son pis.* B.
(3) Ainsi, il passe à la nage de l'autre côté, vers la ville.
(4) *Maisselés,* de la mâchoire. Les *maxillaires.*

Et jo que vous diroie ? cinq en a mors jetés.
Chascuns des autres Turs est en fuies tornés ;
Gontiers vint au cheval, ès archons est montés,
Des esperons le broche par amdeus les costés,
Et li chevaus lança com bougons empennés [1].
Les cinq Paiens ataint, tous les a descolpés.
En Antioche est bien une traitie entrés,
Trois Paiens a ocis, puis s'en est retornés.
Aval parmi la vile en est li cris levés,
Dont véissiés apoindre plus de vint mil Esclés ;
François voient Gontier des loges et des trés,
Adonc fu Sains Sepulcres huchiés et reclamés.

XVII.

GONTIER ont enchaucié Persant et Esclavon,
Et li bers vint au Ferne, ù se fiert de randon.
Li chevaus l'emporte outre à force et à bandon,
D'autre part à la rive est issus el sablon.
Jà de greigneur proesce n'ora parler nus hom.
Entor lui sont venu li prince et li baron,
Trestout vont moult avant, grans fu l'asamblison.
A tant es-vous venu dant Robert le Frison,
Gontier baise les iex, le vis et le menton :

(1) *Bougons*, trait ou dard. Var. : *Faus—Faucon*.

«Cosins,» ce dist li dus, «moult as cuer de baron[1];
«Jamais ne plainderai de vous le nourrichon.
«Sé jamais viens en Flandres à ma salvation,
«Jo n'aurai en ma terre senescal sé vous non.
«N'en ma cort conseiller sor vous, un seul bouton.
«Tel cheval as conquis en cest ost n'a si bon :
«Qui tort vous en fera jà n'ait s'arme pardon,
«Car bien l'avés conquis à loi de campion.»
— «Voire voir, biaus cosins,» dist li dus de Buillon,
«Quelle hore qu'il voura chevalier en feron.»
— «Seigneur,» ce dist Gontiers,» à Dieu benéiçon!
«Ainsque viene au sepulcre ne nous adoberon[2].»

Chascuns de nos barons vient à son paveillon,
Aus povres de par l'ost firent la livroison[3].
Et li Turc d'Antioche furent en grant friçon,
Les noveles contèrent en la tour Garsion;
Et il lor comanda par grant aatison
Que chascuns s'en revoist arière en sa maison,
Gardent n'issent des portes sé d'aus n'i a foison[4].

(1) Les cinq vers suivans ne sont pas dans E. F.
(2) Var. : Dès que g'iere al sepucre vous en requier le don. E. F.
(3) Ils firent largesse, distribution aux pauvres, à l'occasion de cet exploit de Gontier Daire.
(4) *Sé d'aus n'i a foison,* s'ils ne sont en grand nombre.

XVIII.

Li Turc en Antioche sont dolent del destrier.
Isnelement sonèrent un grant cor montanier [1],
A la porte de fer font lor gent aloier [2];

(1) *Montanier,* de montagne, de longue portée.

(2) *Aloier,* assembler. — La porte de fer n'étoit pas éloignée de la citadelle. Les chroniqueurs latins n'en parlent pas, mais écoutons M. Poujoulat, dans sa lettre datée d'Antioche : « Au « delà de la citadelle, à l'est, j'ai vu une grande muraille con- « struite sur le lit d'un torrent profond qui sépare deux mame- « lons de montagnes. Les eaux du torrent passoient par une ar- « che pratiquée à travers la muraille; l'arche se trouve depuis « longtemps à moitié murée, de sorte que, pendant les pluies « de l'hiver, une partie des eaux trouve là comme une digue, « et s'arrête. Cette arche est appelée *Bab-Haddid,* porte de « fer, parce que vraisemblablement, dit Pokoke, elle étoit gril- « lée. Cette explication me semble assez naturelle. Le même « voyageur estime à soixante pieds au moins au-dessus du « torrent la hauteur de la grande muraille, et ajoute que c'est « l'ouvrage le plus extraordinaire que l'on puisse voir. Cette « œuvre, en effet, a quelque chose de gigantesque, d'inexpli- « cable, de merveilleux, qui confond l'intelligence. » (*Corres-pondance,* t. VII, p. 113.)

Je présume que si M. Poujoulat avoit pu connoître notre *Chanson d'Antioche,* il n'auroit pas vu dans la *Porte de fer* l'attribution ancienne qu'il lui suppose. Il est plus naturel de croire que devant cette muraille formidable, il y avoit un torrent dont les eaux, abandonnées plus tard à leur propension naturelle, se sont fait un passage sous les ouvertures de la vieille porte démantelée.

A cheval en issirent dix mile Turc archier :
Ainc tot cil de l'ost Dieu ne s'en sorent gaitier [1],
En un viés castelet s'alèrent enbuscier :
La nuit, firent aus nos merveilleus destorbier.
Del port Saint-Siméon venoient dix somier [2]
Tuit cargié de vitaille et de pain à mengier ;
Ses conduisoit Raimons, o lui ses chevaliers,
Mais une grant lieve furent remés arier [3] ;
N'ot devant fors sergens qui erent péonier ;
Et li Turc lor salirent (cui Diex doinst encombrier !)
Li Turc aus ars turcois lor font l'avoir laissier ;
Et li sergent s'entornent, que n'ont nul recovrier,
A haute vois escrient et prenent à huchier :
« Ahi ! Raimont où estes, car nous venés aidier !
« Paien nous sont venu, plus sont de cent millier. »
Li dus oï la noise, n'ot en lui qu'à irier,
Dist à ses compeignons : « Or pensons d' esploitier,
« Car Turc sont fors issu pour nos gens damagier. »

(1) Avant que ceux de l'armée chrétienne pussent les apercevoir.

(2) Le *port Saint-Siméon* devoit être, non pas à l'embouchure du *Ferne* ou Oronte, mais au-dessus, près de l'ancienne *Séleucie*, et à dix lieues environ d'Antioche.

(3) Mais Raimont et l'escorte demeuroient en arrière du convoi de plus d'une lieue, et les Turcs ne trouvèrent pour leur résister que des sergens à pied, des conducteurs ou *pioniers*.

N'i a cel des barons ne broche le destrier,
Mais pour noient le font car trop poent targier,
Et Turc ont nos somiers fait sur le pont chacier [1],
Sor les arches devant jà èrent li premier.

XIX.

Li Turc ont sur le pont jà nos somiers mené :
Atant es-vous Raimont poignant tot abrivé,
Il et si compaignon sont jà aus Turs meslé.
Onques n'i ot de lance né féru né jousté,
Mais aus bons brans d'acier ont le caple mené.
Cil de l'ost ont le cri et la noise escoté,
Isnelement se sont fervestu et armé,
Al pont de Ferne en viennent, s'ont Monjoie escrié,
Les somiers ont rescous par vive poesté.
Et Sarrasin s'en vont laiens en la cité,
Puis ont la porte close et le flaiel levé [2],
Et no baron en sont arrière retorné ;
Chascuns est descendus à son demaine tré.
La nuis fu bele et clere et li ciel estelé ;
L'ost gaita Buiemons s'ot avoc lui Tangré,
Entresi qu'al demain que il fut ajorné.

(1) Le pont construit devant la *Porte de fer*.
(2) *Le flaiel levé*. Var. : *Le pont sus levé*.

Dont sont tous no baron à un conseil alé,
Si ont communalment et dit et devisé
Que li sieges soit mis plus près de la cité,
Car Sarrasin s'en issent coiement acelé.
Et il si font moult tost quant on l'ot commandé.
N'i a cel n'ait son tref des barons remué,
Et si près d'Antioche sont logié et serré,
Qu'on i traisist moult bien d'un quarrel empené.
N'i a cel des barons qui n'ait dit et juré
Qu'il ne s'entorneront por nule poesté,
S'aront pris Antioche por quoi sont tant pené.
Moult ont bien la cité assise et le fossé,
Une lieve a lor ost et de lonc et de lé;
Mais cou ne lor vaut mie un denier monéé,
Quar Turc s'en issent bien quant il lor vient à gré.

XX.

Moult ont bien Crestien Antioche asségie.
A la porte de fer de la Mahomerie
Avoit un pont basti de grant ancesserie[1].
Popelican le firent par moult grande maistrie.
Dès la première loi que Diex ot establie[2],

(1) C'étoit le pont jeté sur le torrent dont parle M. Poujoulat dans la citation précédente. — Les *Popelicans*, ou Pauliciens, ou Manichéens. Le poëte entend ici les anciens Persans.
(2) Cela signifie : Dès le temps d'Abraham.

Furent faites les arches sor l'iave qui bruie ;
Voltes i ot desous chascune bien taillie,
De tors et de bretesques si fierement garnie
Qu'Antioche ne crient ost de cele partie.
Li pons estoit moult fors, nel mescréés vous mie.
Iluec passent li Turc (que li cors Dieu maldie !)
De no crestienté font moult grant desceplie ;
Là où les encontroient n'est conrois de lor vie [1] ;
Il lor trencent les testes, j'à n'en auront aïe.
Moult en poise Jesum le fil sainte Marie,
Et trestos les barons qui l'ost ont en baillie.

Li vesques en assamble tote la baronie,
Conseil lor demanda de la gent désertie,
Qui par le pont de fer lor font tele envaïe ;
Jà ont de nostre gent fait moult grant desceplie.
Quant li baron l'oïrent, chascuns en haut s'escrie :
« Qu'on voist le pont abatre, el non sainte Marie ! »
Et li povre et li riche ne s'atargèrent mie,
A val par tote l'ost fu la novele oïe ;
Quant Crestien l'entendent, chascuns Dieu en mercie.
Cele nuit l'ost gaitièrent dusqu'à l'aube esclairie.

(1) *N'est conrois de lor vie*, il n'y a pas à compter sur leur vie.

XXI.

L demain par son l'aube, quant il dut esclairier,
S'adobèrent par l'ost sergent et chevalier :
Et prenent maus de fer et grans picois d'acier [1].
Des heberges issirent, serré sont et rengier ;
Plus de quatre cens cors oïssiés graisloier.
A l'aigue vinrent droit qui fait à resoigner,
Le pont cuident abatre et trestout pecoier,
Les estaches coper, les solives brisier ;
Mais ne sauroient faire en trente jors entier,
Quant s'en iront le soir aus osteus hebergier,
Qu'il en puissent entre aus un sol roncin chargier.

Il orent un engien qui moult fist à prisier,
A clous et à chevilles l'orent fait atachier,
Et par desous le pont mener et caroier ;
Là furent li sergent et li arbalestier,
Et li valet armé et li vassaut archier ;
Là ot moult grant estor de traire et de lancier,
Car li Turc i acourent por le pont calengier ;
Durement se défendent, n'ont cure d'espargnier.
Devant la porte avoit de Turs plus d'un milier ;

---

(1) *Maus*, massues *Grans picois*, grans pieus.

Là véissiés aus masses tante teste saignier
Et tant elme quasser, tant auber depecier,
Tant puing et tante teste véissies rooignier,
Tant cuivert Sarrasin verser et trebuschier,
Chéoir de sur le pont et en iave noier.
Moult fu grans la bataille et li caple sont fier.
Et defors et dedens jetoient li perrier,
Ains l'estor ne fina desci à l'anuitier,
Desci que li solaus s'abaissa por cochier.
Et li vespres parvint et prist à espoissier.

XXII.

Esor le pont de Ferne fu moult grans la bataille,
Bien fierent li baron, li sergent, la piétaille [1] ;
Chascuns à son pooir vassaument se travaille.
Es-vous atant Hungier à la dure coraille,
Sor le pont descendi par delès une entaille,
Et guerpi son cheval dont gaires ne li chaille ;
Puis a traite l'espée dont li brans moult bien taille,
Son escu tint serré par devant sa ventaille,
A la porte de fer, tot droit devant l'entaille,

(1) Var. : *Bien fierent li geudon serjant, et la pietaille.* B. *Et la frapaille.* C. — *Li giedon.* D. *Li glouton et li sergent sans faille.* E. *Li glouton et li François.* F.

Entre cent Sarrasins fiert le roi de l'Escaille[1];
Ses escus ne li vaut le pan d'une touaille,
L'elme né le clavain vaillant un oef de quaille,
Tant soef l'abat mort que gaires n'i bataille.
La gent à l'aversier sor le pont esparpaille.

XXIII.

UANT Paien ont véu François si aproismier,
Qu'il les vont destrenchant aus espées d'acier,
Bien voient que l'estour lor torne à destorbier,
En la porte s'en entrent, si la font veroillier,
Puis s'en vont aus crestiaus des murs por apoier.
Là i ot grant estor de traire et de lancier.
Fierement se deffendent li glouton aversier ;
Il ont les ars turcois qui moult font à proisier,
Et ont fait les saietes moult bien aparillier,
Et les fers et les fluches font de soffre poier[2],
Tant en font en l'engien et traire et entichier,
Qu'eles orent de lonc une anste de pomier,
Et si furent espesses qu'on n'y pot rien muchier[3].
Puis prisrent fu grejois qui fait à resoignier,

(1) Ce XXIIe couplet n'a été fait que pour reposer de la longue rime en *ier* des deux couplets précédent et suivant.
(2) *De soufre poier*. Sans doute enduire de soufre.
(3) Et si bien jointes qu'on ne pût rien mettre entre elles.

Trestout ardant l'ont fait dedens l'engien lancier;
La flambe vole en haut le trait d'un arc manier,
Les plances et les ais ardent sans recovrier;
Ainc nel porent rescorre serjant né chevalier.
Quant no baron le virent, n'i ot que courecier.

XXIV.

Li engiens art et croist, moult fu grans la fumée;
Li fu grejois bruist dont la flambe fu lée,
Onques n'i remest corde ne fust arse et brisée.
Et no baron s'entornent, n'i font plus demorée,
Tot ont perdu l'engien, n'i a mais recovrée,
Et del pont n'ont-il mie, qui moult lor desagrée[1].
Ni a nul des barons n'ait la color muée.

Après sont fors issu la pute gent desvée,
De nostre gent ont moult ocise et affolée,
Puis rèpairent arières, s'ont la porte fermée,
Moult sovent les assalent, chascune matinée,

(1) Le fond de ce beau récit est indiqué dans Tudebode : « Or-
« dinaverunt primates nostri ut facerent maximam talpam
« vitis, cum qua possent perforare pontem : et fuerunt multi
« Turci de melioribus occisi, et pons fuit perforatus. Nocte vero,
« dormientibus nostris, exierunt, et incenderunt talpam et res-
« tauraverunt pontem. »

Et à none, autresi par nuit, à l'ajornée;
Sovent ont de no gent ocise et afolée.

XXV.

UANT voient no baron qu'il n'i gariront mie,
Dont se sont assamblé en une praérie.
Et dist li uns à l'autre : « Mal est nostre ost baillie :
« Ne nous poons garder de cele gent haïe.
« Car faisons un castel à la Mahomerie [1],
« Et cil castiaus soit fait el non sainte Marie.
« Sé Dame Dieu ce dor.ne, qui tout a en baillie,
« Que nous aions la vile en nostre comandie,
« La douce mere Dieu là sera bien servie;
« S'i ferons moines metre et faire une abéie ;
« Car là passent li Turc (que li cors Dieu maudie!) »
Et cil ont respondu : « Jà ceste n'iert laissie,
« Il n'i a un tout seul qui ce plait desotrie,
« Chascuns des nos le veut et moult s'i umelie. »

Dont font soner lor cors, moult fu grans la bondie,
Puis s'armèrent ensemble nostre gent seigneurie.
Dont oissiés grant noise et grant carpenterie.

(1) *A la Mahomerie,* vers la mosquée qui étoit au dehors des murs.

Sor une grant cisterne fu la Ferté bastie [1],
Por ce dist-on encore à la mahomerie :
« François font les crestiaus et closent, par maistrie [2].

(1) Var. : *Sor un grant castelet.* E. F.
(2) Var. :

> François fisent l'entrée bien forte par maistrie. A.
> Franc fisent les muraus et closent par maistrie. C. F.
> Franc fisent les tieraus. E.

Ce vers est remarquable en ce qu'il peut servir à prouver que les Chrétiens n'avoient alors rien à apprendre des Sarrasins pour ce qui regardoit l'art de bâtir. Tudebode a parlé avec son obscurité ordinaire de ce fait : « Inimici multis modis lædebant « nostros. Videntes autem hoc nostri majores,... congregati in « unum, habuerunt colloquium ut subtiliter possent investi- « gare quemadmodum valerent eorum insidiis ac dolis contra- « stare. Quo invento, dixerunt omnes una voce: Priusquam « perdamus gentem nostram, mandemus Liciæ civitati (Se- « leucia), et omnibus castellis et portui Sancti Symeonis, et « nostram colligamus gentem, cum qua faciamus castellum ad « Machomariam quæ est ante civitatis portam, et forsitan ibi po- « terimus inimicos constringere. Consensere consilio .. Egre- « gius autem vir Boamundus et Tancredus una cum Sancti « Ægidii comite dixerunt aliis : Si vos omnes vultis, nos aduna- « tim ibimus ad Sancti Symeonis portum diligenter condu- « cere illos qui illic sunt, omnes homines qui hoc fideliter per- « agant opus... Factum est ita ; illi autem cœperunt protinus « equitare cum fiducia ad portum. Nobis igitur congregatis « insimul, quatenus castellum ædificaremus, Turci videntes « hoc, illico præparaverunt sese ad defendendum... irruerunt- « que... super nos, etc. » (Ch. LII.)

Tudebode raconte ensuite la bataille sanglante dont il est fait mention précédemment aux couplets XVIII et XIX ; puis il ajoute : « Crastina autem die, exierunt et venerunt alii de civi-

Ne doutent mais nient devers cele partie.
Mais qui voura garder icele manandie,
Péor aura de perdre les membres et la vie.

Es clos devant la porte de la cite garnie,
Là trovèrent sarcus de marbre de Persie[1];
S'en ostèrent les cors de cele gent haïe,
Et les dars et les cuevres, et mainte espée forbie[2],
Et elmes et clavains où li ors reflambie
Et totes celes choses que Turs porte en sa vie;
Tel arme i ont trovée et de terre sachie[3]

« tate, et collegerunt omnia cadavera Turcorum quæ reperire
« potuerunt super ripam fluminis, et sepelierunt collecta cada-
« vera ad Machomariam, quæ est ante portam civitatis, et si-
« mul cum mortuis illis sepeliebant pallia, bysantios, arcus, et
« sagittas et alia plura ornamenta quæ nos omnia nominare ne-
« quimus. Audientes autem nostri quod humassent Turci mor-
« tuos suos in capite pontis, confestim omnes præparaverunt
« sese, et venerunt festinantes ad diabolicum atrium et jus-
« serunt frangi illorum tumbas, et trahi illorum cadavera
« extra sepulturam, et ejecerunt omnia illorum cadavera in
« quamdam foveam et deportaverunt cæsa capita ad nostra
« tentoria : quatenus sciretur eorum numerus. Quod videntes
« Turci, nimis fuerunt tristes... Tertia die veniente, cœpimus
« gaudentes et exultantes ædificare castrum illud jam supra
« dictum, de eisdem lapidibus quos abstraximus desuper hu
« mata cadavera. » (Ch. LIV.)

(1) *Sarcus*, cercueils.
(2) *Cuevres*. Var.: *Coivres*. — *Wivres*, carquois.
(3) *Sachie*, tirée, extraite de terre.

Qui valoit maint besans de l'or d'Esclavonie.
Moult i ont trové or et paile d'Aumarie,
Argent et siglatons et sables de Roussie [1],
Aus povres les départent de la Dieu compaignie.
Quant Sarrasin le sorent si ont lor gent coillie,
Par devant la ferté or font une envaïe ;
Là fu grans li estors et fiere la saillie,
Crestien les requièrent par grant chevalerie ;
De la gent paienor moult en ot malbaillie,
Li Turc en sont torné, nel porent soffrir mie.
Parmi la porte entrèrent de la cité antie,
Et no baron repairent à lor hebergerie,
Des Turs ont retenus cent en la lor baillie,
Les tiestes lor trencierent, n'en laisent nul en vie.
Puis desterrent les mors de la gent de Persie,
Chascun trenchent la teste par desous lor oïe [2],
Quinze cent en i ot, nel mescréés vous mie ;
Par les murs d'Antioche dont la pierre est polie,
A perrières turcoises qu'il i ont establie,
Ont jetées les testes et chascune lancie.
Quant Paien l'ont véu grant dolor fu oïe,
Les pères et les mères, les serors, li amie
Reconurent les testes, chascune brait et crie,

(1) *Sables,* fourrures de zibeline.
(2) Par dessous les oreilles.

Et dist li uns à l'autre : «Nos n'i garirons mie
« Quant il nos mors desterrent, ce est grans déablie,
« Et les vis nous ocient, par leur grant estoutie.
« Mahons nos puist vengier que chascuns de nous prie,
« Perdue avons l'issue devers cele partie[1].
« Sé nous de l'amiral n'en avomes aïe,
« Tost seromes destruit et mort à grant haschie. »
Estes-vous la cité de grant doel raemplie.

XXVI[2].

PAR delès Antioche, à val en un pendant,
A la porte Hercules le frère l'amirant,
Là ot un grant chemin droit au port descendant.
Là repairent li Turc, quant lor vient à talent,
En un viés castelet que firent Suriant.
Quant nus des Crestiens va par iluec passant,
La teste li trenchoient jà n'en éust garant.
Quant no baron le virent, moult en furent dolent :
« Seigneur, » dist Buiemons, « franc chevalier vaillant,
« Par cel viés castelet avons damage grant;
« Car Paien s'y reponent li cuvers mescréant.
« Metons nos gardes ens, s'il vous vient à comant. »

---

(1) Nous ne pouvons plus sortir de la ville, de ce côté-là.
(2) On retrouve le fond de ce couplet dans Tudeb., ch. LVIII.

«Sire,» font li baron, «vous parlés avenant.»
Ce plait otroient tout li viel home sachant,
Mais ainc n'i ot baron tant prou né si vaillant
Por garder cel destroit s'en osast traire avant ;
De laiens hebergier, n'i a nul qui se vant.
Quant li vassaus Tangrés est dresciés en estant[1],
Et fu moult bien vestu d'un vermeil bougherant,
Et dist à nos barons : «Or, oiés mon semblant :
«Seigneur, jel garderai, par itel convenant,
«Mais avoec moi seront mil home et mil serjant ;
«Sé me faites aïe d'avoir, ci en avant
«S'acaterai vitaille, s'en somes besoignant.»
Et no baron l'en donent quatre cens mars d'argent.
Tangres li fis Marquis n'i va plus demorant,
Ains fait soner ses graisles, ses trés va destendant[2],
Tout droit au castelet en sont venu errant.
A la premiere nuit qu'il furent hebergeant,
Avint bele aventure à Tangré le Puillant :
De la montaigne issoient quatre cent marchéant,
Tout sont Bougre, Hermin, Grieu et Suriant,
Qui aportent vitaille del port Saint-Siméant,
Si le vont présenter Garsion l'amirant,

---

(1) *Li vassaus Tangrés.* Var. : *Buiemons li ber.* E.

(2) *Trés*, tentes.

Tangres li fius Marquis lor vint esporonant,
A cinq cent chevaliers, chascuns tient nu le branc;
Ainc ne se deffendirent li Turc né tant né quant,
Ceus enmainent loiés; l'avoir vont conduisant;
Al castelet revienent; desarmé sont atant,
Lor eschec vaut mil mars d'or fin arabiant.

XXVII.

Moult avint bien Tangré la nuit premierement,
Plus valut li eschès de trois mil mars d'argent;
Aus barons qu'il ama en fist riche present,
Por ce monta en pris en l'ost moult durement;
Car il quiert la vitaille et menu et sovent,
Et garde la vallée, si com li puis descent,
Que n'i entrent Paien né nule estrange gent.
Fis est de gaaignier qui à Tangré se prent[1].

Or sont par tote l'ost esbaudi nostre gent:
Maïs anchois quinze jors, auront encombrement,
Et tel faim et tel soif par l'ost communément
Que n'i porra aidier la mère son enfant.
Sé cil sires n'empense à cui li mons apent,
Tout iert livrés li ost à duel et à torment.

(1) *Fis*, assuré.

Crestien asaloient Antioche sovent,
Mais ele estoit si fors, ne les dote noient,
Car assalir péussent de si au jugement,
Anchois que la présissent à force n' autrement.
Environ la cité sisrent moult longement [1],
Or lor aït cil sires à cui li mons apent !
Car en l'ost faut vitaille et li vivre ensement,
Dont furent esbahi tote menue gent,
Et li prince et li conte en ont escarsement [2].

XXVIII.

La dolce gent hardie estoit en cele terre
Qui tant lor fu estraigne que nus bien n'i repaire.
Trente lieves entour vont por viande querre,
De l'angoisse de faim ne sot chascuns que faire.
Li baron qui l'avoir vont sor Paiens conquerre,
Quant les Turs encontroient, lors i fu grans la guerre ;
Or n'ont-il mais vitaille, forment lor puet desplaire,
Dame Diex les secore, qui très bien le puet faire !

(1) *Sisrent*. Var. : *Sistrent*, demeurèrent ; du latin *sederunt*.
(2) *Escarsement*, chichement, en mince quantité. Ou peut-être faut-il le prendre comme substantif : *pénurie*.

XXIX.

MOULT fu li os destroite, quant biens lor est fallis,
L'uns ne puet aidier l'autre né en fais né en dis,
Li chiers tans les avoit si durement soupris,
Que par droite poverte menjoient les roncis.
Li bon cheval d'Espaigne sont de fain si acquis,
Lor chevestres menjuent et depecent lor pis [1].
Bachelier et serjent, puceles aus cler vis
Rompent lor garnemens et crient à haus cris :
« Eh Diex ! secorez-nous, qui en la crois fus mis ! »
De l'angoisse de faim estoit chascuns palis.
Li ores chiet arières, li nois et li gresis [2],
Et foudres et tempestes dont maint sont espanis ;
Onques n'i ot baron tant fust poestéis
Qui de ce ne fust moult merveille espoentis.
Cil cheval et li mul font tel pesteléis

---

(1) *Chevestre*, garniture de la tête des chevaux.
(2) *Li ores*, le vent, d'où *orage*, comme dans ce délicieux conplet :

   Et quant la douce ore vente
   Qui vient de cel dous païs,
   Où cil est qui m'atalente,
   Volentiers i tor mes vis ;
   Lors m'estuet que jou le sente
   Par desous mon mantel gris.
    (*Chanson de la dame de Faiel.*)

Li nois, la neige.

Et ostoir et gerfaus delès, tel batéis,
D'une lieve plenie les a-on bien oïs.
Sé Dame Diex n'empense, li rois de Paradis,
Ceste sainte compaigne iert tornée à eschis.

Or parla Godefrois de Buillon, li hardis :
« Seigneur, franc Crestien, por Dieu de Paradis,
« Ne vous esmaiés-mie del tans qu'est encheris ;
« Por l'amistié de Dieu somes en cest païs,
« Il ne soffrira jà ses peuples soit honis.
« Jà por nule destrece n'iert li siéges guerpis,
« S'arons pris Antioche, et le palais voutis,
« Puis prendrons le Sepulcre où Diex fu mors et vis,
« Si le deliverrons de tous ses enemis.
« De Meque briserons le mur et le palis,
« Si en trairons Mahom qui en l'air est assis,
« Et les deux candelabres qui sont devant lui mis,
« Qui jà furent à Rome pour le tréu conquis ;
« Mais il n'estaindront jà, ains arderont tous dis,
« En la mer arderoient dusqu'au jour del Juis [1].
« Miex fussent au Sepulcre devant l'autel assis,
« Que là en fust diables honorés et servis. »

(1) Pour cette légende des chandeliers de la Mecque, voyez le *Roman de Mahomet* édition de MM. Reinaud et F. Michel. Paris, chez Silvestre, 1831, pag. 79.

Et li baron respondent : « Encor seront conquis ! »
Diex garisse la terre où chascuns fu norris,
Et trestout le lignage qués a engenoïs !
Tant est par sa proesce chascuns d'eus esbaudis
Que Dame Diex de gloire les tenra por ses fils.
Dès le comencement dusqu'al jor del juis
Seront mais benéoit li pelerin de pris,
Qui prisrent le Sepulcre où Diex fu mors et vis,
Et trestoute la terre où ses cors fu norris.
Turc en furent dolent et si seront toudis.

XXX.

Moult fu grans la famine, bien en doit-on parler,
Que Crestien soufrirent por lor armes salver.
Car qui un petit pain i péust recovrer,
Volentiers en fesist deus besans d'or doner.
La quisse d'asne crue font cent sous acater ;
Cinc sous vent-on la poire quant on la peut trover :
Deus feves à denier là ot grant desirer,
Petit i remest heuse à mengier, né sollier,
Nés les tacons desous menjuent sans saler.
Tant maint en véissiés de famine pasmer.

Quant no baron le voient n'ot en aus qu'aïrer.
Il sont alé ensemblo à un conseil parler,

Puis font par tonte l'ost et banir et crier [1]
Qui plenté a del vivre gart nel face celer,
Mais face l'un à l'autre et bailler et livrer,
Si aiust li uns l'autre, nel laist mie affamer,
Tant qu'on puisse vitaille d'aucuns leu recovrer ;
Et qui si ne fera on l'en ira rober.
Cil qui l'ot ne s'en fist né cachier né boter [2],
Volentiers le depart, ne l'ose refuser,
Car pitié ont de ceus que il voient enfler.
Dont s'en vont Crestien fervestir et armer ;
Au port Saint-Siméon, ensi l'oï nomer,
Acateront vitaille, s'on ne lor veult doner ;
Li Turc li orènt fait par engien amener.

Or s'en tournent François que Jhesus puist salver,
Buiemons les conduit li gentiex et li ber,
Et Evrars de Puisac, qui moult fait à loer,
Et Hues de Saint-Pol, qui cuer ot de sangler ;
Li quens Rotols del Perche va avoec por garder,
Et Raimons de Saint-Gille, qui moult fait à amer ;
Ensemble ceux s'en vont tot li povre ajoster.
Acaté ont vitaille, puis voudrent retorner ;
Li uns n'atendi l'autre, ains pensent del errer.

(1) *Banir*, publier, formé de *ban*, cri, publication.
(2) *Cil qui l'ot*, celui qui entend le ban.

De ce font Crestien moult forment à blasmer;
Car Turc et Sarrasin les vont contremonter,
Bien furent quinze mil (Diex les puist craventer!)
Au port Saint-Siméon vont François encontrer,
Là en font tel martire, nus nel porroit conter.
Dont véissiés nos gent forment desbareter,
Qui est atains est fis de la teste à colper.
Buiemons s'entorna qui jà n'i pot durer,
Et Evrars del Puisac et Raimons al vis cler,
Et li autre baron pensent del retorner,
Et Turc les enchaucièrent, aus ars les vont berser;
Onques n'i ot un sol qui tornast por joster
Fors Huon de S. Pol qui nel pot endurer,
Ains enbrace l'escu, le cheval laist aler
De la glaive qu'il porte a fait le fust bransler.
Li bers fiert Matamar sor son escu bocler,
De l'un chief dusqu'à l'autre li fait fendre et froer,
Et le clavain del helme desrompre et decercler,
Parmi le gros del cuer fist fer et fust passer.
Mort l'abat, l'arme en va en enfer osteler.
Qui véist le baron, la main au branc jeter,
De grant chevalerie li péust remembrer :
A quatorze Paiens a fait les chiéfs voler.
Et Buiemont enchaucent Sarrasin et Escler.

XXXI.

Lez une roche bise s'en ala Buiemons,
Et Evrars de Puisac, de Saint-Gile Raimons;
Et li Turc les enchaucent brochant à esperons,
Aus ars de cors les bercent et font grans huécons.
Es Evrars de Puisac, devant ses compaignons [1],
Buiemont escria : « Gentiex dus, car tournons,
« Vés Huon de Saint-Pol qu'est entre ces felons.
« Sé Dame Dieu n'empense, jamais ne le verrons.
« Gentieus dus debonnaire, et car le secourons,
« Ce sera moult grans hontes, sé nous ci le laissons »
— « Par foi! » ce dist li bers, « nos i retornerons,
« Poi nous poons proisier, sé de ci nel jetons,
« Jà le comperront Turc, sé nous ne le r'avons. »

XXXII.

Sire dus debonnaires, » dist Evrars, « car tournés,
« Jà es-tu de proesce moult forment alosés ;
« Fiex fus Robert Guichart qui tant fu honerés,
« Qui vint de Normandie tos seus et esgarés ;
« N'avoit que son escu, ce savons-nous assés.
« Tant fu par sa proesce essauchiés et montés

---

(1) *Es Evrars. Voyez* ou *voici Evrart.* (*Ecce.*)

«Qu'il tint Puille et Calabre, environ, de tous lés.
«Bien vous doit estre chi vos pères ramembrés;
«Soviegne-vous de lui et de ses grans bontés.
«Vés Huon de Saint-Pol, com il est encombrés!
«De Turs et de Persans est moult avironnés,
«Sé nous nel secorons, jà iert mors et finés.
«Jà ont li Turc nos gens durement agrevés,
«Si ont ocis nos dames et nos homes tués;
«Car nous baisons en foi, et puis vous i ferés[1]. »

Et respont Buiemons : «Si com vous commandés :
«Mais poi avons de gent, d'aus est grans li plentés,
«Or nous aït Jhesus qui en crois fu penés.
«Quar ne lairoie mie, por estre desmenbrés
«Que mes effors ne soit envers les lor mostrés. »
A iceste parole ont les chevaus tornés.
Ne furent que dui cent, tant les a-on esmés,
Lor chevaus laissent corre, les frains abandonés,
Estes-les vous aus Turs venus et assemblés[2].

---

(1) *Et puis vous i ferés.* C'est comme si le bon Hue de Saint-Pol disoit à Buiemont : Embrassons-nous comme des amis chrétiens qui courent à la mort, et frappez sur eux avec moi. Il n'y a rien de plus beau que ce discours dans la poésie épique. Il est même permis de le préférer à tous ceux des héros de Virgile et du Tasse.

(2) *Estes les,* voyez-les, ou : *les voyez-vous.*

Grans cous lor vont donant des espieus noiélés ;
Aus premiers cous en ont quatre cens mors gités.
Dans Hues de Saint-Pol estoit jà aterrés
Et ses chevaus ocis, dont il estoit irés ;
Jà fust moult tost ocis ou pris ou affolés,
Quant Raimons de Saint-Gille i vint tost abrievés,
Et tint l'espée nue dont li brans fu letrés ;
Fiert Alis d'Antioche, qui rois ert coronés,
Si que devant Huon en est li chiés volés.
Li cors caï à terre, l'arme emportent maufés.

Dans Raimons de Saint-Gille est avant aclinés,
Et saisist le cheval par les regnes dorés,
A Huon de Saint-Pol fu maintenant livrés,
Li bers ot moult grant joie quant il fu remontés ;
Estes-vous nos barons trestous cinq assamblés,
Jà se vouront vengier o les brans acerés.
En la cit d'Antioche en est li cris levés,
Bien s'en issent de Turs trente mil d'armés,
Or aït Diex nos gens et sainte trinités !

Uns mesages s'entorne qui d'aus estoit emblés,
En l'ost nostre Seigneur lor a à tous contés.
Au bon vesque del Pui s'est primes arestés [1] :

(1) Il s'adresse d'abord à l'évêque du Puy, parce que le camp des Provençaux étoit au delà du fleuve.

«Sire,» dist-il à lui, «por Dieu car vous hastés,
« Car li Turc ont nos gens trestous desbaretés. »
Quant li vesques l'entent, moult en fu adolés,
Mais par sa grant proece s'est tost resvigorés.
Adonc fu *Saint Sepulcres* huchiés et reclamés,
A val par tote l'ost ont ces graisles sonés.
Lors refu li mesages del vesque rapelés :
« Dites-moi, biaus amis, est-ce dont verités ?
« Sont no baron françois aus Sarrasins mellés ? »
— « Oïl, par ma foi, sire, jà mar en douterés. »

XXXIII.

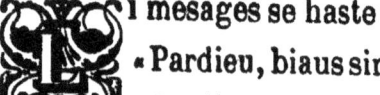l mesages se haste de conter sa raison ;
« Pardieu, biaus sire vesques, ci n'a mestier sermon,
« Car li Turc ont nos gens mis à destrucion.
« Tous les ont desconfis au port Saint-Siméon,
« Nos frères, nos amis, ocient à bandon,
« En grant destroit de mort ai laissié Buiemont,
« Et Evrart de Puisac, de Saint-Gille Raimont,
« Et Huon de Saint-Pol, et Rotols le baron. »
Quant li vesques l'oï, moult fut en grant friçon,
Par ire prent un cor, sel sona à haut ton :
Dont s'armèrent François sans nule arestison,
Chascuns à sa heberge et à sa mansion.

Qui donc fust en l'ost Dieu si véist maint baron [1]
Armer et fervestir devant son pavillon,
Tant vert elme luisir, tant escu à lion,
Et tante bonne enseigne, et tant riche pegnon,
Et tant corant cheval Arabi et Gascon,
Covert de riche paile desci que au talon,
Et li pluisor de pourpre, auquant de siglaton.

Isnelement s'arma Godefrois de Buillon :
Des cauces li caucha Antelmes d'Avignon,
Li dus vesti l'aubers, lacha l'elme réon,
Et a chainte l'espée au senestre giron,
Et monta en la selle del bon cheval Gascon [2].
A son col pent l'escu qui d'or ot le blason [3],
Puis a saisi l'espieu à tout le gonfanon,
Aïtant s'en torna, o lui si compaignon.
Delès une rivière chevauchent à bandon [4],

---

(1) *Maint baron.* Var. : *Maint Breton.* E. On nommoit volontiers *Bretons* les anciens *valets de chambre* des chevaliers.

(2) *Del bon cheval gascon.* Var.: *Del bai de Quarion.* A C. E. *Del bai de Carnaon.* D.

(3) Var. : A. L'escu au duc fu *blanc* et un vermel dragon. C. Fu *bleu.* D. Fu *durs.*

En l'escu de son col ot un vermeil lion. E.

(4) *Delès une rivière,* un des ruisseaux qui viennent se jeter dans l'Oronto.

Li quens Robers de Flandres lès un mont environ,
Li dus de Normendie, o lui si compaignon ;
Et li vesques del Pui chevauce à contençon.
Au pont des nés passèrent por prendre vengison [1].

Godefrois point avant le destrier de rendon,
Et Hungiers l'Alemans qui moult estoit prodon,
Enguerrans de Saint-Pol, fieus au conte Huon,
Li quens Hues avoec aus, frère au roi Phelipon,
A set cens chevaliers, ainc n'i ot un Gasçon [2] ;

(1) Le pont étoit celui que Godefroy avoit fait disposer à une demi-lieue au-dessus du grand pont de la ville.

(2) *Un Gascon*, c'est-à-dire un homme de courage douteux. Var.: *Un garçon*. C. Écoutons ce que dit Raoul de Caen des soldats du Midi; on a tant vanté leur élégance, leur courtoisie, leur bravoure qu'on ne sera pas fâché de comparer ces préventions favorables à l'opinion d'un écrivain des premières années du xii° siècle.

« Gentis hujus (*Francorum*) sublimis est oculus, spiritus fe-
« rox, promptæ ad arma dexteræ, cæterum ad spargendum
« prodigæ, ad congregandum ignavæ. His quantum anati gal-
« lina, *Provinciales* moribus, animis, cultu, victu adversaban-
« tur, parcè vivendo, sollicitè perscrutando, laboriferi ; sed, ne
« verum taceam, minus bellicosi. Muliebre quiddam esse aiunt
« et tanquam vile rejiciunt corporis ornatum ; equorum orna-
« tui invigilant ac mulorum. Sedulitas illorum tempore famis,
« multo plus juvit quam gentes plurimæ, bellare promptiores.
« Sic ubi deerat panis, contenti radicibus durabant, siliquas
« non aspernantes... Indè est quod adhuc puerorum decantat
« nœnia : *Franci ad bella, Provinciales ad victualia*. Unum

Ne vont pas cele part où n'oient la tençon [1],
Ains lor vont au devant vers le pui Garsion.
Iluec sont Crestien et li Turc à bandon,
Qui pecoient les anstes, s'en volent li tronchon,
N'i oissiés soner sé fer et acier non,
Si que moult s'en mervellent cil qui oent le son.
Godefrois vint poignant, par grande aatison,
Et vait ferir un Turc el pis, sous le menton,
Tant com hanste li dure l'abat mort del arçon.
Quant sa lance li brise, si la jete el sablon,
Puis a traite l'espée qui li pent au giron,
Tout en fendi un Turc desci que el pomon;
Que la moitiés en pent contreval el sablon.

« quidem fuit quod cupidè nimis committebant ac turpiter :
« caninam carnem pro lepore, pro capra asininam gentibus
« aliis venditabant; vel si, remoto indice, ad equum pinguem
« sive mulum licebat accedere, per retroneum seu purgato-
« rium foramen in viscera vulnera demittebant, moriebatur-
« que jumentum. Stupor omnibus qui, ignari fraudis, illud
« pingue, alacre, robustum, lascivum modo viderant... *Absista-*
« *mus procul*, aiebant, *dæmonis spiritus hoc jumentum affla-*
« *vit*. His discedentibus, necis conscii tanquam nescii accede-
« bant : *Malumus* inquiebant, *in hac esca mori quam jejuni*.
« Miserebatur damni patiens illatorum, illator illi risum re-
« pendebat. Tunc corvorum in morem, ad cadaver gens illa
« advolantes quas quisque poterant particulas divulsas aut
« in ventrem, aut ad macellum demittebant. »

(1) Où ils n'entendent pas le bruit des armes.

De cel cop s'esmaièrent Persan et Esclavon,
Dont oïssiés grant noise et moult grant urlison.

XXXIV.

Quant li dus ot sa lance pecoïe et quassée [1],
Tost et isnelement met la main à l'espée,
Et fiert un Sarrasin parmi la teste armée.
Trestout l'a porfendu desci en la corée [2],
Que la moitiés en chiet d'anbes pars ens la prée.
De cel coup s'esmaièrent la pute gent desvée,
Mais anqui verront tel dont plus iert effréée [3];
Car au duc de Buillon fu grant ire montée,
Plains fu de mautalent, sa vertu est doublée,
Qui il ataint à coup ne peut avoir durée.
Li dus garde à senestre par delès une arée [4],
Et voit Claret de Meque qui ot traite l'espée,
A un François en a la teste décolée.
Quant li dus l'a véu, forment li desagrée,

(1) *Pecoïe*, mise en pièces.
(2) *Desci*, c'est-à-dire : depuis la tête jusques.
(3) *Anqui*. Ce mot paroît ici analogue d'*encore*, et comme disent les Italiens, *anche*. — Les deux vers suivans sont fort beaux ; ils préparent la confiance du lecteur pour le beau fait d'armes qu'on va voir.
(4) *Arée*, champ.

Il a estrains les dens, s'a la teste croslée :
« Cuivers ! mar le tochastes, vostre vie est finée. »
Le cheval laisse corre à moult grant alenée,
De l'espée d'acier li a telle donée,
En travers le feri. Oiés quel destinée :
Tout le colpa li dus tres parmi l'eschinée,
L'une moitié del Turc chéi emmi la prée,
Et li autre remaint en la sele dorée.
La char au Turc s'estraint, car l'arme en est alée [1],
Si fu roide la jambe com s'ele fust plantée.
Quant François l'ont véu, grant joie en ont menée ;
Adonques fu *Montjoie* hautement escriée,
Et li chevaus s'enfuit à grant esperonnée,
Tout droit vers Antioche a sa voie atornée.
De Turs et de Paiens i ot grant aünée,
Tout ensi com il va la voie est sanglentée,
A mont parmi les rues de la cité loée.
La gent à l'aversier en fu moult effroiée,
Et dist li uns à l'autre : « Ceste gent est desvée,
« Maudite soit la terre où ele onques fu née,
« Et cil qui si feri ait male destinée !
« S'ensi fierent li autre, nostre gent est outrée [2],
« Et Antioche prise et la terre gastée. »

(1) *S'estraint*, se roidit. Var. : Li cors del Turc s'estent. D.
(2) *Outrée*, synonyme de *ex erminée*.

Des Turs qui se combattent oïssiés tele huée,
Que la terre en tentist bien plus d'une liuée,
Tel mil virent le coup, de la gent deffaée,
Qui puis ne fu véus en estor né meslée [1].

XXXV.

Ns messagiers s'en tourne qui el palais ala,
Garsion d'Antioche les noveles conta :
« Sire, fiers amirans, por Mahom, entens ça,
« Crestien et vo gent se combatent piéça,
« Sé vous nes secorez, malement lor ira. »
Garsion prist un graisle, quatre fois le sona ;
Paien corent aus armes, chascuns d'aus s'avança ;
Mais nos crestientés, que Dame Diex ama,
Sor les Turs s'esvertue, nul d'aus nés espargna,
Que plus vienent Paien plus cascuns en tua.
Moult parfu grans la noise et de çà et de là ;

(1) Les chroniqueurs latins ont presque tous raconté ce prodigieux fait d'armes de Godefroi. Ainsi Raoul de Caen : « Quis « de Godefridi viribus stupendis præsumat, cujus ense trajec- « tus Turcus duo factus est Turci, ut inferior alter in urbem « equitaret, alter arcitenens in flumine nataret. » Voyez aussi Robert le Moine, qui ajoute des détails sur la force prodigieuse de la victime de Godefroi. Puis il ajoute : « Ad quod horren- « dum spectaculum omnes qui in civitate erant confluunt et « videntes sic conturbati sunt .. tremor apprehendit eos, etc. »

Garsions d'Antioche aus fenestres monta,
Sansadoine son fil jouste lui apela[1] :
« Biaus fieus, » dist Garsions, « ne vous mentirai jà,
« Véés com grant bataille ! mais petit durera,
« Car bien sai que no gent le pior en aura ;
« Moult porra estre liés qui en escapera. »
Quant Sansadoines l'ot, tenrement sospira,
Jà se corust armer, quant ses pères jura
Mahom et Apollin que mar le pensera,
Ains verra de son Dieu quel poissance il aura,
Et del Dieu aus François li quieus mieus en vaura.
Fel soit s'il n'est li mieudres, qui mais l'honorera !
« Sire, » dist Sansadoines, « si soit com vous plaira ! »

XXXVI[2].

R le lairons de ciaus, si dirons des barons :
Au pont de Ferne en fu moult grans li caplisons,
Bien fiert en la bataille Tangres et Buiemons,
Robers de Normendie et Robers li Frisons,
Li quens Lambers du Liege et li riches Gaidons,
Et Tumas de la Fere et Quenes li Bretons,

---

(1) Tudebode appelle ce fils de Garsion : « *Sensadolus*, filius
« Cassiani Amiralii Antiochiae. » (Ap. Bongars, p. 15.) Foucher de Chartres, *Sansadolem*. (Ap. Duchesne, IV. p. 826.)

(2) Ce couplet ne se trouve que dans A. E. et F. »

Enguerans de Saint-Pol et dans Rainbaus Cretons,
Rogiers de Barneville, Bauduins Cauderons,
Et li dus Godefrois qu'est plus fiers qu'uns lions ;
Bauduins et Ustasses à les cleres façons,
Li Carpentiers Guillaumes, Ansiaus de Valbotons,
Et dans Alains de Nantes, et Fouques de Clermons,
Et dans Hues li maines frère au roi Felipons.
Nés vous sai tous nomer, porçou les laisserons.
Mais li aigue est parfonde si est estrois li pons.
Tant chéi dans le Ferne de Sarrasins felons
Que l'aigue en estanca, si com dist la chanson [1].
Li rois Tafurs i fiert, o lui ses compaignons.

---

(1) *Estanca*. Var. : *En esclusa*. E. En arrêta, du mot *estanquer*, arrêter. De là notre expression *étancher le sang*, ou *la soif*. Voici comme parle Robert le Moine de cette action : « In « hoc prælio persecutus est unus mille, et duo fugaverunt « decem millia. Qui in flumen rapido cursu immergebantur, « emergentes pontis ligneas columnas amplexabantur. Sed « nostri desuper illos lanceis perforabant et perimebant. Cruor « effusus sanguineum flumini dabat colorem, cunctisque cer- « nentibus magnum incutiebat horrorem. Quippe densitas cor- « porum fluminis impediebat cursum et retrogrado incessu « ire cogebat retrorsum... In illo conflictu occisus est Cas- « siani magni regis Antiochiae filius, etc. »

XXXVII.

Or le pont d'Antioche fu grans li ferréis,
Crestien ont les Turs en si grant destroit mis,
Qu'as espées d'acier en ont dis mil ocis [1],
Et quinze cens en ont ens el Ferne galis [2],
Cil qui en l'iave chiet est bien à droit peris.
Quant Turc voient François qui si les ont sospris,
Que uns d'aus n'i puet estre encontre aus garentis,
En la cité entrèrent, qui ains ains, à estris [3],
Et François les enchaucent, que pas nés ont guerpis.
Li bers Rainaus Porqués, uns chevaliers eslis [4],
En Antioche s'est avoec les Turs coillis,
A l'entrer de la porte fist tel abatéis,
Quinze Sarrasins a les chiés des bus partis [5].
Or penst Diex del baron, qui en la crois fu mis,
Car Turc cloent la porte; de cent pars fu requis [6],
Et li bers se defent com chevaliers hardis.

(1) Var.: *Vint mil.* B. C.
(2) Var.: *Cinc cens.* B. *Galis,* lancés.
(3) *A estris,* à lutte, *à l'envi.*
(4) *Porqués.* Var.: *Procès* A. *Porcés.* B. *Porcels.* C.
(5) *Bus* ou buste. L'origine de ce mot doit être la même que le *bode* anglois.
(6) Sans doute la porte du pont; ce qui va obliger les Turcs retardataires à se jeter à la nage.

Li Turc aus ars de cors ont son cheval ocis,
Desouz lui chaï mors; li bers est sus sallis,
Endroit une bretesche desous un arc voutis [1],
Là se defent Rainaus, son escu avant mis,
Qui il ataint à colp, bien est de la mort fis [2].

Or lairai del baron, Diex li soit bons amis !
Dusqu'à petit orez s'il fu mors ou garis.
Mais or oiez des Turs que Diex a maléis,
Qui par delà le pont sont aus chans remés vis.
Quant voient del cité clos et porte et postis,
Grant paor ont de mort, chascuns est esbahis,
Droit à l'iave de Ferne es-les vous revertis,
De plain eslai s'i metent, au noer se sont pris.
Dont oïssiés crier Paiens et Arabis,
Et reclamer Mahon durement à haus cris.

(1) Variante :
>   Desous une bretesque sor un celier vautis. C. D.

La *bretesche* étoit un ouvrage de fortification crénelé. — *Arc voutis*, arcades ou arceaux du pont.

(2) L'épisode de Rainaus Porquès est raconté un peu différemment par Tudebode : « Regnaldus Porchitus custodiebat « dominum suum Boamundum quem omnes alii dimiserant. « Sed ejus equus per tres vices subter eum lapsus, apprehen- « derunt eum Turci, et duxerunt illum per aliam partem flu- « minis, in Antiochiam. » (§ LII.) M Michaud le nomme négligemment Raymond Porcher.

XXXVIII[1].

R vont li Turc par l'iave aval Ferne noant,
Aus estaques del pont s'aherdent li auquant[2],
Mais à l'encontre vont nostre hardi serjant,
Aus grans glaives de fer les vont ens reboutant,
Moult en fierent ès jambes et ès pis par devant.
Et li Turc se ravalent ens en l'iave corant;
Crestien les ocient, n'en vont nul espargnant,
Si que l'iave et li arc en sont trestout sanglant[3].
Atant ès Buiemont et Tangré le Puillant,
Et Evrart del Puisac, et Robert le Normant,
A haute voix escrient : « Chevalier, or avant !
« Gardez que cil de l'iave ne s'en voisent gabant. »

(1) Les deux couplets suivans ne sont pas dans E. F.

(2) *Estaques*, poteaux ou pieux. — *S'aherdent*, s'attachent, adhèrent.

(3) Foucher de Chartres a mentionné froidement ce combat en une ligne : « Semel contigit plerosque de Turcis in flumen
« Fernum fugiendo cadere et in ipso mersos infeliciter in-
« terire. »

XXXIX.

Ne estaque ot en Ferne desous les ars del pont,
Où Turc prennent poissons o lor engiens qu'il ont ;
Doi cent Turc i noièrent, iluec aresté sont [1],
Tot nu estoient d'armes, avoec aus nule n'ont.
Crestien les esgardent et aval et amont,
Et dist li uns à l'autre : « Par tous les sains del mont,
« Ce sera moult grans hontes sé cil Paien s'en vont. »
Buiemons s'escria : « Nos bons noeurs que font ?
« Sé d'aus n'avons aïde, tous nos escaperont. »
Seigneur, or escoutés que fist Raimbaus Cretons.

XL [2].

Raimbaus Cretons fu preus et vassaus connéus,
Il ne fu mie haus né lons né estendus,
Ains fu un petitet bien formés et membrus [3].
Quant il ot les gloutons esgardés et véus,
Del cheval auferant est à pié descendus,
Plus tost qu'il onques pot est en l'aigue ferus.

(1) *Doi cent Turc i noierent.* Variante : Plus de cinc cens Païens. A.
(2) Ce couplet n'est pas dans B. C. D.
(3) Var. : Ains fu uns petit hom bien tailliés. F.

Tant a li bers noés qu'il est au pont venus[1].
Sa lance porte o lui et ses brans qu'est molus;
Moult fu le jour loés des princes et des dus.

XLI[2].

Turc sont sous les ars où il n'ont qu'à irer,
Grant péor ont de mort et des testes coper;
Mais il n'ont garde là qu'on les i puist trouver[3].
Jo cuit bien que la nuit s'en péussent aler.
Quant voient no baron qu'iluec porront durer,
Moult par en sont dolent, mais nus n'i ose entrer,
L'iave est roide et parfonde, moult fait à redouter,
Et cil des murs traioient et font arbalester,
Plus mesme que la pluie ne sot par l'air voler.
Mais or oiés que fist Raimbaus Cretons li ber;
Jà de plus grant proesce ne doit nus hom parler.
Son elme deslaça, mais l'auberc laisse ester,
Car il ne voloit mie son cors tout desarmer,
Et si porta o lui son branc d'acier le cler,
Et prist une grant lance à un fer d'outremer;
Li bers sot moult de l'iave, n'ot garde d'afondrer,

(1) *Noés*, nagé.
(2) Ce couplet n'est pas dans E. F.
(3) Les voûtes du pont les défendoient des flèches et des arbalètes.

Ens el Ferne se mist, puis se prist à noer,
Tout droit vers cele part où les Turs vit a'er,
Tant va li bers noant, (que Jhesus puist salver!)
Qu'il se prist à l'estaque, et commence à ramper.
A la rive s'en vont François pour esgarder,
Moult bonement comencent Jhesu à reclamer,
Et le saint vrai Sepulcre où il vont reposer,
Qu'il laist Raimbaut Creton sain et sauf retorner :
Chascuns dist sa proiere, que Diex le puist salver.

XLII.

a est Raimbaus Cretons à l'estaque où s'est pris :
Contremont est rampés com chevaliérs gentis,
Desci qu'a une cloie, sus à genous s'est mis [1],
A senestre des ars où vit les Turs quatis,
Sor un afeutrement que là orent assis.
Raimbaus Cretons alonge la lance au fer burnis,
Et feri un des Turs tout droit emmi le pis,
Que la lance passe outre, li cuers li est partis.
Quant Paien l'ont véu, ès-les vous esbahis,
Cuident que plus i ait de nos barons eslis,

(1) *Cloie* ou *claie*, c'est l'*afeutrement* dont on va parler. — Afin de surprendre les Turcs et gagner l'*estaque*, Raimbaut s'étoit mis à la nage à droite du pont, tandis que les Turcs se reposoient à gauche, sur leur *afeutrement*.

Ainc ne se pot deffendre trestous li plus hardis.
Quant la lance est brisie, Raimbaus n'est alentis,
Il a traite l'espée dont li brans est fourbis,
Sur les Turs caple et fiert com chevaliers eslis,
Si lor trenche les testes et les bras et les pis,
Les gambes et les piés, les frons et les cervis;
Bien a-il des deus cent l'une moitié ocis,
Et li remanant est dedens l'aive saillis:
Ceus emporte li Fernes, es-les vous tous péris.

XLIII.

UANT Raimbaus ot les Turs ocis et desmembrés,
Les cors a trebuchiés et en l'aive jetés [1],
Et li Fernes les a tout contreval portés.
De vint mile François fu li bers esgardés,
Forment fu des barons et prisiés et loés;
Et li vesques del Pui qui prous fu et senés,
De Dame Dieu le saigne, qui en crois fu penés,
Le glorieux celeste dont li mons est salvés [2].
Raimbans Cretons descent, si est jus avalés.

(1) *Trebuchiés.* Var.: *Balanciés.* A. Ce synonyme est à remarquer, pour comprendre la véritable acception du mot *trébuchet*, qui est resté.

(2) L'évêque lui donne du rivage sa bénédiction solennelle. Ce tableau est achevé, et le nom de Raimbaus Creton, dont les

Des Turs qui sont aus murs fu moult fort escriés,
En Sarrasinois dient : «Cuivert n'i garirés!»
Aus ars Turcois le bersent à quariaus empenés,
Li haubers de son dos est rompus et fausés,
Et il dedens le cors en quinze lius navrés;
Li sans vermaus en est par les plaies coulés.
No François li escrient : «Sire, car en venés!
«Moult nous ferés dolent se vous i demorés,
«Car jamais à nul jour ne serés recovrés.»
Raimbaus Cretons les voit, s'en est vers aus tornés,
Moult feblement noant, car moult estoit grevés.
Et li Turs li lançoient dars et guivres assés[1];
El dos et en la teste fu li bers assenés.
Raimbaus Cretons se pasme, si est au fons alés.
Or l'ait Diex en sa garde, par les soies bontés!
Quant Crestien le voient grant dool en ont menés.
Adonc fu Sains Sepulcres huchiés et reclamés;
Cil legier valet saillent, si ont lor dras ostés,
Quatre vins et quatorze en i a-on nombrés

descendans encore aujourd'hui nombreux comptent pour chef M. Raimbaud Creton, comte d'Estournel, ce nom, dis-je, n'est pas de nature à diminuer l'intérêt qui s'attache au récit d'un aussi beau fait d'armes.

(1) *Guivres.* Les guivres (serpens ou couleuvres) semblent être ici des carreaux de flèche, comme j'aurai dû déjà l'interpréter plus haut, p. 237.

Qui tous saillent en l'aive, chascuns tos abrivés [1],
Et nos autres François les ont des Turs gardés [2].

Or oiez grant miracle, jamais meillor n'orés :
Raimbaus Cretons se fu en l'aive désarmés [3].
Par le comant de Dieu fu ses haubers ostés,
Et de saint Michel l'angre fu amont relevés.
Quant li noant le voient, do vint pars fu combrés [4],
A la rive l'amainent, chascuns s'en est penés,
Par jambes et par bras l'ont de l'aive getés.
Il n'estoit mie mors, Diex en soit aourés !
Cel jour fu à la rive baisiés et acolés,
Del sanc qu'il ot perdu fu tout descolorés :
A la tente le duc de Bullion fu portés ;
Iluecques fu couchiés sor le tapis ouvrés.
Cil fist mires venir et cortois et senés,

---

(1) *Tos abrivés.* c'est-à-dire : rendus légers. Var. : *Est desfulés.* A.

(2) Sans doute en soutenant devant eux, vers le milieu du fleuve, de larges boucliers sur lesquels venoient frapper les dards et les *guivres.*

(3) Entraîné vers le fond de l'eau par l'effet de ses blessures et la pesanteur de sa cuirasse, il parvint alors presque miraculeusement à se débarrasser de celle-ci, et à remonter sur l'eau.

(4) *Li noant*, les nageurs. — *Combrés*, saisi, soulevé. Les douze vers suivans ne sont pas dans D. E. F.

Tant qu'il fu de ses plaies garis et respassés.
Moult fu bons chevaliers et de tous fu amés.
Puis fu à Jhursalem quant il fu conquestés[1],
Et baisa le sepulcre où Diex fu reposés,
Et les autres reliques; ainsi com vous orés,
Sé la canchon vous dis et je suis escoutés.

No baron retournèrent aus loges et aus trés.
Cel jour prisrent li nostre l'amiral des Esclés ;
Au tref Huon le Maine là fu emprisonés.
Niés estoit Garsion et de sa seror nés ;
Sachiés quant le saura moult en iert adolés.
Ci le lairai un poi, tant qu'iere retornés ;
Si vous dirai avant, s'escouter me volés,
Coment Rainaus Porquès fus del celier jetés.
Là dedens Antioche quant il s'est regardés
Si vit la porte close et le flaiaus fremés[2],
Dont sot-il bien pour voir que il est mors jetés.
Dame Diex fu de lui doucement reclamés :
« Glorious sire pere, qui en crois fu penés,
« Aies merci de m'ame, car li cors est finés.
« N'aurai prestre né clers où soie confessés ;
« Vous savés, Dieu, les maus de coi fui encombrés

---

(1) La fin du couplet ne se trouve que dans A. E. F.
(2) *Flaiaus*, la grande barre de fer de la porte intérieure.
(3) « Vous savez, mon Dieu, mieux qu'un prêtre, les péchés

« Sire, la moie coupe! si le mes pardonnés.
« Ahi! amie bele, jamais ne me verrés,
« Né jou vous né vous moi, tant sui-je plus irés.
« Hui matin quant partis, et je fui retornés,
« Quatre fois me baisastes par moult grans amistés :
« Cil qui bien vous fera soit de Dieu honorés!
« Et vous, Robert de Flandres, vaillans hons naturés,
« Salus vous mant, amis, de par Dieu les oés,
« Et à tous les barons qui ci sont asamblés. »
A iceste parole est au mur acostés ;
Il n'a garde derriere, devant est moult penés.

XLIV.

n entendés, Seigneur, (que Diex vous doinst honor!)
Coment Rainaus Porques fu menés à dolor.
Mais ainçois qu'il fust pris lor ocist maint des lor.
Et Turc et Sarrasin l'assalent par vigor,
Et li bers se deffent com hom de grant valor.
Devant l'uis d'un celier tint li brans de color [1],

« dont je suis chargé : c'est ma faute, Seigneur!... » — Quelle grande poésie dans tous ces détails! Une fois le compte réglé avec Dieu, Renaut pense à sa maîtresse, puis à son bon seigneur féodal.

(1) Variante :
   Sor le breteque fu d'une maison al cor. A. C. D.

Et li Turc l'assalirent environ et entor,
Renaus fait un eslais et fiert un aumaçor [1],
Que trestout le porfent, ce virent li plusior [2];
Et la moitiés en chiet, moult i ot grant crior.
De cel coup s'esmaierent li mauvais boiseor [3],
Quant un Turc le noncha Garsion en sa tor.

XLV.

« SIRE, » dist li Paiens, « novele vous sai dire :
« Là jus a un François qui moult nos gens empire,
« Por lancier né por traire nel peut-on desconfire.
« A un cop fendi tout l'aumachor de Montire. »
Quant Garsions l'entent, à poi n'esrage d'ire :
« Ahi! » dist-il, « quel gent! la malemort les fire [4],
« Quant entr' aus tous ne puent un François desconfire!
Isnelement s'arma sor un bliaut de Sire [5];

---

(1) *Aumaçor*, ou chef Sarrasin. Le surnom d'*Almansor* (protégé de Dieu) étoit si fréquemment donné aux chefs Sarrasins que nos Croisés avoient pris le change sur le sens qu'il pouvoit avoir, et le regardoient comme un titre de dignité.

(2) *Plusior*, orthographe curieuse fournie par A. et E.

(3) *Boiseor*, trompeurs, déloyaux. *Boisdie* ou *voisdie*, malice, tromperie.

(4) *Fire*, pour *les fiere*, frappe les Turcs.

(5) Sur un tapis de Syrie.

En un cheval monta, mout le suit grant empire[1],
Por véir le François chascuns est en desire.
Or l'aist Diex en sa garde qui de tous maus est mire!
Quar s'il estoient mil, ce vous sai-jo bien dire,
N'en escaperoit jà li mieudres né li pires[2].

XLVI.

ARSIONS chevaucha moult aïréément,
Et ses fieus Sansadoines; moult le sivent grant gent,
Car du François véoir sont desirans forment.
Par devant le celier, en un resconsement[3]
S'aresta Garsions, por estre à sauvement.
Entour lui vienent Turc plus de mil et cinq cent,
N'i a nul ne s'escrie moult anoiousement:
« Ahi, rois d'Antioche, quel doel et quel torment
« Nous a fait cist François par son efforcement!
« Sachiés ce est li sires où toute l'ost appent;
« Qui vif le porroit prendre, plait i auroit moult gent[4],

---

(1) *Grant empire*, grande force. Nous avons déjà vu cette acception.

(2) On voit que ce couplet est de remplissage. Graindor y lutte avec peine contre les difficultés de la rime.

(3) *Resconsement*, endroit couvert, enfoncement.

(4) Il en résulteroit un arrangement avantageux, et nous pourrions obtenir la paix.

« Par celui aurions pais et acordement. »
Quant Garsions l'entent, avant va justement,
Renaut Porquet apele tost et isnelement :
« Chevalier qui es-tu, nel me celer noient [1]. »
Et respondi li bers : « Jel dirai voirement :
« Renaut Porquet m'appelent trestout comunelment,
« Et sui de grant parage jou et toute ma gent.
Or voi bien mon juise, ma mort et mon tourment [2] ;
Mort souferrai por Dieu et por mon sauvement,
« Mais anchois prenderai de ces Turs vengement. »
— « Vassal, » dist Garsions, « vous parlez folement. »

XLVII.

« RENAUT, » dist Garsions, « moult as fol esciant :
« Car fai ce que te dis, par itel convenant
« Que tu croies Mahom et no Dieu Tervagant,
« Et jo t'envoierai à l'amiral Sodan,
« Aumachor te fera, ou roi ou amirant. »
— « Paien, » ce dist Renaus, « que vas-tu sermonant?
« Né toi né tous tes Dieus ne pris mie un besant.
« Por Dame Dieu vengier le pere raémant

---

(1) L'emploi de l'infinitif, en pareil circonstance, est familier aux écrivains du XIIIe siècle, et donnoit plus d'énergie et de rapidité à la phrase.

(2) *Juise,* jugement. De *judicium.*

« Vin-jo en cest païs, sor vos gent mescréant,
« Puis en ai mort trois cens par le mien esciant,
« Et ferai sé je puis ou plus ou autretant.
« Sé jo pren coste vile le cuer aurai joiant,
« C'est palais rendrai-jo Buiemont le vaillant,
« Fieus fu Robert Guichart, le hardi combatant;
« Puis irons sé Dieu plaist en Jhursalem avant.
« Et prendrons le sepulcre où Jhesus souffri tant,
« Et conquerrons la terre desci en Orient. »
Quant Garsions l'entent, s'en ot ire moult grant,
A haute vois escrie : « Que faites-vous, Persant?
« S'il n'est jà mors ou pris, serés-vous recréant. »

Garsions descendi del cheval maintenant,
Par l'uis de la maison vint au celier courant,
Et furent avoec lui Paien plus de troi cent.
Renaut Porquet ferirent de lor dars en ruant,
Et cil de fors li traient et fièrent durement,
Et li bers se deffent à loi d'homme vaillant.
Au premier cop ocist le frere l'amirant,
Et à l'autre Principle et au tiers Malquidant,
Al quart le roi des Asnes et au quint Roboant,
Au siste Clariel, au setisme Morgant;
Paien li corent sus tout ensemble huant.
Renaut Porquet ont pris li cuivert mescréant,

Tant le fierent de maches que tout le font sanglant,
Si que parmi la bouche en va li sans raiant.
Et cil reclame Dieu, le pere tout puissant,
Qu'il ait merci de s'arme, par son digne commant.

XLVIII.

ENAUT Porquet ont pris Sarrasin et Esclé,
De grans masses de plonc l'ont moult forment navré;
Jà l'éussent li Turc iluec endroit tué [1],
Quant Garsions s'escrie et Mahom a juré
Que mais n'estra li Frans touchiés né adesé,
Et sé nus plus l'atouche, chier sera comparé.
Sansadoines ses fieus, l'a des Turs delivré.

Garsions vint avant, son branc li a osté;
Sor un cheval le lievent sanglant et tout pasmé,
El palais Garsion l'en ont li Turc mené.
En milieu de la salle ont un tapis jeté,
Là ont Renaut Porquet li Paien désarmé.
Garsions l'en appele, si li a demandé :
« Di va, Renaut Porquet, que as-tu empensé?
« Creras en Mahomet, n'en sa sainte bonté?»
— « Naie, » ce dist Renaus, « né qu'en un chien tué [2].

(1) *Iluec endroit*, là justement.
(2) *Né qu'en*, non plus qu'en.

« Por Dieu, ociez-moi, que moult l'ai desiré. »
Et respont Garsions : « Tout el ai empensé[1]. »
A un de ses bons mires l'a li rois comandé,
Et si l'ont de ses plaies gari et respassé.
Vint Turs ot avoec lui qui toustans l'ont gardé[2] ;
Néporquant si l'avoient en un anel fremé[3].
Vestus fu et cauchiés tout à sa volenté,
A boivre et à mangier avoit à grant plenté,
Sovent fu pormenés contreval la cité.
Ahi ! si bien li fu tout ce guerredoné,
Ainsi com vous orés, ains qu'il soit avespré,
Sé vous faites pour moi tant que l'aie conté.

(1) *Tout el*, toute autre chose (*totum aliud*).
(2) *Toustans*, cet adverbe répondoit précisément à notre : *toutefois*.
(3) *Anel*, anneau, chaînes.

FIN DU CHANT QUATRIÈME.

www.ingramcontent.com/pod-product-compliance
Lightning Source LLC
Chambersburg PA
CBHW060335170426
43202CB00014B/2789